저자 | Petra Lee
(이페트라)

초판인쇄 2018년 08월 10일
2판 1쇄 2025년 04월 01일

지은이 Petra Lee(이페트라)
펴낸이 임승빈
펴낸곳 ECK북스
출판사 등록번호 제 2020-000303호
출판사 등록일자 2000. 2. 15
주소 서울시 마포구 창전로2길 27 [04098]
대표전화 02-733-9950 | **이메일** eck@eckedu.com

제작총괄 염경용
편집책임 정유항, 김하진 | **편집진행** 송영정
표지 디자인 다원기획 | **내지 디자인** 디자인캠프 | **삽화** 손도영
마케팅 이서빈 | **인쇄** 신우인쇄

* ECK북스는 (주)이씨케이교육의 도서출판 브랜드로, 외국어 교재를 전문으로 출판합니다.
* 이 책의 모든 내용, 디자인, 이미지 및 구성의 저작권은 ECK북스에 있습니다.
* 출판사와 저자의 사전 허가 없이 이 책의 일부 또는 전부를 복제, 전재, 발췌하면 법적 제재를 받을 수 있습니다.
* 잘못된 책은 구입하신 서점에서 교환해 드립니다.

ISBN 979-11-6877-343-1
정가 20,000원

ECK교육 | 세상의 모든 언어를 담다

기업출강 · 전화외국어 · 비대면교육 · 온라인강좌 · 교재출판 · 통번역센터 · 평가센터

ECK교육   www.eckedu.com
ECK온라인강좌 www.eckonline.kr
ECK북스   www.eckbook.com

유튜브   www.youtube.com/@eck7687
네이버 블로그 blog.naver.com/eckedu
페이스북   www.facebook.com/ECKedu.main
인스타그램   @eck__official

저자 | Petra Lee (이페트라)

저자의 말

유럽의 중앙에 위치한 체코의 지리적 특성 때문에 유럽 시장에 진출하려는 대다수의 기업들은 체코에 발판을 만들고 있습니다. 한국의 여러 기업들도 이미 체코에 진출해 있는 상태인데, 이 때문에 한인사회가 형성되며 체코에 거주하는 한국인들도 증가하는 추세입니다. 그 외에도 여행, 유학 등을 통해 한국인들이 체코와 접하는 지점이 많아졌지만 정작 기초적인 체코어도 구사하지 못하여 소통에 어려움을 겪는 모습을 많이 보았습니다. 체코어가 배우기 쉽지 않은 언어이기도 하지만 한국인을 위한 체코어 교재가 생소한데다, 그나마 있는 몇몇 책들이 독학하기 어렵게 구성되어 있는 것에서 그 이유를 찾을 수 있었습니다. 『The 바른 체코어 첫걸음』은 이런 점들을 보완하여, 보다 쉽고 체계적으로 공부할 수 있도록 구성하였습니다.

작고 예쁜 나라인 체코에 사는 체코인들은 한국인들처럼 자국어에 대한 자부심과 애정이 매우 큽니다. 이를 반대로 생각하면 어떨까요? 외국인이 서툴지만 한국어를 사용해 대화를 한다면 대다수의 한국인들은 상대에게 호감을 느끼고 칭찬해주는 모습을 많이 볼 수 있습니다. 체코인들도 마찬가지입니다. 여러분이 서툴고, 발음과 억양도 어색하지만 영어가 아닌 체코어를 사용한다면 상대에게 호감을 줄 가능성이 높습니다.

이 교재의 주인공인 한국인 '이민아'는 체코에서 공부하는 유학생이지만, 유학을 목적으로 체코어를 배우는 학습자들만을 위해 이 교재가 제작된 것은 아닙니다. 주인공은 학교생활 외에도 여러 가지 주제들로 설정된 다양한 상황에 놓이게 되는데 이러한 구성을 통해 학습자의 상황에 맞는 표현을 선택해 익힐 수 있게 하였습니다. 그리고 체코어의 모든 기초적인 문법과 어휘가 제시되어 있으니 어떠한 목적이든 체코어에 관심이 있는 학습자라면 이 교재를 이용하여 체코어 실력을 쌓을 수 있을 것입니다. 또한 매 과마다 체코의 문화를 설명하는 짤막한 이야기가 있어, 재미도 느낄 수 있고 체코에 대한 이해를 도와 학습에도 도움이 될 것입니다.

『The 바른 체코어 첫걸음』 학습은 대화문부터 살펴보는 것보다 먼저 어휘, 문법을 익힌 후 대화문과 연습문제를 통해 어휘와 문법에 대한 실용적인 사용 방법을 연습하는 것을 권장합니다. 어휘를 익힐 때에는 성과 함께 암기하고 듣기 파일을 통해 정확한 발음을 익히는 것이 중요합니다. 문법을 익힐 때에는 많은 예시를 읽어본 후 간단한 작문을 통해 연습하는 것도 좋은 방법입니다. 대화문은 먼저 듣기 파일을 들으며 읽고, 다음에는 듣기 파일을 따라 읽어보고, 마지막으로 혼자서 큰 소리로 말하며 읽어본 후 대화문을 보지 않은 채로 듣기 파일을 듣고 모두 이해할 수 있는지 확인하며 학습하는 과정이 중요합니다. 앞에서 학습한 내용을 연습문제를 통해 복습하고 확인한다면 충분히 실생활에 적용할 수 있는 체코어 실력이 쌓일 것입니다.

어떤 언어이든 한 언어는 다른 언어와 완벽히 대응된다고 볼 수 없습니다. 체코어의 어휘와 문법은 체코어로만 설명할 수 있는 특징이 있을 것이고 한국어, 영어 등의 다른 언어도 그러한 특징을 가지고 있을 것입니다. 따라서 한 언어의 기초를 학습하기 위한 교재는 직역하는 것처럼 단순히 제작되어서는 안 된다고 생각하였고 하나의 어휘, 문법을 설명하는 것에도 체코인의 느낌, 한국인의 이해, 문화 차이 등을 고려하였습니다. 하지만 이런 방법에는 많은 시간과 노력이 필요할 수밖에 없었습니다. 이를 이해해주시고 묵묵히 믿으며 기다려주신 ECK 임승빈 대표님, 생소한 언어임에도 불구하고 꼼꼼히 확인해주신 송영정 편집자님, 응원해준 가족들, 한국인으로서 체코어를 학습할 때의 경험과 한국어를 통한 문법 설명 등을 통해 원고 작업 전반에 도움을 준 일성, 이 책이 나오기까지 도움을 주신 모든 분들께 감사드리며 이 교재가 체코를 사랑하고, 체코에 관심 있는 모든 분들께 도움이 되기를 기원합니다. 감사합니다.

저자 Petra Lee

목차

• 예비학습 _ p.11

Lekce 01 — Dobrý den. 안녕하세요? p.22
/ 문법 /
• 명사의 주격 • 인칭대명사 • být 동사
• 의문대명사 kdo, co, kde, odkud
/ 어휘 /
• 기초 명사
• 나라 및 국적
/ 문화 /
• 체코의 인사 방법

Lekce 02 — Co je to? Čí je to? 이것이 뭐예요? 이것은 누구의 것이에요? p.40
/ 문법 /
• 지시대명사 • 형용사의 주격 • 소유대명사
/ 어휘 /
• 여러 가지 형용사
• 색깔
/ 문화 /
• 체코 사람들이 싫어하는 말과 행동

Lekce 03 — To je můj táta. 이분은 우리 아버지예요. p.56
/ 문법 /
• 체언의 목적격 • 동사의 현재형
• 동사 umět, vědět, znát
• 정도를 나타내는 부사
/ 어휘 /
• 가족
• 취미
/ 문화 /
• 체코의 가족

Lekce 04 — Kolik to stojí? 그것이 얼마예요? p.74
/ 문법 /
• 주격과 목적격의 복수형 • 소유대명사 svůj
• 인칭대명사의 목적격 • 숫자
/ 어휘 /
• 독서 • 쇼핑 • 과일
• 채소 • 달걀, 유제품
/ 문화 /
• 체코의 작가

Lekce 05 — Kde je Pražský hrad? 프라하성이 어디에 있어요? p.96
/ 문법 /
• 재귀대명사 si, se
• 의문 · 불특정 · 부정대명사와 부사
• 전치사 • 위치부사
/ 어휘 /
• 대중교통
• 길 묻고 답하기
/ 문화 /
• 프라하의 유명한 관광지

Lekce 06 — Chci ochutnat české jídlo. 체코 음식을 먹어 보고 싶어요. p.114
/ 문법 /
• 조동사 • 체언의 호격
• 감정을 나타내는 표현
/ 어휘 /
• 음식
• 식사
/ 문화 /
• 체코 음식

Lekce 07 — O víkendu jsem šla do divadla. 주말에 극장에 가 봤어요. p.130
/ 문법 /
• 과거시제 • 소유격의 단수형 • 서수
/ 어휘 /
• 문화 • 요일 • 달
/ 문화 /
• 체코 뮤지컬

Lekce 08	**Zítra je svátek.** 내일은 명절이에요.		p.152
	/ 문법 / • 소유격의 복수형 • 인칭대명사의 소유격 • 시간 표현	/ 어휘 / • 명절 • 시간을 나타내는 말 • 시간이나 순서를 나타내는 부사 • 날짜 묻고 답하기	/ 문화 / • 체코의 명절

Lekce 09	**Na výlet pojedeme do Brna a Olomouce.** 브르노와 올로모우츠로 여행을 갈 거예요.		p.172
	/ 문법 / • 미래시제 • 동사의 완료형과 미완료형 • až, když 조건문	/ 어휘 / • 사계절 • 날씨 • 여행지	/ 문화 / • 모라비아의 도시

Lekce 10	**Dostala jsem rýmu.** 감기에 걸렸어요.		p.190
	/ 문법 / • 체언의 처소격 • 인칭대명사의 처소격 • 이동 동사 jít, chodit, jet, jezdit	/ 어휘 / • 몸 • 병 • 병원	/ 문화 / • 체코의 의료 복지

Lekce 11	**Chtěla bych si pronajmout byt.** 아파트를 빌리고 싶어요.		p.210
	/ 문법 / • 부사 • 대명사 každý, žádný, všichni • 이동 동사 jít, přijít, odejít, jet, přijet, odjet	/ 어휘 / • 집의 내부와 외부 • 가구, 가전	/ 문화 / • 체코의 주거 공간

Lekce 12	**Co si zítra oblečete?** 내일 무엇을 입을 거예요?		p.228
	/ 문법 / • 체언의 여격 • 인칭대명사의 여격 • 재귀대명사 se	/ 어휘 / • 옷 • 입다, 벗다	/ 문화 / • 체코의 옷, 신발 치수

Lekce 13	**S kamarády jsme byli na koncertě.** 친구들과 콘서트에 갔다 왔어요.		p.248
	/ 문법 / • 체언의 조격 • 인칭대명사의 조격 • 지소어	/ 어휘 / • 음악 • 관계	/ 문화 / • 체코의 지역

Lekce 14	**Ostatní zvířata nekrm.** 다른 동물에게는 먹이를 주지 마.		p.266
	/ 문법 / • 명령문 • 부정 명령문	/ 어휘 / • 동물, 식물 • 직업	/ 문화 / • 체코의 결혼 문화

• 연습문제 정답 _ p.283
• 부록: 어휘 및 격 정리 _ p.313

이 책의 구성과 특징

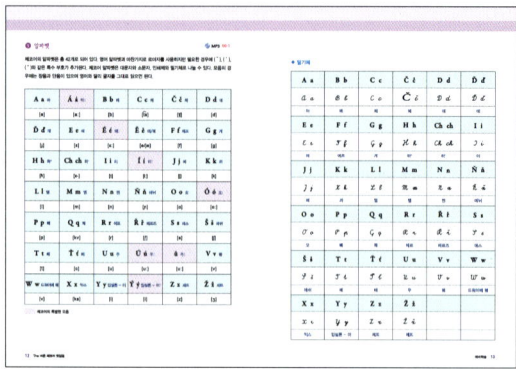

예비학습

체코어 알파벳과 자·모음, 강세, 품사, 어순, 격 등 체코어 학습에 필요한 필수 기본 내용들을 정리했습니다. 본학습에 앞서 반드시 먼저 숙지하세요.

대화와 이야기

다양한 대화문과 이야기를 통해 유용한 생활 표현 및 어휘를 학습합니다. mp3 파일을 들으며 발음도 같이 익혀 보세요.

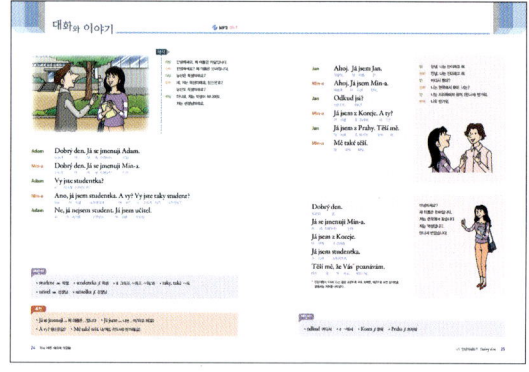

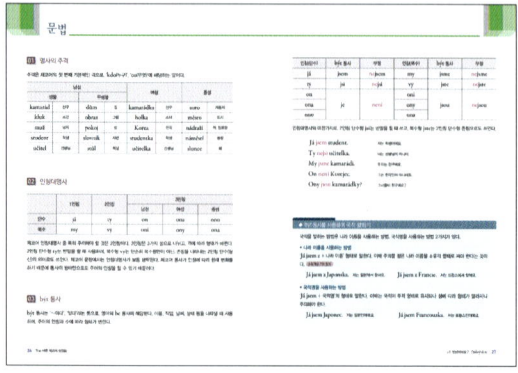

문법

초급 단계에서 알아야 하는 필수 문법을 다양한 예문과 함께 알기 쉽게 정리했습니다. 체코어의 7개나 되는 다양한 '격'이 다소 어렵게 느껴질 수 있지만, 체코어에서 '격 변화' 학습은 필수입니다. 끈기를 갖고 도전해 보세요.

💡 어휘

기초 어휘를 학습합니다. 체코에서 생활하거나 여행할 때 알아두면 좋을 다양한 기초 어휘를 mp3 파일을 들으며 익혀 보세요.

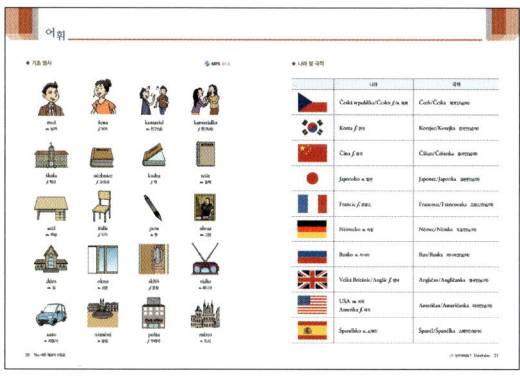

💡 동사 따라잡기

매 과마다 주요 기본 동사 하나를 골라 집중적으로 연습해 봅니다. 동사의 시제별, 인칭별 형태를 익히고, 이를 문장을 통해 활용해 보는 연습을 합니다.

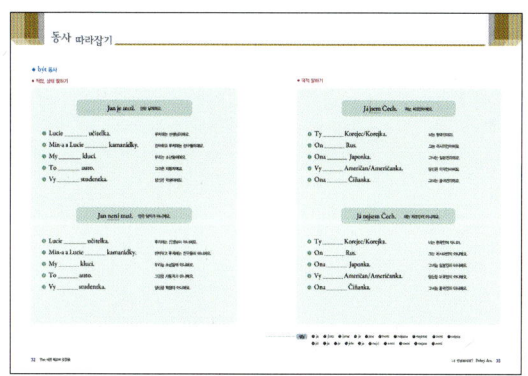

💡 연습문제

어휘, 문법, 말하기, 듣기, 읽기, 쓰기 6가지 영역별 문제 풀이를 통해 학습한 내용을 복습하고 정리해 보세요.

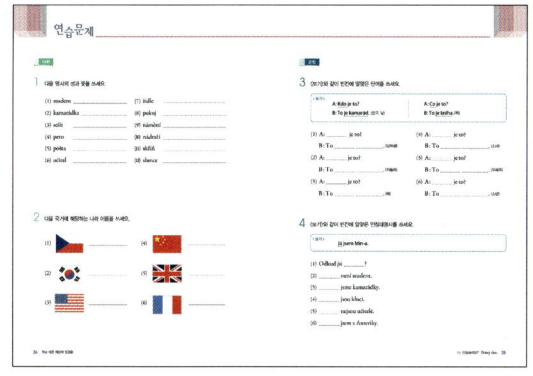

💡 체코 문화탐방

다양한 체코의 문화를 살펴봅니다. 학습을 마친 후 가볍게 읽으며 체코에 대한 이해를 넓혀 보세요.

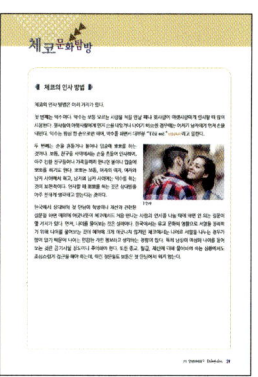

예비학습

· 알파벳 · 모음 · 자음 · 강세 · 품사 · 어순 · 격

❶ 알파벳

 MP3 00-1

체코어의 알파벳은 총 42개로 되어 있다. 영어 알파벳과 마찬가지로 로마자를 사용하지만 필요한 경우에 (ˇ), (´), (°)와 같은 특수 부호가 추가된다. 체코어 알파벳은 대문자와 소문자, 인쇄체와 필기체로 나눌 수 있다. 모음의 경우에는 장음과 단음이 있으며 영어와 달리 글자를 그대로 읽으면 된다.

A a 아	Á á 아:	B b 베	C c 체	Č č 체	D d 데
[a]	[a:]	[b]	[ts]	[tʃ]	[d]
Ď ď 데	E e 에	É é 에:	Ě ě 에/예	F f 에프	G g 게
[ɟ]	[ɛ]	[ɛ:]	[e/je]	[f]	[g]
H h 하	Ch ch 하-	I i 이	Í í 이:	J j 예	K k 까
[h]	[x-]	[ɪ]	[i:]	[j]	[k]
L l 엘	M m 엠	N n 엔	Ň ň 에뉴	O o 오	Ó ó 오:
[l]	[m]	[n]	[ɲ]	[o]	[o:]
P p 뻬	Q q 꿰	R r 에르	Ř ř 에르즈	S s 에스	Š š 에쉬
[p]	[kv]	[r]	[r̝]	[s]	[ʃ]
T t 떼	Ť ť 떼	U u 우	Ú ú 우:	ů 우:	V v 웨
[t]	[c]	[u]	[u:]	[u:]	[v]
W w 드워이뗴 웨	X x 익스	Y y 입실론 – 이	Ý ý 입실론 – 이:	Z z 제뜨	Ž ž 제뜨
[v]	[ks]	[i]	[i]	[z]	[ʒ]

▮ 체코어의 특별한 모음

◆ 필기체

A a	B b	C c	Č č	D d	Ď ď
A a	*B b*	*C c*	*Č č*	*D d*	*Ď ď*
아	베	체	체	데	데
E e	F f	G g	H h	Ch ch	I i
E e	*F f*	*G g*	*H h*	*Ch ch*	*I i*
에	에프	게	하	하	이
J j	K k	L l	M m	N n	Ň ň
J j	*K k*	*L l*	*M m*	*N n*	*Ň ň*
예	까	엘	엠	엔	에뉴
O o	P p	Q q	R r	Ř ř	S s
O o	*P p*	*Q q*	*R r*	*Ř ř*	*S s*
오	뻬	꿰	에르	에르즈	에스
Š š	T t	Ť ť	U u	V v	W w
Š š	*T t*	*Ť ť*	*U u*	*V v*	*W w*
에쉬	떼	떼	우	웨	드워이떼 웨
X x	Y y	Z z	Ž ž		
X x	*Y y*	*Z z*	*Ž ž*		
익스	입실론 – 이	제뜨	제뜨		

예비학습 13

❷ 모음

 MP3 00-2

체코어 모음에는 단모음 5개와 장모음 5개, 그리고 이중모음 3개가 있다.
- 단모음: a, e, i/y, o, u
- 장모음: á, é, í/ý, ó, ú/ů (ú는 단어 어두에서만 사용, ů는 단어의 안이나 어말에서 사용)
- 이중모음: ou, au, eu

단모음		장모음		이중모음	
a	tady [따디] 여기	á	káva [까:와] 커피	au	auto [아우또] 자동차
e	pes [뻬스] 개	é	mléko [믈레:꼬] 우유	eu	pneumatika [쁘네우마띠까] 타이어
i/y	dopis [도삐스] 편지, jazyk [야지끄] 혀	í/ý	papír [빠삐:르] 종이, dobrý [도브리:] 좋은	ou	dlouho [들로우호] 오래
o	ano [아노] 네	ó	móda [모:다] 패션		
u	kluk [끌루끄] 소년	ú/ů	úkol [우:꼴] 숙제, růže [루:제] 장미, domů [도무:] 집으로		–

❸ 자음

 MP3 00-3

체코어 자음은 25개가 있다.
- 경음(hard sound): d, g, h, ch, k, n, r, t
- 연음(soft sound): c, č, ď, j, ň, ř, š, ť, ž
- 나머지 자음: b, f, l, m, p, s, v, z

경음		연음		나머지 자음	
d	dům [둠:] 집	c	cesta [체스따] 길	b	blízko [블리:즈꼬] 가까이
g	gramofon [그라모폰] 축음기	č	Česko [체스꼬] 체코	f	fotbal [포드발] 축구
h	hudba [후드바] 음악	ď	Maďarsko [마댜르스꼬] 헝가리	l	lžíce [르지:체] 숟가락
ch	chyba [히바] 실수	j	jídlo [이:들로] 음식	m	matka [마뜨까] 어머니
k	Korea [꼬레아] 한국	ň	báseň [바:세뉴] 시	p	mapa [마빠] 지도
n	ne [네] 아니요	ř	řeka [르제까] 강	s	sestra [세스뜨라] 자매
r	rádio [라:디오] 라디오	š	škola [슈꼴라] 학교	v	voda [워다] 물
t	ten [뗀] 그	ť	Baťa [바땨] 바땨(체코 인명)	z	zima [지마] 겨울
		ž	žena [제나] 여자		

- 체코어 경음 뒤에는 항상 -y가 온다. 하지만 격 변화 때문에 단어 끝에 -i가 와야 하는 경우가 생기기도 하는데 이때는 경음이 연음으로 바뀌어서 발음된다.

    hory [호리] 산   tady [따디] 여기   tužky [뚜즈끼] 연필들   ženy [제니] 여자들

    ※ ty pány [띠 빠:니] → ti páni [뛰 빠:뉘] 그 아저씨들

    bratry [브라뜨리] → bratři [브라뜨르지] 형제

    ※ 외래어: historie [히스또리에] 역사   kilometr [낄로메뜨르] 킬로미터   Richard [리하르뜨] 리차드(이름)

- 체코어 연음 뒤에는 항상 -i가 온다.

    židle [지들레] 의자   číslo [치:슬로] 숫자

- 나머지 자음 뒤에는 -y와 -i가 둘 다 올 수 있다.

    byt [비뜨] 아파트 – babička [바비츠까] 할머니

    mýt [미:뜨] 씻다 – mít [미:뜨] 가지다

    sýr [시:르] 치즈 – silnice [실르니체] 도로

    výtah [위:따흐] 엘리베이터 – víno [위:노] 와인

- 자음 ď, ť, ň + i/í → di, ti, ni/dí, tí, ní

    divadlo [뒤와들로] 극장   ticho [뛰호] 침묵   nic [뉘츠] 아무것도

    dítě [뒤:떼] 아이   tatínek [따뛰:네끄] 아빠   nyní [니뉘:] 지금

- 자음 ď, ť, ň + e → dě, tě, ně

    děti [데뛰] 아이들   těžký [떼즈끼:] 무거운   něco [녜초] 무엇

- ď, ť, ň 뒤에 나머지 모음이 올 때는 ď, ť, ň이 바뀌지 않는다.

    mláďata [믈라:댜따] 동물 새끼들   ťukat [뜌까뜨] 두드리다   třešňový [뜨르제쉬뇨비:] 체리의

- 자음 b, p, v, f, m 뒤에 모음 ě가 오면 ě의 발음은 [je]가 된다.

    běh [베흐] 달리기   zpěv [즈뻬브] 노래 부르기   město [메스또] 도시

◆ 유성음과 무성음

유성음	b, d, ď, g, v, z, ž, h	m, n, ň, j, r	ř	dz [드스], dž [드즈]*
무성음	p, t, ť, k, f, s, š, ch	–	r	c, č

* 체코어 알파벳에 포함되지 않지만 체코어에서 사용하는 발음이다.

- 단어가 유성음 b, d, ď, g, v, z, ž, h로 끝날 때 발음이 각각 무성음 p, t, ť, k, f, s, š, ch로 바뀐다.

  b/p: chléb [chlép - 흘레:쁘] 빵   d/t: hrad [hrat - 흐라뜨] 성

  z/s: obraz [obras - 오브라스] 그림   ž/š: muž [muš - 무쉬] 남자

- 두 개 이상의 자음이 나란히 올 때 모든 자음은 마지막 자음과 같은 성질의 소리로 바뀐다.

  ① 마지막 자음이 무성음이면 앞의 자음도 무성음이 된다.

  obchod [opchot - 오쁘호뜨] 가게   otázka [otáska - 오따:스까] 질문

  lehký [lechký - 레흐끼:] 가벼운

  ② 마지막 자음이 유성음이면 앞의 자음도 유성음이 된다.

  kdy [gdy - 그디] 언제   kdo [gdo - 그도] 누구

  někdo [něgdo - 녜그도] 누군가   nikdo [nigdo - 늬그도] 아무도

❹ 강세

- 체코어의 강세는 항상 단어의 첫 번째 음절에 있다.

  výtah 엘리베이터   **kni**ha 책   **ba**bička 할머니

- 단어 앞에 전치사가 있을 경우 강세는 전치사에 있다.

  ve městě 도시에   **na** stole 책상 위에   **nad** městem 도시 위에

- 몇 가지 대명사와 'být(이다) 동사'의 과거형과 조건형에는 강세가 없다.

  mi 나   ho 그   si (재귀 대명사)   jsem / jsi / bych / bys

❺ 품사

체코어에는 명사, 형용사, 대명사, 수사, 동사, 부사, 전치사, 접속사, 첨사, 감탄사 10개의 품사가 있다. 이 중 명사, 형용사, 대명사, 수사는 격에 따라 다양하게 어미가 변화하며, 동사는 인칭, 법, 시제에 따라 다양한 형태 변화를 한다. 부사는 어미 변화를 하지 않지만 형용사와 마찬가지로 비교급과 최상급을 갖는다.

① 명사

체코어 명사는 성과 수가 존재한다. 성은 아래와 같이 세 가지가 있으며 수는 단수와 복수로 나뉜다. 수를 구별하는 것이 매우 중요하며 일련의 명사는 복수 형태로만 존재한다. (noviny 신문, hodinky 손목 시계)

◆ 명사의 성

체코어 명사는 남성, 여성, 중성 3가지 성이 있다. 남성은 다시 생물(Ma)과 무생물(Mi)로 나뉜다.

		경음 명사	연음 명사
남성	생물	pán 아저씨, předseda 장	muž 남자, soudce 판사
	무생물	hrad 성	stroj 기계
여성		žena 여자	růže 장미, píseň 노래, kost 뼈
중성		město 도시	moře 바다, kuře 닭, stavení 건물

② 형용사

체코어 형용사는 꾸미는 명사의 성과 수에 따라 형태가 변하며, -ý로 끝나는 형용사(mladý 젊은)와 -í로 끝나는 형용사(školní 학교의) 두 가지로 나눌 수 있다. 특히 -ý로 끝나는 형용사를 활용할 때 주의해야 한다.

③ 대명사

대명사는 성을 구별하는 대명사(ta 그녀)와 구별하지 않는 대명사(já 나, ty 너)가 있으며 일련의 대명사는 형용사의 규칙에 따라 활용된다. 대명사에는 의문대명사(Kdo? 누구?), 인칭대명사(já 나), 소유대명사(můj 나의), 지시대명사(ten 그), 관계대명사(který 어떠한) 등이 있다.

④ 수사

수사는 기수(jeden 1)와 서수(první 첫 번째)로 나눌 수 있는데, 서수는 형용사의 변화형에 따라 바뀐다.

⑤ 동사

체코어 동사의 원형은 -t 형태로(být 이다, jít 가다) 끝나며, 주어의 인칭과 수에 따라 형태가 변한다. 시제에 따라서도 형태가 변하는데, 시제는 과거(byl jsem 나였다), 현재(jsem 나이다), 미래(budu 나일 것이다)로 나눌 수 있으며, 완료형과 미완료형으로도 구별된다. 또한 동사에는 명령법, 조건법 등이 있다.

⑥ 부사

부사는 장소 부사(Kde? 어디?), 시간 부사(Kdy? 언제?), 성질 부사(Jak? 어떻게?) 등으로 나눌 수 있다.

⑦ 전치사

체코어 전치사는 격지배를 하는데 대부분의 전치사는 1개의 격만을 지배하지만 na(~에/로), v(~에), po(~ 후에), o(~에 대해), nad(~ 위에), pod(~ 밑에), mezi(~ 사이에), před(~전에/앞에)와 같은 전치사는 2개의 격을 지배하며, za(~ 뒤로, ~ 중에)와 같은 전치사는 3개의 격을 지배한다.

⑧ 접속사

체코어 접속사는 형태가 변하지 않으며 연결접속사(a 하고), 상관접속사(nebo 또는, ~나), 종속접속사(protože 왜냐하면) 등이 있다. 많은 접속사 앞에는 쉼표를 넣어야 하는 것을 주의해야 한다.

⑨ 첨사

문장을 시작하며 명령, 의문, 감탄 등을 표현하기 위해 쓰인다. 첨사는 형태가 변하지 않는다.
(ať: Ať už je pěkně. 날씨가 좋았으면 좋겠다.)

⑩ 감탄사

감탄사는 형태가 변하지 않으며 소리를 표현한다. (au! 아플 때 내는 소리, haf 멍) 감탄사는 몇 가지가 같이 있을 때 쉼표로 분리하며, 문장 마지막에 올 때는 끝에 느낌표를 붙일 수 있다. 주어나 서술어 자리에 올 수도 있다.

❻ 어순

① 평서문

체코어의 어순은 '주어(S) – 서술어(V) – 목적어(O)'로 이루어지는데 이 순서가 정해진 규칙에 따라 변할 수도 있다. 문장을 만들 때는 여러 단어의 관계를 생각해야 하며, 주어가 드러난 상황에서는 한국어와 마찬가지로 주어를 생략할 수도 있다. 이때는 주어의 성을 동사의 접미사를 통해서 알 수 있다.

Jan má auto.   얀은 자동차가 있다. → Má auto.   자동차가 있다.
(S) (V) (O)   (V) (O)

Pavla jde do školy.   파블라는 학교에 간다. → Jde do školy.   학교에 간다.
(S) (V) (O)   (V) (O)

부정문은 단어 앞에 접두사 ne-를 붙인다.

   být → nebýt(이다 → 아니다)   dělat → nedělat(하다 → 하지 않다)

② 의문문

의문문을 만들 때는 주어(S)와 서술어(V)의 위치가 바뀐다.

   Má Jan auto?   얀은 자동차가 있나요?
   (V) (S)

   Jde Pavla do školy?   파블라는 학교에 가나요?
   (V) (S)

❼ 격

체코어의 격은 7가지가 있으며 이 격에 따라 체언(명사, 형용사, 대명사, 수사)의 형태가 바뀐다. 한국어와 달리, 체코어에서는 형용사가 체언에 속한다. 각 격에 해당하는 질문은 아래와 같다.

격	질문(의문 대명사)	의미
주격(1격)	kdo, co? 누가, 무엇이?	-이 / -가
소유격(2격)	koho, čeho? 누구의, 무엇의?	-의
여격(3격)	komu, čemu? 누구에게, 무엇에?	-에게, -에
목적격(4격)	koho, co? 누구를, 무엇을?	-을 / -를
호격(5격)	oslovujeme, voláme 누구를, 무엇을 부르다	-야 (부르는 말; 존댓말로도 쓰임)
처소격(6격)	(o) kom, (o) čem? 누구에 대해, 무엇에 대해?	-에 대해 등(전치사와 같이 쓰임)
조격(7격)	kým, čím? 누구와/ -이/-가 되다, 무엇으로?	-로써, -로

체코어 인사말 및 기초 생활 표현

❶ 안녕하세요

| Dobrý den. | 안녕하세요? |
| 도브리 덴 | |

Dobré ráno. — 안녕하세요? (아침)
도브레 라노

Dobré dopoledne. — 안녕하세요? (오전)
도브레 도뽈레드네

Dobré poledne. — 안녕하세요? (정오)
도브레 뽈레드네

Dobré odpoledne. — 안녕하세요? (오후)
도브레 오뜨뽈레드네

Dobrý večer. — 안녕하세요? (저녁)
도브리 베체르

Ahoj. / Čau. — 안녕.
아호이 차우

❷ 만나서 반가워요

Těší mě, že vás poznávám. — 만나서 반가워요.
떼시 메 제 바스 뽀즈나밤
※ '당신'일 경우 존댓말, '당신들/너희들'일 경우 존댓말, 반말 둘 다 가능하다.

Těší mě, že tě poznávám. — (너를) 만나서 반가워.
떼시 메 제 떼 뽀즈나밤

Těší mě. — 반가워(요).
떼시 메

Moc mě těší. — 정말 반가워(요).
모츠 메 떼시

❸ 헤어질 때 인사 표현

Na shledanou. — 안녕히 계세요/가세요.
나 스흘레다노우

Na viděnou. — 안녕히 계세요/가세요.
나 비예노우

Mějte se hezky. — 잘 지내세요.
메이떼 세 헤즈끼
※ '당신'일 경우 존댓말, '당신들/너희들'일 경우 존댓말, 반말 둘 다 가능하다.

Měj se hezky.
메이 세 헤즈끼
(네가) 잘 지내.

Ahoj. / Čau.
아호이   차우
안녕

Dobrou noc.
도브로우   노츠
안녕히 주무세요/잘 자.

❹ 감사의 표현

Děkuji.
데꾸이
고마워(요).

Mockrát děkuji.
모츠끄라뜨   데꾸이
정말 고마워(요).

Díky.
뒤끼
고마워.

Moc díky.
모츠   뒤끼
정말 고마워.

Není zač.
네니   자츠
천만에(요).

To je v pořádku.
또   예 브 뽀르자뜨꾸
괜찮아(요).

❺ 안부를 묻는 표현

Jak se máte?
야끄 세 마떼
잘 지내요?

※ '당신'일 경우 존댓말, '당신들/너희들'일 경우 존댓말, 반말 둘 다 가능하다.

Jak se máš?
야끄 세 마쉬
(네가) 잘 지내?

Mám se dobře.
맘   세 도브르제
저(/나)는 잘 지내(요).

Nemám se moc dobře.
네맘   세 모츠   도브르제
저(/너)는 별로 잘 지내지 못해(요).

Mám se špatně.
맘   세 쉬빠뜨녜
저(/너)는 잘 지내지 못해(요).

다음 질문을 읽으며 학습할 내용을 미리 살펴보세요.

- 체코에서는 어떤 말로 인사할까요?
- 처음 만나는 사람 또는 윗사람에게 인사할 때와 친한 사람 또는 아랫사람에게 인사할 때, 표현이 어떻게 달라질까요?
- 체코어로 나라와 국적을 어떻게 표현할까요?

01

Dobrý den.
안녕하세요?

• 명사의 주격　• 인칭대명사　• být 동사　• 의문대명사 kdo, co, kde, odkud

대화와 이야기

MP3 01-1

해석

아담: 안녕하세요. 제 이름은 아담입니다.
민아: 안녕하세요? 제 이름은 민아입니다.
아담: 당신은 학생이에요?
민아: 네, 저는 학생이에요. 당신은요?
　　 당신도 학생이에요?
아담: 아니요, 저는 학생이 아니에요.
　　 저는 선생님이에요.

Adam　Dobrý den. Já se jmenuji Adam.
　　　도브리　덴.　야 세 이메누이　아담.

Min-a　Dobrý den. Já se jmenuji Min-a.
　　　도브리　덴.　야 세 이메누이　민아.

Adam　Vy jste studentka?
　　　비 이스떼 스뚜덴뜨까?

Min-a　Ano, já jsem studentka. A vy? Vy jste taky student?
　　　아노, 야 이셈　스뚜덴뜨까. 아 비? 비 이스떼 따끼　스뚜덴뜨?

Adam　Ne, já nejsem student. Já jsem učitel.
　　　네, 야 네이셈　스뚜덴뜨. 야 이셈 우치뗄.

새단어

- student *m.* 학생
- studentka *f.* 학생
- a 그리고, ~하고, ~와/과
- taky, také ~도
- učitel *m.* 선생님
- učitelka *f.* 선생님

표현

- Já se jmenuji ... 제 이름은 ...입니다
- Já jsem ... 나는 ...야/라고 해(요)
- A vy? 당신은요?
- Mě také těší. 나/저도 (만나서) 반가워(요)

Jan	Ahoj. Já jsem Jan.	
	아호이. 야 이셈 얀.	
Min-a	Ahoj. Já jsem Min-a.	
	아호이. 야 이셈 민아.	
Jan	Odkud jsi?	
	오뜨꾸뜨 이시?	
Min-a	Já jsem z Koreje. A ty?	
	야 이셈 즈 꼬레예. 아 띠?	
Jan	Já jsem z Prahy. Těší mě.	
	야 이셈 즈 쁘라히. 떼쉬 몌.	
Min-a	Mě také těší.	
	몌 따께 떼쉬.	

얀	안녕. 나는 얀이라고 해.
민아	안녕. 나는 민아라고 해.
얀	어디서 왔어?
민아	나는 한국에서 왔어. 너는?
얀	나는 프라하에서 왔어. (만나서) 반가워.
민아	나도 반가워.

Dobrý den.
도브리 덴.
Já se jmenuji Min-a.
야 세 이메누이 민아.
Já jsem z Koreje.
야 이셈 즈 꼬레예.
Já jsem studentka.
야 이셈 스뚜덴뜨까.
Těší mě, že Vás* poznávám.
떼쉬 몌, 제 바스 뽀즈나밤.

* 인칭대명사 Vás와 Ty는 같은 소문자로 써도 되지만, 대문자로 쓰면 상대방을 존중하는 의미를 나타낸다.

안녕하세요?
제 이름은 민아입니다.
저는 한국에서 왔습니다.
저는 학생입니다.
만나서 반갑습니다.

새단어

- **odkud** 어디서 • **z** ~에서 • **Korea** *f.* 한국 • **Praha** *f.* 프라하

문법

01 명사의 주격

주격은 체코어의 첫 번째 기본적인 격으로, 'kdo(누구)', 'co(무엇)'에 해당하는 말이다.

남성				여성		중성	
생물		무생물					
kamarád	친구	dům	집	kamarádka	친구	auto	자동차
kluk	소년	obraz	그림	holka	소녀	město	도시
muž	남자	pokoj	방	Korea	한국	nádraží	역, 정류장
student	학생	slovník	사전	studentka	학생	náměstí	광장
učitel	선생님	stůl	책상	učitelka	선생님	slunce	해

02 인칭대명사

	1인칭	2인칭	3인칭		
			남성	여성	중성
단수	já	ty	on	ona	ono
복수	my	vy	oni	ony	ona

체코어 인칭대명사 중 특히 주의해야 할 것은 3인칭이다. 3인칭은 3가지 성으로 나뉘고, 격에 따라 형태가 바뀐다. 2인칭 단수형 ty는 반말을 할 때 사용하며, 복수형 vy는 단순히 복수형만이 아닌, 존칭을 나타내는 2인칭 단수(당신)의 의미로도 쓰인다. 체코어 문장에서는 인칭대명사가 보통 생략된다. 체코어 동사가 인칭에 따라 형태 변화를 하기 때문에 동사의 형태만으로도 주어의 인칭을 알 수 있기 때문이다.

03 být 동사

být 동사는 '~이다', '있다'라는 뜻으로, 영어의 be 동사에 해당한다. 이름, 직업, 날씨, 상태 등을 나타낼 때 사용하며, 주어의 인칭과 수에 따라 형태가 변한다.

인칭(단수)	být 동사	부정	인칭(복수)	být 동사	부정
já	jsem	nejsem	my	jsme	nejsme
ty	jsi	nejsi	vy	jste	nejste
on	je	není	oni	jsou	nejsou
ona			ony		
ono			ona		

인칭대명사와 마찬가지로, 2인칭 단수형 jsi는 반말을 할 때 쓰고, 복수형 jste는 2인칭 단수형 존칭으로도 쓰인다.

Já jsem student. 저는 학생이에요.
Ty nejsi učitelka. 너는 선생님이 아니야.
My jsme kamarádi. 우리는 친구예요.
On není Korejec. 그는 한국인이 아니에요.
Ony jsou kamarádky? 그녀들이 친구예요?

◆ být 동사를 사용하여 국적 말하기

국적을 말하는 방법은 나라 이름을 사용하는 방법, 국적명을 사용하는 방법 2가지가 있다.

• 나라 이름을 사용하는 방법

'Já jsem z + 나라 이름' 형태로 말한다. 이때 주의할 점은 나라 이름을 소유격 형태로 써야 한다는 것이다. 소유격은 7과 참고

Já jsem z Japonska. 저는 일본에서 왔어요.   Já jsem z Francie. 저는 프랑스에서 왔어요.

• 국적명을 사용하는 방법

'Já jsem + 국적명'의 형태로 말한다. 이때는 국적이 주격 형태로 유지되나 성에 따라 형태가 달라지니 주의해야 한다.

Já jsem Japonec. 저는 일본인이에요.   Já jsem Francouzka. 저는 프랑스인이에요.

문법

04 의문대명사 kdo, co, kde, odkud

① **kdo**(누구): 사람을 가리키는 의문사

>A: Kdo je to?   이 사람이 누구예요?
>B: To je kamarád.   이 사람은 친구예요.

>A: Kdo je to?   이 사람이 누구예요?
>B: To je učitelka.   이 사람은 선생님이에요.

>A: Kdo je to?   이 사람이 누구예요?
>B: To je studentka.   이 사람은 학생이에요.

② **co**(무엇): 물건을 가리키는 의문사

>A: Co je to?   이것이 뭐예요?
>B: To je kniha.   이것은 책이에요.

>A: Co je to?   이것이 뭐예요?
>B: To je rádio.   이것은 라디오예요.

>A: Co je to?   이것이 뭐예요?
>B: To je učebnice.   이것은 교과서예요.

단어 to 이것, 이 사람(지시대명사는 2과 참고)   tady 여기   tam 거기/저기

③ **kde(어디): 위치, 장소를 가리키는 의문사**

　　A: Kde je Jana?　　　　　야나가 어디에 있어요?
　　B: Jana je tady.　　　　　야나는 여기에 있어요.

　　A: Kde je škola?　　　　　학교가 어디에 있어요?
　　B: Škola je tam.　　　　　학교는 저기에 있어요.

　　A: Kde je auto?　　　　　자동차가 어디에 있어요?
　　B: Auto je tam.　　　　　자동차가 거기에 있어요.

④ **odkud(어디에서): 방향을 가리키는 의문사**

　　A: Odkud jste?　　　　　어디에서 왔어요?
　　B: Já jsem z Koreje.　　　저는 한국에서 왔어요.

　　A: Odkud je Lydia?　　　리디아는 어디에서 왔어요?
　　B: Lydia je z Anglie.　　　리디아는 영국에서 왔어요.

　　A: Odkud jsou?　　　　　그들은 어디에서 왔어요?
　　B: Jsou z Česka.　　　　　그들은 체코에서 왔어요.

 여기서 잠깐!

단어의 첫 두 글자가 k와 d일 경우, k의 발음이 [g]로 바뀐다.

kdo [gdo] / kdy [gdy] / kde [gde]

어휘

◆ 기초 명사

 MP3 01-2

muž
m. 남자

žena
f. 여자

kamarád
m. 친구(남)

kamarádka
f. 친구(여)

škola
f. 학교

učebnice
f. 교과서

kniha
f. 책

sešit
m. 공책

stůl
m. 책상

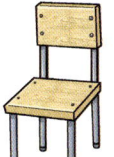
židle
f. 의자

pero
n. 펜

obraz
m. 그림

dům
m. 집

okno
n. 창문

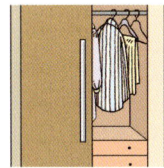
skříň
f. 옷장

rádio
n. 라디오

auto
n. 자동차

náměstí
n. 광장

pošta
f. 우체국

město
n. 도시

◆ 나라 및 국적

	나라	국적
	Česká republika/Česko *f./n.* 체코	Čech/Češka 체코인(남/여)
	Korea *f.* 한국	Korejec/Korejka 한국인(남/여)
	Čína *f.* 중국	Číňan/Číňanka 중국인(남/여)
	Japonsko *n.* 일본	Japonec/Japonka 일본인(남/여)
	Francie *f.* 프랑스	Francouz/Francouzka 프랑스인(남/여)
	Německo *n.* 독일	Němec/Němka 독일인(남/여)
	Rusko *n.* 러시아	Rus/Ruska 러시아인(남/여)
	Velká Británie/Anglie *f.* 영국	Angličan/Angličanka 영국인(남/여)
	USA *m.* 미국 Amerika *f.* 미국	Američan/Američanka 미국인(남/여)
	Španělsko *n.* 스페인	Španěl/Španělka 스페인인(남/여)

01 안녕하세요? *Dobrý den.*

동사 따라잡기

◆ být 동사

● 직업, 상태 말하기

> Jan je muž.   얀은 남자예요.

① Lucie _____ učitelka.   루치에는 선생님이에요.
② Min-a a Lucie _____ kamarádky.   민아하고 루치에는 친구들이에요.
③ My _____ kluci.   우리는 소년들이에요.
④ To _____ auto.   그것은 자동차예요.
⑤ Vy _____ studentka.   당신은 학생이에요.

> Jan není muž.   얀은 남자가 아니에요.

⑥ Lucie _____ učitelka.   루치에는 선생님이 아니에요.
⑦ Min-a a Lucie _____ kamarádky.   민아하고 루치에는 친구들이 아니에요.
⑧ My _____ kluci.   우리는 소년들이 아니에요.
⑨ To _____ auto.   그것은 자동차가 아니에요.
⑩ Vy _____ studentka.   당신은 학생이 아니에요.

● 국적 말하기

> Já jsem Čech.　저는 체코인이에요.

① Ty _____ Korejec/Korejka.　　　　너는 한국인이야.
② On _____ Rus.　　　　　　　　　그는 러시아인이에요.
③ Ona _____ Japonka.　　　　　　 그녀는 일본인이에요.
④ Vy _____ Američan/Američanka.　당신은 미국인이에요.
⑤ Ona _____ Číňanka.　　　　　　 그녀는 중국인이에요.

> Já nejsem Čech.　저는 체코인이 아니에요.

⑥ Ty _____ Korejec/Korejka.　　　　너는 한국인이 아니야.
⑦ On _____ Rus.　　　　　　　　　그는 러시아인이 아니에요.
⑧ Ona _____ Japonka.　　　　　　 그녀는 일본인이 아니에요.
⑨ Vy _____ Američan/Američanka.　당신은 미국인이 아니에요.
⑩ Ona _____ Číňanka.　　　　　　 그녀는 중국인이 아니에요.

정답　① je　② jsou　③ jsme　④ je　⑤ jste　⑥ není　⑦ nejsou　⑧ nejsme　⑨ není　⑩ nejste
　　　① jsi　② je　③ je　④ jste　⑤ je　⑥ nejsi　⑦ není　⑧ není　⑨ nejste　⑩ není

연습문제

어휘

1 다음 명사의 성과 뜻을 쓰세요.

(1) student _____
(2) kamarádka _____
(3) sešit _____
(4) pero _____
(5) pošta _____
(6) učitel _____
(7) židle _____
(8) pokoj _____
(9) náměstí _____
(10) nádraží _____
(11) skříň _____
(12) slunce _____

2 다음 국기에 해당하는 나라 이름을 쓰세요.

(1)    (4)

(2)    (5)

(3)    (6)

문법

3 〈보기〉와 같이 빈칸에 알맞은 단어를 쓰세요.

| 보기 |
| A: <u>Kdo</u> je to? | A: <u>Co</u> je to? |
| B: To je <u>kamarád</u>. (친구, 남) | B: To je <u>kniha</u>. (책) |

(1) A: _____ je to?
    B: To _____ _____. (남학생)

(2) A: _____ je to?
    B: To _____ _____. (자동차)

(3) A: _____ je to?
    B: To _____ _____. (해)

(4) A: _____ je to?
    B: To _____ _____. (소녀)

(5) A: _____ je to?
    B: To _____ _____. (우체국)

(6) A: _____ je to?
    B: To _____ _____. (소년)

4 〈보기〉와 같이 빈칸에 알맞은 인칭대명사를 쓰세요.

| 보기 |
<u>Já</u> jsem Min-a.

(1) Odkud jsi _____?

(2) _____ není student.

(3) _____ jsme kamarádky.

(4) _____ jsou kluci.

(5) _____ nejsou učitelé.

(6) _____ jsem z Ameriky.

연습문제

말하기

5. 주어진 단어를 사용하여 〈보기〉와 같이 말하세요.

| 보기 |

　　　　Min-a, Koreje(Korea)

　→　Dobrý den. Já jsem Min-a. Já jsem z Koreje.

(1) Jana, Ruska(Rusko)

(2) Mio, Japonska(Japonsko)

(3) Pavel, Německa(Německo)

(4) Ivana, Francie(Francie)

(5) Slávek, Česka(Česko)

(6) Lucie, Anglie(Anglie)

6. 주어진 단어를 사용하여 〈보기〉와 같이 말하세요.

| 보기 |

　　Já, student　→　Ano, já jsem student.
　　　　　　　　　　Ne, já nejsem student.

(1) Ty, učitelka

(2) Oni, kamarádi

(3) Vy, žena

(4) Já, kluk

(5) My, studenti

(6) On, učitel

듣기

7 대화를 듣고 두 사람의 국적을 고르세요. 　　MP3 **01-3**

　(1) Anna je _____.
　　　① Němka　　　② Češka

　(2) Adam je _____.
　　　① Angličan　　② Čech

8 대화를 듣고 두 사람의 직업을 고르세요. 　　MP3 **01-4**

　(1) Muž je _____.
　　　① student　　　② učitel

　(2) Žena je _____.
　　　① studentka　　② učitelka

연습문제

읽기

9. 다음 글을 읽고 질문에 답하세요.

> Dobrý den.
> Já se jmenuji Lydie. Já jsem Angličanka.
> Já nejsem studentka. Já jsem učitelka.
> Těší mě, že Vás poznávám.

(1) 여자의 이름은 무엇인가요? _____

(2) 여자는 어느 나라에서 왔나요? _____

(3) 여자의 직업은 무엇인가요? _____

쓰기

10. 다음 문장을 체코어로 쓰세요.

(1) 저는 한국에서 왔어요.

_____

(2) 저는 선생님이 아니에요.

_____

(3) 저는 학생이에요.

_____

체코 문화탐방

◀ 체코의 인사 방법 ▶

체코의 인사 방법은 여러 가지가 있다.

첫 번째는 악수이다. 악수는 보통 모르는 사람을 처음 만날 때나 윗사람이 아랫사람에게 인사할 때 많이 사용한다. 윗사람이 아랫사람에게 먼저 손을 내밀거나 나이가 비슷한 경우에는 여자가 남자에게 먼저 손을 내민다. 악수는 항상 한 손으로만 하며, 악수를 하면서 대부분 "Těší mě." 반갑습니다라고 말한다.

두 번째는 손을 흔들거나 볼이나 입술에 뽀뽀를 하는 것이다. 보통, 친구들 사이에서는 손을 흔들어 인사하며, 아주 친한 친구들이나 가족들끼리 만나면 볼이나 입술에 뽀뽀를 하기도 한다. 뽀뽀는 보통, 여자와 여자, 여자와 남자 사이에서 하고, 남자와 남자 사이에는 악수를 하는 것이 보편적이다. 인사할 때 뽀뽀를 하는 것은 상대방을 아주 친하게 생각하고 믿는다는 것이다.

| 인사

한국에서 상대와의 첫 만남에 학벌이나 재산과 관련된 질문을 하면 예의에 어긋나듯이 체코에서도 처음 만나는 사람과 인사를 나눌 때에 하면 안 되는 질문이 몇 가지가 있다. 먼저, 나이를 물어보는 것은 실례이다. 한국에서는 유교 문화의 영향으로 서열을 정리하기 위해 나이를 물어보는 것이 예의에 크게 어긋나지 않지만 체코에서는 나이로 서열을 나누는 경우가 많이 없기 때문에 나이는 민감한 개인 정보라고 생각하는 경향이 많다. 특히 남성이 여성의 나이를 물어보는 것은 금기시될 정도이니 주의해야 한다. 또한 종교, 월급, 재산에 대해 물어봐야 하는 상황에서도 조심스럽게 접근을 해야 하는데, 이런 질문들도 보통은 첫 만남에서 하지 않는다.

다음 질문을 읽으며 학습할 내용을 미리 살펴보세요.

- 사람이나 사물을 가리키는 표현은 무엇일까요?
- '나'에게 가까이 있는 물건과 멀리 있는 물건을 가리킬 때 각각 표현이 어떻게 달라질까요?
- 사물의 특징이나 소유 관계를 나타내는 표현은 무엇일까요?

02

Co je to? Čí je to?

이것이 뭐예요? 이것은 누구의 것이에요?

• 지시대명사   • 형용사의 주격   • 소유대명사

대화와 이야기

MP3 02-1

해석

민아 안녕하세요? 잘 지냈어요?
라딤 잘 지냈어요. 고마워요. 당신은요?
민아 저도 잘 지냈어요.
그 엽서가 누구의 것이에요?
라딤 이것은 루치에를 위한 것이에요.
이것은 그녀의 엽서예요. 어때요?
민아 그 엽서는 아주 예뻐요. 그리고 그 편지는
누구의 것이에요?
라딤 이것은 제 편지예요.

Min-a	Dobrý den. Jak se máte? 도브리 덴. 야크 세 마떼?
Radim	Já se mám dobře, děkuji. A vy? 야 세 맘 도브르제, 데꾸이. 아 비?
Min-a	Já se mám také dobře. Čí je ta pohlednice? 야 세 맘 따께 도브르제. 치 예 따 뽀흘레드뉘체?
Radim	To je pro Lucii. To je její pohlednice. Jaká je? 또 예 쁘로 루치이. 또 예 예이 뽀흘레드뉘체. 야까 예?
Min-a	Ta pohlednice je moc pěkná. A čí je ten dopis? 따 뽀흘레드뉘체 예 모츠 뻬끄나. 아 치 예 뗀 도삐스?
Radim	To je můj dopis. 또 예 무이 도삐스

새단어

- dobře 잘, 좋게 • jak 어떻게 • čí 누구의 • ten, ta 그 • pohlednice *f.* 엽서 • pro ~을/를 위하여
- jaká(-ý) 어떠한 • pěkná(-ý) 예쁜 • dopis *m.* 편지

표현

- Jak se máte/máš? 잘 지냈어(요)?   • Já se mám dobře./Mám se dobře 저는 잘 지냈어(요)/잘 지냈어(요)
- Čí je to? 이것이 누구의 것이에요(/야)?   • To je ~ 이것이 ~이에요(/야).

Min-a	Ahoj, Jane. Jak se máš? 아호이 얀에. 야끄 세 마쉬?	민아 얀, 안녕. 잘 지냈어?
Jan	Ahoj. Mám se dobře. A ty? 아호이. 맘 세 도브르제. 아 띠?	얀 안녕, 잘 지냈어. 너는?
Min-a	Já se mám taky dobře. Co je to? 야 세 맘 따끼 도브르제. 초 예 또?	민아 나도 잘 지냈어. 그것이 뭐야?
Jan	To je kniha. 또 예 끄뉘하.	얀 이것은 책이야.
Min-a	Aha. A tamto je pero? 아하. 아 땀또 예 뻬로?	민아 아하. 그리고 저것은 펜이야?
Jan	Ne, to není pero. To je tužka. 네. 또 네뉘 뻬로. 또 예 뚜즈까.	얀 아니, 그것은 펜이 아니야. 그것은 연필이야.

Toto je moje nová učebnice.
또또 예 모예 노바 우체브뉘체.
Je velká a těžká.*
예 벨까 아 쩨즈까.
Tamto je moje tužka a pero.
땀또 예 모예 뚜즈까 아 뻬로.
Pero je barevné a tužka je černá.
뻬로 예 바레브네. 아 뚜즈까 예 체르나.

이것은 저의 새로운 교과서예요.
크고 무거워요.
저것은 저의 연필과 펜이에요.
펜은 여러 색깔이 있고 연필은 검은색만 있어요.

* 문장 맨 앞에 '교과서'를 가리키는 'Ta'가 생략됨. 체코어도 한국어처럼 주어가 이미 언급돼 있으면 뒤에서는 같은 주어를 생략할 수 있다.

새단어

- tužka *f.* 연필 • moje 나의 • nová(-ý) 새로운 • velká(-ý) 큰 • těžká(-ý) 무거운/어려운
- barevná(-ý) 색깔이 있는 • černé(-ý) 검은

문법

01 지시대명사

체코어의 지시대명사는 세 가지로 나눌 수 있다. 첫째는 위치와 상관없이 사람이나 물건을 가리키는 대명사, 둘째는 가까이 있는 것을 가리키는 대명사, 셋째는 멀리 있는 것을 가리키는 대명사이다. 이들은 모두 명사 앞에서 명사를 수식하는 역할을 하기도 한다.

	이/그/저	(여러 개 중) 이	(여러 개 중) 그/저
남성	ten	tento	tamten
여성	ta	tato	tamta
중성	to	toto	tamto

▶ ten, ta, to는 사람이나 물건을 가리킬 때 사용한다.

　　Ten stůl je starý.　이 책상이 낡았어요.　→　Ten je starý.　이것은 낡았어요.
　　Ta učebnice je nová.　그 교과서가 새로워요.
　　To město je velké.　저 도시가 커요.

▶ tento, tato, toto는 여러 사람이나 물건들 중에 가까운 하나를 가리킬 때 사용한다.

　　Tento dopis je moc krátký.　이 편지는 너무 짧아요.　→　Tento je moc krátký.　이것은 너무 짧아요.
　　Tato kniha se mi líbí.　이 책은 마음에 들어요.
　　Toto náměstí je moderní.　이 광장은 현대적이에요.

▶ tamten, tamta, tamto는 여러 사람이나 물건 중에 먼 하나를 가리키거나, tenhle, tahle, tohle와 대조적으로 말할 때 사용한다.

　　Tamta žena je pěkná.　저 여자는 예뻐요.　→　Tamta je pěkná.　저분은 예뻐요.
　　Tamto pivo je moc dobré.　저 맥주는 아주 맛있어요.
　　Tento obraz není pěkný, ale tamten je pěkný.　이 그림은 예쁘지 않지만, 저 그림은 예뻐요.

단어　pivo　*n.* 맥주

02 형용사의 주격

형용사의 주격은 문장 내에서의 격(주격, 목적격 등)이 아니라 일곱 가지로 나뉘는 격 중 첫 번째 격이라는 뜻이다. 형용사의 주격은 기본형으로 쓰이지만 성에 따라 변형된다.

체코어 형용사는 어미가 -ý로 끝나는 형용사와 -í로 끝나는 형용사로 나뉜다. -ý로 끝나는 형용사는 수식하는 명사의 성에 따라 남성이면 -ý, 여성이면 -á, 중성이면 -é로 끝난다. -í로 끝나는 형용사는 명사의 성과 상관없이 -í로만 끝난다.

	ý 형용사		í 형용사	
남성	-ý	malý dům 작은 집	-í	moderní dům 현대적인 집
여성	-á	malá kniha 작은 책		moderní kniha 현대적인 책
중성	-é	malé město 작은 도시		moderní město 현대적인 도시

◆ jaký? jaká? jaké?

jaký는 영어 how에 해당하는 의문사로, 대상의 상태를 물어볼 때 쓴다. 주어의 성에 따라 끝이 ý 형용사처럼 변한다.

A: Jaký je ten dům? (남성) 이 집이 어때요?
B: Ten dům je malý. 이 집은 작아요.

A: Jaká je ta kniha? (여성) 이 책이 어때요?
B: Ta kniha je velká. 이 책은 커요.

A: Jaké je to pivo? (중성) 이 맥주가 어때요?
B: To pivo je dobré. 이 맥주는 맛있어요.

A: Jaké je to město? (중성) 이 도시가 어때요?
B: To město je moderní. 이 도시는 현대적이에요.

문법

03 소유대명사

'～의' ,'～의 것'에 해당하는 소유대명사는 소유자의 인칭과 수, 소유 대상의 성에 따라 다음과 같이 변한다.

			남성	여성	중성
단수	1인칭		můj	moje/má*	moje/mé*
	2인칭		tvůj	tvoje/tvá*	tvoje/tvé*
	3인칭	남성	jeho		
		여성	její		
		중성	jeho		
복수	1인칭		náš	naše	naše
	2인칭		váš	vaše	vaše
	3인칭		jejich		

* 표준어에서 moje와 tvoje를 더 자주 사용한다.

〈단수〉

To je můj dopis.   이것은 나의 편지예요. / Ten dopis je můj.   이 편지는 나의 것이에요.

To je tvoje/tvá tužka.   이것은 너의 연필이야. / Ta tužka je tvoje/tvá.   이 연필은 너의 것이야.

To je jeho pero.   이것은 그의 펜이에요. / To pero je jeho.   이 펜은 그의 것이에요.

To je její obraz.   이것은 그녀의 그림이에요. / Ten obraz je její.   이 그림은 그녀의 것이에요.

〈복수〉

To je náš dopis.   이것은 우리의 편지예요. / Ten dopis je náš.   이 편지는 우리의 것이에요.

To je vaše tužka.   이것은 당신들의 연필이에요. / Ta tužka je vaše.   이 연필은 당신들의 것이에요.

To je jejich pero.   이것은 그들의 펜이에요. / To pero je jejich.   이 펜은 그들의 것이에요.

To je jejich obraz.   이것은 그녀들의 그림이에요. / Ten obraz je jejich.   이 그림은 그녀들의 것이에요.

어휘

◆ 여러 가지 형용사

český	체코의	cizí	낯선, 외국의
dlouhý	긴	krátký	짧은
dobrý	좋은, 맛있는	špatný	나쁜
hezký	예쁜, 잘생긴	ošklivý	못생긴
lehký	가벼운, 쉬운	těžký	무거운, 어려운
levný	싼	drahý	비싼
malý	작은	velký	큰
mladý	젊은, 어린	starý	늙은, 낡은
moderní	현대적	jaký	어떠한

* 형용사의 기본형은 남성형으로 나타낸다.

◆ 색깔

bílá 하얀색   černá 검은색   červená 빨간색   fialová 보라색   hnědá 갈색

modrá 파란색   oranžová 주황색   růžová 분홍색   zelená 초록색   žlutá 노란색

동사 따라잡기

◆ **mít se** 지내다

인칭 (단수)	긍정	부정	인칭 (복수)	긍정	부정
já	mám se	nemám se	my	máme se	nemáme se
ty	máš se	nemáš se	vy	máte se	nemáte se
on	má se	nemá se	oni	mají se	nemají se
ona	má se	nemá se	ony	mají se	nemají se
ono	má se	nemá se	ona	mají se	nemají se

'지내다'라는 뜻의 동사 mít se는 앞에 의문사 jak나 인칭대명사(주어)가 올 경우 어순이 바뀌어 se가 앞으로 간다. 그러나 인칭대명사(주어)가 생략될 때에는 mít se의 어순이 바뀌지 않는다.

> A: Jak se máte? 　　　　잘 지냈어요?
> B: My se máme dobře. 　우리는 잘 지냈어요.

❶ A: Jak _____ _____? 　　　　　　잘 지냈어요? (Vy)
　 B: Já _____ dobře, děkuji. 　　　저는 잘 지냈어요. 고마워요.

❷ A: Jak _____ _____? 　　　　　　잘 지냈어? (ty)
　 B: Já _____ dobře, díky. 　　　　나는 잘 지냈어. 고마워.

❸ A: Jak _____ _____ Jan? 　　　　얀 씨는 잘 지냈어요?
　 B: Jan _____ _____ dobře. 　　　얀 씨는 잘 지냈어요.

④ A: Jak _____ _____? 잘 지냈어? (ty)
　B: _____ _____ dobře. (나는) 잘 지냈어.

⑤ A: Jak _____ _____ Lucie? 루치에 씨는 잘 지냈어요?
　B: _____ _____ dobře. (그녀는) 잘 지냈어요.

⑥ A: _____ _____ dobře? (당신) 잘 지냈어요? (Vy)
　B: Ne, _____ _____ dobře. 아니요. (저는) 잘 지내지 못했어요.

⑦ A: _____ _____ dobře? 잘 지냈어? (ty)
　B: Ne, _____ _____ špatně. 아니, 잘 지내지 못했어.

⑧ A: Jak _____ _____ Martin? 마르틴은 어떻게 지냈어요?
　B: _____ _____ moc dobře. 별로 잘 지내지 못했어요.

⑨ A: _____ _____ Jan a Lucie dobře? 얀과 루치에는 잘 지냈어요?
　B: Ne, _____ _____ dobře. 아니요. 잘 지내지 못했어요.

⑩ A: _____ _____ dobře? (당신들) 잘 지냈어요? (vy)
　B: Ne, _____ _____ moc dobře. 아니요, (우리는) 별로 잘 지내지 못했어요.

špatně 나쁘게, 좋지 않게 (špatný의 부사형)

정답　① se máte, se mám　② se máš, se mám　③ se má, se má　④ se máš, Mám se　⑤ se má, Má se
　　　⑥ Máte se, nemám se　⑦ Máš se, mám se　⑧ se má, Nemá se　⑨ Mají se, nemají se　⑩ Máte se, nemáme se

연습문제

어휘

1 〈보기〉와 같이 반대말을 쓰세요.

> | 보기 |
> pěkná žena – ošklivá žena

(1) drahý dům – _____
(2) české pivo – _____
(3) mladá žena – _____
(4) starý muž – _____
(5) levný obraz – _____
(6) velké okno – _____

2 주어진 형용사를 사용하여 질문에 답하세요.

> | 보기 |
> Jaký je ten dům? Ten dům je drahý. (drahý)

(1) Jaká je ta kniha? _____. (levný)
(2) Jaká je ta žena? _____. (pěkný)
(3) Jaký je ten sešit? _____. (malý)
(4) Jaká je ta lampa? _____. (velký)
(5) Jaká je ta škola? _____. (nový)
(6) Jaký je ten slovník? _____. (starý)

단어 lampa *f.* 램프

문법

3 그림을 보고 알맞은 지시대명사를 쓰세요.

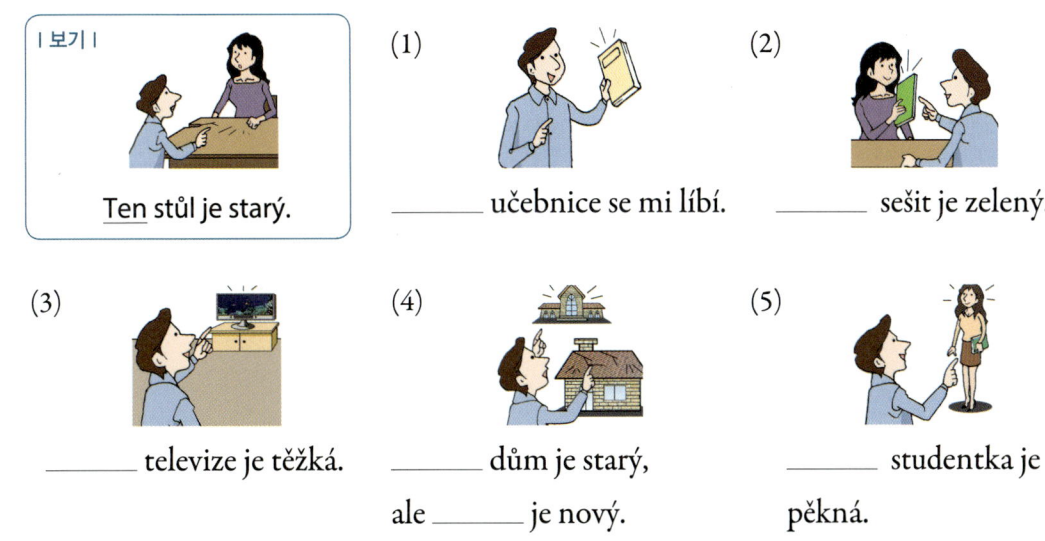

| 보기 | Ten stůl je starý. |

(1) _____ učebnice se mi líbí.

(2) _____ sešit je zelený.

(3) _____ televize je těžká.

(4) _____ dům je starý, ale _____ je nový.

(5) _____ studentka je pěkná.

4 빈칸에 알맞은 형태의 소유대명사를 쓰세요.

| 보기 | Je to tvůj dopis? (ty) / Ano, to je můj dopis.

(1) Je to _____ tužka? (on) / Ano, to je _____ tužka.

(2) Je to _____ dům? (vy) / Ne, to není _____ dům.

(3) Je to _____ učebnice? (ty) / Ano, to je _____ učebnice.

(4) Je to _____ auto? (ony) / Ano, to je _____ auto.

(5) Je to _____ obraz? (ona) / Ne, to není _____ obraz.

(6) Je to _____ kamarádka? (oni) / Ano, to je _____ kamarádka.

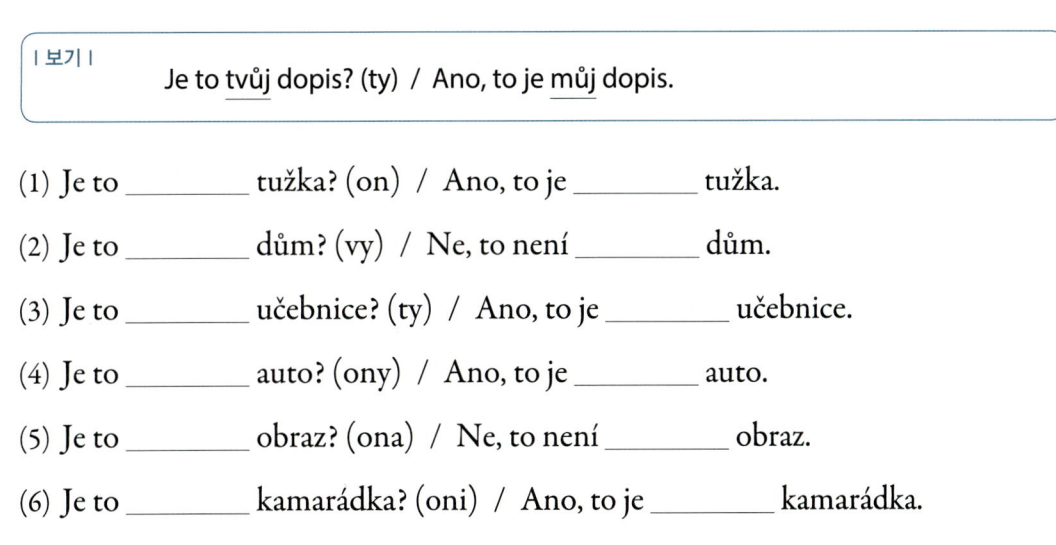

단어 líbit se 마음에 들다 → líbí se mi (1인칭 단수형)

연습문제

말하기

5 주어진 단어를 사용하여 〈보기〉와 같이 말하세요.

> | 보기 |
>
> já, ty
> → To je moje kniha. A tamto je tvůj sešit.

(1) oni, my   (4) ony, ty

(2) vy, já   (5) oni, ona

(3) ona, on   (6) ty, vy

6 주어진 단어를 사용하여 〈보기〉와 같이 말하세요. ※ jaký / jaká / jaké의 형태에 주의하세요.

> | 보기 |
>
> kniha, malý → Jaká je ta kniha?
> Ta kniha je malá.

(1) auto, starý   (4) kniha, lehký

(2) skříň, těžký   (5) stůl, nový

(3) muž, ošklivý   (6) pero, modrý

듣기

7 대화를 듣고 다음 물건이 누구의 것인지 쓰세요.　　　　　　　　　MP3 02-3

　　(1) 책　　　_____

　　(2) 공책　　_____

　　(3) 교과서　_____

8 대화를 듣고, 대화의 내용과 일치하면 ○, 일치하지 않으면 × 표시하세요.　　MP3 02-4

　　(1) 여자의 방은 크지만 낡았다. (　　)

　　(2) 남자의 방은 작다. (　　)

　　(3) 남자는 공책을 가지고 있다. (　　)

　　(4) 공책은 작고 가볍다. (　　)

연습문제

읽기

9 다음 글을 읽고 내용과 일치하면 ○, 일치하지 않으면 × 표시하세요.

> Dobrý den.
> Toto je moje město.
> To je moje škola. Moje škola je velká a nová.
> Tamto je nádraží. Nádraží je staré.
> A toto je můj dům. Můj dům je starý, ale pěkný.

(1) 학교는 크고 낡았다. (   )

(2) 기차역은 새로 지었다. (   )

(3) 글쓴이의 집은 낡았지만 예쁘다. (   )

쓰기

10 다음 문장을 체코어로 쓰세요.

(1) 이것은 저의 방이에요.

_____

(2) 저의 방은 작지만 현대적이고 예뻐요.

_____

(3) 여기는 크고 파란 의자가 있고, 저기는 색깔이 있는 엽서가 있어요.

_____

체코 문화 탐방

◀ 체코 사람들이 싫어하는 말과 행동 ▶

✱ 동유럽
한국에서는 많은 사람들이 체코가 동유럽에 속한다고 알고 있지만 체코 사람들은 체코가 유럽의 중앙에 위치해 있기 때문에 동유럽이 아니라 중유럽에 속한다고 생각한다. 또한 체코 사람들에게 동유럽이라는 표현은 냉전시대에 소련에 속해 있었던 나라라는 뜻을 내포하고 있어서 더욱 싫어하는 경향이 있다. 따라서 '동유럽의 체코'와 같은 표현은 대부분의 체코 사람들이 기분 나빠할 수 있기 때문에 주의해야 한다.

✱ 재채기와 기침
체코 사람들은 입을 가리지 않고 재채기나 기침을 하는 것은 예의가 아니며, 근처에 있는 사람을 생각하지 않는 것이라고 생각한다. 체코 사람 앞에서는 재채기나 기침을 할 때 입을 꼭 가려야 한다. 물론 입을 가리지 않고 재채기나 기침을 하는 것이 예의가 아닌 점은 어느 나라나 비슷하겠지만 체코는 이 문제에 대해 좀 더 엄격하다.

✱ 코 풀기
체코 사람들은 소리를 내며 코를 푸는 것에 대해서는 괜찮다고 생각한다. 코를 푸는 것은 공공장소에 있을 때나 식사할 때도 예의에 어긋나는 일이 아니다. 하지만 코를 풀지 않고 훌쩍거리는 것은 매우 불쾌하게 생각하며, 특히 식사할 때 코를 훌쩍거리는 것을 매우 싫어한다.

✱ 식사 예절
체코에서 식사를 할 때에 피해야 할 행동이 몇 가지 있다. 보통 체코의 일반 가정에서 정찬은 국 요리, 주요리로 구성이 되는데 국 요리를 먹을 때 접시를 들고 마시거나 후루룩 소리를 내며 먹는 것은 식사 예절에 어긋난다. 또한 식사 중이나 식사 후에 트림이 나오는 경우에는 신경을 써서 입을 가리고 소리가 나지 않게 해야 한다. 이 외에도 고기를 한 번에 다 자른 후 포크만 사용하여 식사를 한다거나 고기를 자를 때 그릇을 긁는 소리를 낸다거나 하는 등의 행동도 식사 예절에 어긋난다.

다음 질문을 읽으며 학습할 내용을 미리 살펴보세요.

- 체코의 친족 호칭과 한국의 친족 호칭은 어떤 차이가 있을까요?
- 체코어의 목적격은 어떤 형태일까요?
- 체코어의 현재시제는 어떻게 표현할까요?

03

To je můj táta.

이분은 우리 아버지예요.

• 체언의 목적격　• 동사의 현재형　• 동사 umět, vědět, znát　• 정도를 나타내는 부사

대화와 이야기

MP3 03-1

해석	
아담	안녕하세요, 민아?
민아	안녕하세요, 아담? 이분은 누구세요?
아담	이분은 우리 아버지예요.
민아	성함이 어떻게 되세요?
아담	마르틴이라고 해요. 운동하는 것과 책 읽는 것을 좋아해요.

Adam　　Dobrý den, Min-a.
　　　　　도브리　　　덴,　　민아.

Min-a　　Dobrý den, Adame. Kdo je to?
　　　　　도브리　　덴,　아담에.　　그도　예　또?

Adam　　To je můj táta.
　　　　　또　예　무이　따따.

Min-a　　Jak se jmenuje?*
　　　　　야끄　세　이메누예?

Adam　　Jmenuje se Martin.
　　　　　이메누예　세　마르띤.

　　　　　Rád sportuje a čte knihy.
　　　　　라뜨　스뽀르뚜예　아　츠떼　끄니히.

* 체코에서는 자신보다 높은 사람이나 어른에게 이름을 물어봐도 예의에 어긋나지 않는다.

새단어

- táta *m.* 아빠　• (mít) rád 좋아하다　• sportovat 운동하다　• číst 읽다

표현

- rád(a) + 동사 (~하는 것을) 좋아하다

해석	
민아	안녕, 얀.
얀	안녕, 민아.
민아	그게 뭐야?
얀	이것은 테니스 라켓이야.
	테니스를 좋아하거든.
민아	테니스를 혼자 해?
얀	아니, 테니스를 혼자 하지 않아.
	테니스를 형하고 해.

Min-a　Ahoj, Jane.
　　　　아호이,　야네.

Jan　　Ahoj, Min-a.
　　　　아호이,　민아.

Min-a　Co to máš?
　　　　초　또　마쉬?

Jan　　To je tenisová raketa. Mám totiž rád tenis.
　　　　또　예　떼니소바　라께따.　맘　또띠즈 라뜨 떼니스.

Min-a　Hraješ tenis sám?
　　　　흐라예쉬　떼니스　삼?

Jan　　Ne, tenis nehraji sám. Tenis hraji s bratrem*.
　　　　네,　떼니스　네흐라이　삼.　떼니스 흐라이 스 브라뜨렘.

* bratr의 조격(7격)

새단어

- tenisová raketa *f.* 테니스 라켓　• totiž ~아/어서, ~거든　• tenis *m.* 테니스　• sama(sám) *m./f.* 혼자
- s, se ~하고　• bratr(bratři) *m.* 형/남동생/오빠

표현

- mít rád(a) + 목적격 명사 (~을/를) 좋아하다
- hrát + 스포츠 (스포츠를) 하다　※ hrát na + 악기 악기를 연주하다

문법

01 체언의 목적격

체언(명사, 형용사, 대명사, 수사)의 목적격은 'koho'(누구를), 'co'(무엇을)에 해당하는 말로, 성과 수에 따라 다음과 같이 형태가 변한다.

◆ 명사

남성 생물(Ma)과 여성 명사는 형태가 바뀌고 남성 무생물(Mi)과 중성은 형태가 바뀌지 않는다.

① 남성 Ma

경음(h, ch, k, r, d, t, n)으로 끝나면 단어 끝에 -a가 붙으며, 연음(ž, š, č, ř, ď, ť, ň)으로 끝나면 -e가 붙는다. 나머지 자음은 단어의 활용 규칙에 따라 -a 또는 -e로 끝난다.

　　　　student → stundenta 학생　　　　muž → muže 남자

불규칙　tatínek → tatínka 아빠　　　　dědeček → dědečka 할아버지

　　　　otec → otce 아버지　　　　　　bratranec → bratrance 사촌 형제

② 여성

-a로 끝나는 경우에는 -a → -u로, -e로 끝나는 경우에는 -e → -i로 바뀌며, 자음으로 끝날 때는 형태가 바뀌지 않는다.

　　　　žena → ženu 여자　　učebnice → učebnici 교과서　　skříň → skříň 옷장

◆ 형용사

① 남성

남성 Ma의 경우, ý 형용사는 -ý → -ého로, í 형용사는 -í에 ho가 붙는다. 남성 무생물(Mi)과 중성은 형태가 바뀌지 않는다.

　　　　malý → malého 작은　　　　　moderní → moderního 현대적

② 여성

여성의 경우, ý 형용사는 -á → -ou로, í 형용사는 형태가 바뀌지 않는다.

　　　　malá → malou 작은　　　　　moderní → moderní 현대적

◆ 대명사

● 소유대명사

	남성	여성
나의	mého	mou, moji
너의	tvého	tvou, tvoji
그의, (중성) 그것의	jeho	jeho
그녀의	jejího	její
우리의	našeho	naši
당신들의	vašeho	vaši
그들/그녀들/그것들의	jejich	jejich

● 지시대명사

	남성	여성
그	toho	tu

◆ 수사

'하나'에 해당하는 jeden, jedna만 다음과 같이 바뀐다.

	남성	여성
하나	jednoho	jednu

Vidím malého muže. 작은 남자가 보여요.
Mám jednu kočku. 고양이 한 마리가 있어요.
Studujete češtinu? 체코어를 공부해요?
Znám tvého učitele. 너의 선생님을 알아.

단어　vidět(vidím) 보다, 보이다　kočka *f.* 고양이　studovat(studuji) 공부하다　znát(znám) 알다

문법

02 동사의 현재형

체코어 동사는 어미의 형태에 따라 다음과 같이 4개의 그룹으로 나눌 수 있다. 1~3 그룹은 인칭에 따라 어미가 규칙적으로 변하며, 4 그룹은 불규칙 동사이다. 부정형은 동사 앞에 **ne**를 붙인다.

① 1 그룹(-at)

dělat(하다), čekat(기다리다), znát(알다), dát(주다) 등의 동사가 있으며, 다음과 같이 규칙 변화한다.

dělat 하다					
단수			복수		
já	-ám	dělám	my	-áme	děláme
ty	-áš	děláš	vy	-áte	děláte
on/ona/ono	-á	dělá	oni/ony/ona	-ají	dělají

② 2 그룹(-it, et/ět)

mluvit(말하다), myslet(생각하다), prosit(부탁하다), *rozumět(이해하다, 알아듣다), *umět(~ㄹ 줄 알다), *vědět(알다) 등의 동사가 있으며, 다음과 같이 규칙 변화한다.

vidět 보다, 보이다					
단수			복수		
já	-ím	vidím	my	-íme	vidíme
ty	-íš	vidíš	vy	-íte	vidíte
on/ona/ono	-í	vidí	oni/ony/ona	-í	vidí

위에 * 표시한 동사는 같은 그룹이지만 3인칭 복수 형태가 다르게 변화하기 때문에 주의해야 한다.

* rozumět – rozumím, oni rozumí/rozumějí   이해하다, 알아듣다

* umět – umím, oni umí/umějí   ~ㄹ 줄 알다

* vědět – vím, oni vědí   알다

③ 3 그룹(-ovat)

děkovat(감사하다), potřebovat(필요하다), pracovat(일하다) 등의 동사가 있으며, 다음과 같이 규칙 변화한다.

studovat 공부하다						
단수				복수		
já	-i/-u	studuji/studuju	my	-eme	studujeme
ty	-eš	studuješ	vy	-ete	studujete
on/ona/ono	-e	studuje	oni/ony/ona	-í/-ou	studují/studujou

④ 4 그룹(불규칙 동사)

원형의 어미가 속한 그룹이 아닌, 다른 그룹의 규칙에 따라 변화한다.

mít 가지다 (1 그룹)		číst 읽다 (3 그룹)		psát 쓰다 (3 그룹)	
mám	máme	čtu	čteme	píšu	píšeme
máš	máte	čteš	čtete	píšeš	píšete
má	mají	čte	čtou	píše	píší/píšou
jít (걸어) 가다 (3 그룹)		jet (타고) 가다 (3 그룹)		moct/moci ~ㄹ 수 있다 (3 그룹)	
jdu	jdeme	jedu	jedeme	můžu/mohu	můžeme
jdeš	jdete	jedeš	jedete	můžeš	můžete
jde	jdou	jede	jedou	může	můžou/mohou

- 2 그룹 형태로 변하는 불규칙 동사

    jíst – jím 먹다   spát – spím 자다   stát – stojím 서다

- 3 그룹 형태로 변하는 불규칙 동사

    mýt – myju 씻다   pít – piju 마시다   žít – žiju 살다

문법

03 동사 umět, vědět, znát

세 동사 모두 '알다'의 뜻을 가지고 있지만 어감에 차이가 있다.

① **umět**: -ㄹ 줄 알다

  Umím česky.   체코어를 할 줄 알아요.
  Umím hrát volejbal.   배구를 할 줄 알아요.

② **vědět**: '알다'라는 뜻이며, 여러 격과 함께 쓸 수 있다.

  Vím, kdo je Jan.   얀이 누구인지 알아요.
  Vím, že mě máš ráda.   네가 나를 좋아하는 것을 알아.

③ **znát**: '알다'라는 뜻이며, 목적격만 쓸 수 있다.

  Znám Lucii.   루치에를 알아요.
  Neznám tvého kamaráda.   너의 친구를 몰라.

04 정도를 나타내는 부사

어휘

◆ 가족   MP3 03-2

◆ 취미 hobby/koníček

basketbal	m. 농구	housle	f. 바이올린	plavání	n. 수영
běhání	n. 달리기	chování	n. (동물) 키우기	sbírání	n. 모으기, 수집
bruslení	n. 스케이팅	ježdění na kole	n. 자전거 타기	sport	m. 스포츠
flétna	f. 플루트	klavír	m. 피아노	tanec	m. 춤
fotbal	m. 축구	volejbal	m. 배구	lyžování	n. 스키 타기
hokej	m. 하키	pěstování	n. 재배하기	zpěv, zpívání	m./n. 노래 부르기

동사 따라잡기

◆ **mít rád, rád** 좋아하다

mít rád와 rád는 둘 다 '좋아하다'의 뜻을 가지고 있다. 그러나 mít rád 뒤에는 명사 또는 동사의 명사형이 오는 반면, rád 뒤에는 동사만 온다.

인칭(단수)	긍정	부정
já	mám rád/ráda – rád/ráda	nemám rád/ráda – nerad/nerada
ty	máš rád/ráda – rád/ráda	nemáš rád/ráda – nerad/nerada
on	má rád – rád	nemá rád – nerad
ona	má ráda – ráda	nemá ráda – nerada
ono	má rádo – rádo	nemá rádo – nerado

인칭(복수)	긍정	부정
my	máme rádi – rádi	nemáme rádi – neradi
vy	máte rádi – rádi	nemáte rádi – neradi
oni	mají rádi – rádi	nemají rádi – neradi
ony	mají rády – rády	nemají rády – nerady
ona	mají ráda – ráda	nemají ráda – nerada

> **Já mám rád běhání.**   저는 달리는 것을 좋아해요.

mít rád + 명사

❶ My _____ _____ lyžování.   우리는 스키를 타는 것을 좋아해요.

❷ On _____ _____ vaření.   그는 요리를 좋아하지 않아요. (뮤)

❸ Ty _____ _____ hudbu?   너는 음악을 좋아해? (여)

④ Bratři _____ _____ hraní na housle.   형제는 바이올린을 연주하는 것을 좋아해요.

⑤ Já _____ _____ bruslení.   저는 스케이팅을 좋아해요. (여)

> Já <u>rád</u> běhám.   저는 달리는 것을 좋아해요.

rád + 동사

⑥ Já _____ hraji volejbal.   저는 배구를 하는 것을 좋아해요. (남)

⑦ _____ cestujete?   당신들은 여행하는 것을 좋아해요? (vy)

⑧ Ony _____ jezdí na kole.   그녀들은 자전거를 타는 것을 좋아하지 않아요. (뿌)

⑨ Dítě _____ chodí plavat.   아이가 수영하(러 가)는 것을 좋아해요.

⑩ Co _____ děláš?   너는 뭐 하는 것을 좋아해? (ty)

vaření *n.* 요리   hraní *n.* 연주하기(치기/놀기)   chodit(chodím) (걸어)가다

정답 ① máme rádi ② nemá rád ③ máš ráda ④ mají rádi ⑤ mám ráda ⑥ rád ⑦ Rádi ⑧ nerady ⑨ rádo
⑩ rád/ráda

연습문제

어휘

1 다음 단어와 짝을 이루는 단어를 쓰세요.

(1) dědeček _____ (4) teta _____

(2) sestřenice _____ (5) rodiče _____

(3) bratr _____ (6) táta _____

2 그림을 보고 빈칸에 알맞은 단어를 쓰세요.

| 보기 |
 Máma má ráda vaření.

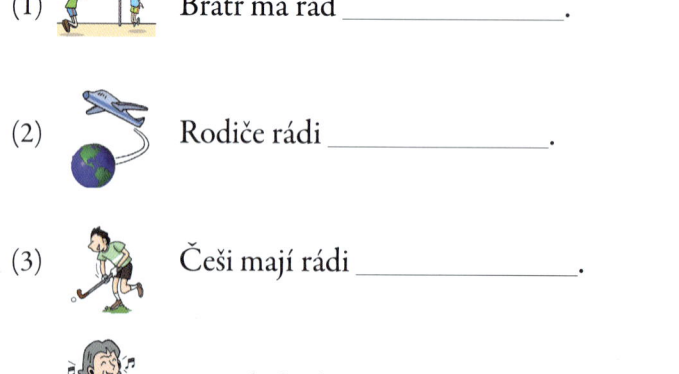

(1) Bratr má rád _____.

(2) Rodiče rádi _____.

(3) Češi mají rádi _____.

(4) Moje babička má ráda _____.

단어 máma *f.* 엄마   hudba *f.* 음악

문법

3 주어진 단어를 사용하여 문장을 완성하세요. (동사와 목적격의 형태에 주의할 것)

| 보기 |
(já) – znát – Lucie
Znám Lucii.

(1) Jaký – (ty) – číst – kniha

_____?

(2) Pavla – psát – krátký – dopis

_____.

(3) (my) – nestudovat – angličtina, (my) – studovat – čeština

_____.

(4) Máma i táta – hrát na – kytara

_____.

(5) Jan – mít – dárek – pro – babička

_____.

4 동사 umět, vědět, znát 중 알맞은 것을 골라 빈칸을 채우세요.

(1) _____ Českou republiku? (ty)

(2) _____ dobře korejsky. (já)

(3) _____, co to je? (vy)

(4) Min-a _____ dobře plavat. (부정형)

(5) _____, jaký je její bratr? (ty)

(6) _____ Lucii a Pavlu. (oni)

단어 kytara *f.* 기타   dárek *m.* 선물   plavat(plavu) 수영하다

연습문제

말하기

5 주어진 단어를 사용하여 〈보기〉와 같이 말하세요.

> | 보기 |
>
> mít ráda, hudba
> → Jana má ráda hudbu.

(1) hrát na, klavír

(2) nejezdit na, kole

(3) číst, kniha

(4) psát, dopis

(5) studovat, angličtina

(6) umět, vařit

6 주어진 단어를 사용하여 〈보기〉와 같이 말해 보세요.

> | 보기 |
>
> studovat, čeština → A: Studujete češtinu?
> B: Ne, nestuduji češtinu.

(1) potřebovat, pomoc

(2) psát, kniha

(3) mít rád, ježdění na kole

(4) pít, pivo

(5) hrát, hokej

(6) vidět, ten muž

단어 vařit (vařím) 요리하다   pomoc *f.* 도움

듣기

7 대화를 듣고, 대화의 내용과 일치하면 ○, 일치하지 않으면 × 표시하세요. 　　MP3 03-3

　(1) 파블라는 달리는 것을 좋아한다. (　　)

　(2) 얀은 음악을 듣는 것을 좋아한다. (　　)

　(3) 얀은 취미가 하나밖에 없다. (　　)

　(4) 파블라는 책을 읽는 것을 좋아한다. (　　)

8 대화를 듣고, 대화의 내용과 일치하면 ○, 일치하지 않으면 × 표시하세요. 　　MP3 03-4

　(1) 남자는 한국어를 공부한다. (　　)

　(2) 남자는 한국어가 쉽다고 생각한다. (　　)

　(3) 남자는 한국인 친구가 있다. (　　)

　(4) 여자는 한국어를 할 줄 안다. (　　)

연습문제

읽기

9 다음 글을 읽고 내용과 일치하면 ○, 일치하지 않으면 × 표시하세요.

> Dobrý den.
> Jmenuji se Adam a mám hodně zálib.
> Mám moc rád lyžování a bruslení. Také rád cestuji a poslouchám korejskou hudbu,
> ale korejsky neumím.
> Moje máma a sestra mají rády pečení. Já nemám rád pečení, ale rád
> jím dorty. Táta a já rádi hrajeme na klavír. Táta umí dobře hrát na klavír.

(1) 아담은 여행하는 것을 좋아한다. (   )   (3) 아담의 엄마는 케이크를 좋아한다. (   )

(2) 아담은 한국어를 할 줄 안다. (   )   (4) 아담의 여동생은 피아노를 칠 줄 안다. (   )

쓰기

10 다음 문장을 체코어로 쓰세요.

(1) 저는 달리는 것과 자전거 타는 것을 좋아해요.

_____

(2) 저는 음악을 듣는 것과 (노래를) 부르는 것도 좋아해요.

_____

(3) 저는 요리와 베이킹은 좋아하지 않아요.

_____

단어 záliba *f.* 취미   pečení *n.* 베이킹   dort *m.* 케이크   poslouchat(poslouchám) 듣다

◀ 체코의 가족 ▶

대부분의 체코 가족은 핵가족화 되어, 부모와 자식, 또는 부부로만 구성되어 있다. 자식들은 결혼을 하면 분가하여 사는 것이 대부분이다. 주거 형태는 한국과 달리 단독 주택의 비중이 높으며 아파트에 대한 인식은 좋지 않은 편이다.

체코의 가족이나 친족 호칭은 친가와 외가를 따로 구분하지 않으며, 남자와 여자 형제를 나이로 구분하지도 않는다. 예를 들어, 할아버지, 할머니를 각각 'dědeček, babička'라고 부르는데, 이는 친가와 외가의 구분 없이 호칭이 똑같다. 또한 큰아버지, 외삼촌, 이모부, 고모부 등 부모님과 관련된 친척 남자 어른들은 모두 'strýc'라고 부르고, 고모, 이모 등 친척 여자 어른들은 'teta'라고 부른다.

체코의 가정에 방문할 때에는 보통 약속한 시간보다 10분 늦게 가는 것이 예의이다. 이때 작은 선물을 가져가는 것이 좋은데, 남성에게는 와인이나 양주, 여성에게는 꽃다발, 아이들에게는 과자나 초콜릿, 과일 등을 선물하는 것이 일반적이다. 또한 체코는 한국과 같이 집 안에 들어갈 때에 신발을 벗고 들어가는 문화가 형성되어 있다. 때문에 신발을 신고 들어가지 않도록 주의해야 한다.

다음 질문을 읽으며 학습할 내용을 미리 살펴보세요.

- 물건을 살 때 체코어로 어떻게 말할까요?
- 세계적으로 유명한 체코의 작가 카렐 차페크, 프란츠 카프카, 밀란 쿤데라를 아시나요?
- 숫자를 체코어로 어떻게 말할까요?

04

Kolik to stojí?

그것이 얼마예요?

- 주격과 목적격의 복수형
- 소유대명사 *svůj*
- 인칭대명사의 목적격
- 숫자

대화와 이야기

🔊 MP3 04-1

해석

점원	안녕하세요? 어떻게 도와드릴까요?
민아	사과를 사고 싶어요.
점원	몇 개 드릴까요?
민아	세 개만 주세요.
점원	다인가요?
민아	네. 얼마예요?
점원	15코루나예요.

Prodavač	Dobrý den. Co si přejete?
Min-a	Chtěla bych jablka.
Prodavač	Kolik chcete?
Min-a	Jenom tři.
Prodavač	Je to všechno?
Min-a	Ano. Kolik to stojí?
Prodavač	15 korun.

새단어

- přát si (přeju si) 소원하다
- chtít (chci) 원하다
- jablko *n.* 사과
- jenom(jen) 단지
- všechno 모두
- kolik 얼마

표현

- Co si přejete? 어떻게 도와드릴까요?
- Chtěl(a) bych ... ~이었으면 좋겠어요.
- Kolik chcete? 몇 개 드릴까요?
- Je to všechno? 다인가요?
- Kolik to stojí? 얼마예요?

	해석
얀	안녕하세요? 차페크나 쿤데라의 책을 사고 싶은데요.
점원	차페크의 『R.U.R.』이나 쿤데라의 『참을 수 없는 존재의 가벼움』이 있어요.
얀	『R.U.R.』로 주세요. 그리고 체코어 사전이 있나요?
점원	네. 세 종류가 있어요.
얀	제 한국인 친구에게 선물로 주고 싶어요.
점원	그렇다면 이 사전을 추천해요. 외국인들이 이 사전을 자주 사는데 별로 비싸지도 않아요.

Jan	Dobrý den, chtěl bych nějakou knihu od Čapka nebo Kundery.
Prodavačka	Máme *R.U.R.* od Čapka a *Nesnesitelnou lehkost bytí* od Kundery.
Jan	Vezmu si *R.U.R.* Máte i český slovník?
Prodavačka	Ano. Máme tři.
Jan	Chtěl bych ho jako dárek pro svou korejskou kamarádku.
Prodavačka	V tom případě doporučuji tento. Cizinci ho často kupují a není tak drahý.

새단어

- od ~에게서
- slovník *m.* 사전
- jako ~로, ~처럼
- doporučovat (doporučuji) 추천하다
- cizinec *m.* 외국인
- často 자주
- kupovat (kupuji) 사다

표현

- Vezmu si ~   ~로 주세요
- V tom případě ~   그렇다면 ~

문법

01 주격과 목적격의 복수형

체코어는 체언의 주격과 목적격의 복수형이 남성 Ma를 제외하고 같다.

◆ 명사

① 남성 Ma

주격의 복수형은 기본적으로 -i로 끝나는데, 1 음절로 된 단어에는 -i 또는 -ové를 붙이고, -tel이나 -an으로 끝나는 단어에는 -é를 붙인다. 또한 단어가 -g로 끝나거나 외래어일 때는 -ové를 붙이고, -e/ě, -c, -j로 끝나는 단어는 끝이 -i나 -ové로 바뀌며, -a로 끝날 때는 -ové로 바뀐다.

목적격의 복수형은 경음으로 끝나는 단어는 끝에 -y가 붙고, 연음이나 -e/ě, -c, -j, -tel 중 하나로 끝나는 단어에는 -e가 붙으며, -a로 끝날 때는 -a가 -y로 바뀐다. 나머지 자음으로 끝나는 단어는 끝에 -y를 붙인다.

	주격 복수	목적격 복수
student 학생	studenti	studenty
muž 남자	muži	muže
pán 아저씨	páni/pánové	pány
učitel 선생님	učitelé	učitele
Angličan 영국인	Angličané/Angličani	Angličany
ekolog 생태학자	ekologové	ekology
ekonom 경제학자	ekonomové	ekonomy
soudce 판사	soudci/soudcové	soudce
předseda 장	předsedové	předsedy

불규칙
člověk: lidé – lidi 사람
bratr: bratři – bratry 형/남동생
přítel: přátelé – přátele 친구, 남자친구

Čech: Češi – Čechy 체코인
kluk: kluci – kluky 소년

② 남성 Mi

주격과 목적격의 복수형이 같다. 경음으로 끝나는 단어에는 -y를 붙이며, 연음이나 -e/ě, -c, -j, -tel 중 하나로 끝나는 단어에는 -e를 붙인다. 나머지 자음으로 끝나는 단어에는 -y를 붙인다.

sešit → sešit**y** 공책   čaj → čaj**e** 차

불규칙 dům → dom**y** 집

③ 여성

단어 끝이 -a로 끝날 때는 -a가 -y로 바뀌고, -e로 끝날 때는 형태가 바뀌지 않으며, -ň로 끝날 때는 -ň가 n로 바뀌며 뒤에 ě가 붙는다. 단어가 경음으로 끝날 때는 -i가 붙으며, 연음으로 끝날 때는 -e가 붙는다.

žen**a** → žen**y** 여자   židl**e** → židl**e** 의자   skří**ň** → skří**ně** 옷장

kost → kost**i** 뼈   kolej → kolej**e** 기숙사/궤도

불규칙 báse**ň** → bás**ně** 시   třeše**ň** → třeš**ně** 체리

④ 중성

단어 끝이 -o로 끝나면 -o가 -a로 바뀌고, -e나 -í로 끝나면 형태가 바뀌지 않는다. 단, 끝이 -e로 끝나지만 'kuře'의 규칙에 따라 활용될 때는 -e가 -ata로 바뀐다.

> **kuře 활용법:** 1격 kuře / 2격 kuřete / 3격 kuřeti / 4격 kuře / 5격 kuře / 6격 kuřeti / 7격 kuřetem

měst**o** → měst**a** 도시   moř**e** → moř**e** 바다

náměst**í** → náměst**í** 광장   rajč**e** → rajč**ata** 토마토

◆ 형용사

① 남성 Ma

주격 복수형은 모든 형용사가 -í로 끝나며, **목적격 복수형**은 ý 형용사는 -ý가 -é로 바뀌고, í 형용사는 형태가 바뀌지 않는다.

	주격 복수	목적격 복수
mal**ý** 작은	mal**í**	mal**é**
modern**í** 현대적	modern**í**	modern**í**

불규칙 angli**cký** → angli**čtí** 영국의   če**ský** → če**ští** 체코의

dob**rý** → dob**ří** 좋은   dra**hý** → dra**zí** 비싼

hez**ký** → hez**cí** 예쁜, 잘생긴   vel**ký** → vel**cí** 큰

문법

② 남성 Mi, 여성

주격과 목적격의 복수 형태가 같다. ý 형용사는 -ý가 -é로 바뀌고, í 형용사는 형태가 바뀌지 않는다.

남성 Mi	여성
malý → malé	malá → malé
moderní → moderní	moderní → moderní

③ 중성

주격과 목적격의 복수 형태가 같다. ý 형용사는 -ý가 -á로 바뀌고, í 형용사는 형태가 바뀌지 않는다.

malé → malá   moderní → moderní

◆ 대명사

남성 Ma를 제외하고 주격과 목적격의 복수형은 같다.

● 소유대명사(남성 Ma)

	주격 복수	목적격 복수
나의	mí/moji	mé/moje
너의	tví/tvoji	tvé/tvoje
그의, (중성) 그것의	jeho	jeho
그녀의	její	její
우리의	naši	naše
당신들의	vaši	vaše
그들/그녀들/그것들의	jejich	jejich

● 소유대명사(남성 Mi, 여성, 중성)

	남성 Mi, 여성	중성
나의	mé/moje	má/moje
너의	tvé/tvoje	tvá/tvoje
그의, (중성) 그것의	jeho	jeho
그녀의	její	její
우리의	naše	naše
당신들의	vaše	vaše
그들/그녀들/그것들의	jejich	jejich

● 지시대명사

	남성 Ma	남성 Mi, 여성	중성
주격	ti	ty	ta
목적격	ty	ty	ta

◆ 수사

'둘'에 해당하는 단어만 형태가 바뀌며, 주격과 목적격의 형태는 같다.

	남성 Ma	남성 Mi	여성	중성
둘	dva	dva	dvě	dvě

Vidím malé muže.	작은 남자들이 보여요.
Mám dvě kočky.	고양이가 두 마리 있어요.
Čtu české knihy.	체코의 책들을 읽어요.
Znám tvé učitele.	너의 선생님들을 알아.
Mám ráda italská města.	이탈리아 도시들이 좋아요.
To jsou mí studenti.	그들은 나의 학생들이에요.
Tvoji psi jsou velcí.	너의 개들이 커.

문법

02 소유대명사 svůj

소유대명사 svůj는 목적어가 주어의 소유일 때, 즉 '주어가 주어 자신의 ○○을 ~하다'라는 의미일 때 사용한다. 소유대명사 můj과 같은 형식으로 활용된다.

	남성 Ma		남성 Mi	
	주격	목적격	주격	목적격
단수	svůj	svého	svůj	svůj
복수	svi/svoji	své/svoje	své/svoje	své/svoje

	여성		중성	
	주격	목적격	주격	목적격
단수	svá/svoje	svou/svoji	své/svoje	své/svoje
복수	své/svoje	své/svoje	svá/svoje	svá/svoje

◆ já + můj → svůj

Já a můj bratr máme rádi ovoce. 나와 나의 동생은 과일을 좋아해요.
Dělám to pro jejího bratra. (나는) 그것을 그녀의 동생을 위해서 하는 거예요.
Dělám to pro ~~mého~~ bratra. (나는) 그것을 내 동생을 위해서 하는 거예요.
　　　　　　　svého (○)

◆ ona + její → svá

Jana a její máma dobře vaří.
야나와 그녀의 엄마가 요리를 잘 해요.

Lucie má sestru Lenku. Jana čeká na její sestru.
루치에는 렌카라는 언니가 있어요. 야나는 그녀(루치에)의 언니를 기다려요.

Jana čeká na ~~její~~ mámu. 야나는 자신의 엄마를 기다려요.
　　　　　svou (○)

단어　čekat na (čekám na) ~를 기다리다

03 인칭대명사의 목적격

인칭	단수		인칭	복수	
	전치사 없을 때	전치사 있을 때		전치사 없을 때	전치사 있을 때
já	mě, mne	(na) mě, mne	my	nás	(na) nás
ty	tě, tebe	(na) tebe	vy	vás	(na) vás
on, ono	ho jeho, jej	(na) něho (Ma) něj (Ma, Mi, N)	oni, ony, ona	je	(na) ně
ona	ji	(na) ni			

인칭대명사의 목적격은 대명사 앞에 전치사가 있는지 없는지에 따라 두 가지 형태로 나뉜다. 여기서 주의해야 할 것은 단수형2인칭과 3인칭이다. 단수형 2인칭 tě와 3인칭 jej, ho는 동사 앞이나 뒤에서 모두 사용할 수 있지만 2인칭 tebe와 3인칭 jeho는 문장 맨 앞에서만 사용한다. 나머지 인칭대명사는 문장의 모든 위치에서 사용할 수 있다.

Vidím tě. = Tebe vidím. 네가 보여.
Znám ho. = Jeho znám. 그를 알아요.
Jan ho vidí. = Jan jej vidí. 얀은 그가 보여요.

Vidíš mě(mne)? 내가 보여?
Čekáte na mě(mne)? 나를 기다려요?
Mě(mne) neznají? 그들이 나를 몰라요?

Vidím tě. 네가 보여.
Čekáme na tebe. 너를 기다려.
Tebe neznají. 그들이 너를 몰라.

Vidím ho. 그가 보여요.
Čekáte na něj(něho)? 그를 기다려요?
Jeho neznám. 그를 몰라요.

문법

Vidím ho.	그것이 보여요.
Vidíte ji?	그녀가 보여요?
Čekáte na ni?	그녀를 기다려요?
Často ji poslouchám.	그것을 자주 들어요.
Ji neposlouchám.	그것을 듣지 않아요.
Vidíte ho?	그곳이 보여요?
Vidíte nás?	우리가 보여요?
Čekáme na vás.	우리가 당신들을 기다려요.
Vidím je.	그들이 보여요.
Čekáme na ně.	그들을 기다려요.

04 숫자

체코어는 숫자도 체언에 속한다. 그렇기 때문에 격과 성을 주의해야 한다. 특히 jedna(1)와 dva(2)는 성에 따라 형태가 바뀌니 주의해야 한다.

1	2	3	4	5
jedna (*m.* jeden, *f.* jedna, *n.* jedno)	dva (*m.* dva, *f.* dvě, *n.* dvě)	tři	čtyři	pět
6	7	8	9	10
šest	sedm	osm	devět	deset

-náct				
11	12	13	14	15
jedenáct	dvanáct	třináct	čtrnáct	patnáct
16	17	18	19	
šestnáct	sedmnáct	osmnáct	devatenáct	

-cet				
20	21	22	23	30
dvacet	dvacet jedna	dvacet dva	dvacet tři	třicet
31	32	40	41	42
třicet jedna	třicet dva	čtyřicet	čtyřicet jedna	čtyřicet dva

-desát				
50	51	60	61	70
padesát	padesát jedna	šedesát	šedesát jedna	sedmdesát
71	80	81	90	91
sedmdesát jedna	osmdesát	osmdesát jedna	devadesát	devadesát jedna
100	200	300	400	500
sto	dvě stě	tři sta	čtyři sta	pět set
600	700	800	900	1000
šest set	sedm set	osm set	devět set	tisíc
2000	3000	4000	5000	6000
dva tisíce	tři tisíce	čtyři tisíce	pět tisíc	šest tisíc

어휘

◆ 독서

 MP3 04-2

autor	*m.* 작가	půjčit si (půjčuji si)	빌리다
autorka	*f.* 작가	psychologický	심리적
báseň	*f.* 시	romantický	로맨틱한
básník	*m.* 시인	sci-fi	*n/f.* 공상과학
básnířka	*f.* 시인	spisovatel	*m.* 작가
dobrodružný	모험적	spisovatelka	*f.* 작가
knihkupectví	*n.* 서점	thriller	*m.* 스릴러
knihovna	*f.* 도서관	vrátit (vrátím)	반납하다
literatura	*f.* 문학	zábavný	재미있는

◆ 쇼핑

obchod	*m.* 가게	drogerie	*f.* 잡화점
obchodní dům	*m.* 백화점	prodavač	*m.* 점원
supermarket	*m.* 슈퍼마켓	prodavačka	*f.* 점원
samoobsluha	*f.* (작은) 슈퍼마켓	akce/sleva	*f.* 할인/세일
trh	*m.* 시장	vybrat (vyberu)	고르다
tržnice	*f.* (지붕이 있는) 시장	zabalit (zabalím)	포장하다
pekařství	*n.* 제과점	jít nakupovat (jdu ~)	쇼핑하러 가다
potraviny	*f.* 식료품점	Jen se dívám.	그냥 구경하고 있어요.

◆ 과일

ovoce	*n.* 과일	mandarinka	*f.* 귤
banán	*m.* 바나나	meruňka	*f.* 살구
broskev	*f.* 복숭아	pomeranč	*m.* 오렌지
citron	*m.* 레몬	švestka	*f.* 자두
hroznové víno	*n.* 포도	třešeň	*f.* 체리
hruška	*f.* 배	jahoda	*f.* 딸기

◆ 채소

zelenina	*f.* 채소	paprika	*f.* 고추
brambor	*m.* 감자	rajče	*n.* 토마토
cibule	*f.* 양파	salát	*m.* 상추
mrkev	*f.* 당근	špenát	*m.* 시금치
okurka	*f.* 오이	zclí	*n.* 양배추

◆ 달걀, 유제품

mléčný výrobek	*f.* 유제품	sýr	*m.* 치즈
jogurt	*m.* 요구르트	šlehačka	*f.* 생크림
máslo	*n.* 버터	vejce	*n.* 달걀
mléko	*n.* 우유		

동사 따라잡기

◆ **chtít** 원하다, ~고 싶다

동사 chtít는 '원하다', '~고 싶다'의 뜻이다. '~을 원하다'고 할 때는 'chtít + 체언'의 형태를 쓰고, '~하기를 원하다'고 할 때는 'chtít + 동사원형'의 형태를 쓴다.

인칭(단수)	긍정	부정
já	chci	nechci
ty	chceš	nechceš
on	chce	nechce
ona	chce	nechce
ono	chce	nechce
인칭(복수)	긍정	부정
my	chceme	nechceme
vy	chcete	nechcete
oni	chtějí	nechtějí
ony	chtějí	nechtějí
ona	chtějí	nechtějí

Chci tři jablka. 사과를 세 개 원해요.

① _____ hrát na housle.   바이올린을 켜고 싶어요. (já)
② Co _____ koupit?   당신은 무엇을 사고 싶어요? (vy)
③ _____ poslouchat starou hudbu.   그는 옛날 음악을 듣고 싶어해요. (on)
④ _____ nové kolo.   새로운 자전거를 원해요. (já)
⑤ _____ dva citrony a pět rajčat.   레몬 두 개와 토마토 다섯 개를 원해요. (my)

Nechci tři jablka. 사과를 세 개 원하지 않아요.

⑥ _____ studovat angličtinu.   영어를 공부하고 싶지 않아요. (ony)
⑦ _____ jít plavat?   수영하러 가지 않을래요(가고 싶지 않아요)? (vy)
⑧ _____ koupit ten slovník?   그 사전을 사고 싶지 않아? (ty)
⑨ _____ jíst zeleninu.   그는 채소를 먹고 싶어하지 않아요. (on)
⑩ _____ vidět mé kamarády?   제 친구들을 보고 싶지 않아요? (vy)

kolo *m.* 자전거

정답 ① Chci ② chcete ③ Chce ④ Chci ⑤ Chceme ⑥ Nechtějí ⑦ Nechcete ⑧ Nechceš ⑨ Nechce ⑩ Nechcete

연습문제

어휘

1 서로 관련이 있는 단어들을 연결하세요.

autor •   • cibule •   • spisovatel

okurka •   • drogerie •   • meruňka

literatura •   • básník •   • máslo

šlehačka •   • knihovna •   • špenát

obchod •   • švestka •   • knihkupectví

hruška •   • jogurt •   • supermarket

2 주어진 의미에 맞게 문장을 완성하세요. (모든 명사는 복수형으로 쓸 것)

(1) Rád/a čtu _____ romány.   저는 모험 소설을 좋아해요.

(2) Mám rád/a _____.   저는 사과를 좋아해요.

(3) Nejím _____.   저는 당근을 먹지 않아요.

(4) Doma mám _____.   집에 책이 있어요.

(5) Mám rád/a číslo _____.   숫자 7을 좋아해요.

(6) Chtěl/a bych jíst _____.   오렌지를 먹고 싶어요.

단어   román *m.* 소설   doma 집에   číslo *n.* 숫자

문법

3 주어진 의미에 맞게 빈칸을 채워 문장을 완성하세요.

> | 보기 |
> Potřebuji dvě nové tužky. 새 연필이 두 자루 필요해요.

(1) To je dárek pro _____ _____ kamarád_.
이것은 제 친구 두 명을 위한 선물이에요.

(2) M____ _____ mlad_ student_ um_ dobře česky.
저의 어린 학생 세 명이 체코어를 잘할 줄 알아요.

(3) Chtěla bych koupit _____ mal_ slovník_ a _____ učebnic_ češtiny.
작은 사전 두 개와 체코어 교과서 하나를 사고 싶어요.

4 주어진 의미에 맞게 빈칸에 소유대명사나 인칭대명사의 알맞은 형태를 쓰세요.

(1) To jsou _____ sestry. Znáš _____ sestry? Čekám na _____ sestry. (já)
이 사람들은 나의 언니들이야. 나의 언니들을 알아? 나의 언니들을 기다려.

(2) Umíte hrát na klavír? To je _____ klavír. Umím dobře hrát na _____ klavír. (já)
피아노를 칠 줄 알아요? 이것은 제 피아노예요. 저는 저의 피아노를 잘 칠 줄 알아요.

(3) Mám rád češtinu. Studuji _____ velmi dlouho.
체코어가 좋아요. 오랫동안 그것을 공부해요.

(4) Odkud jsi? Neznám _____.
어디서 왔어? 너를 몰라.

(5) Rád piji mléko. Piji _____ často.
우유 마시는 것이 좋아요. 그것을 자주 마셔요.

연습문제

말하기

5 주어진 단어를 사용하여 〈보기〉와 같이 말하세요. (괄호 안의 숫자는 제시된 명사의 개수)

> | 보기 |
> kamarádka (2)
> → Pavla má ráda své dvě kamarádky.

(1) učitel (1)

(2) kočka (4)

(3) sestra a (1) bratr (1)

(4) obraz (2)

(5) student (3)

(6) kniha (4)

6 주어진 단어를 사용하여 〈보기〉와 같이 말하세요.

> | 보기 |
> kamarádka (2)
> → A: Mám dvě kamarádky. Čekám na ně. Vidíš je?
> B: Ano, vidím tvé dvě kamarádky.

(1) sestra (3)

(2) student (4)

(3) učitelka (1)

(4) setřenice (2)

(5) bratr (1)

(6) teta (1)

듣기

7 대화를 듣고, 대화의 내용과 일치하면 ○, 일치하지 않으면 × 표시하세요.   MP3 04-3

(1) 이바나는 채소를 싫어한다. (   )

(2) 얀은 딸기와 체리를 좋아한다. (   )

(3) 이바나는 당근을 자주 먹는다. (   )

(4) 얀은 가끔 토마토를 먹는다. (   )

8 대화를 듣고, 대화의 내용과 일치하면 ○, 일치하지 않으면 × 표시하세요.   MP3 04-4

(1) 민아는 바나나, 고추 그리고 사과를 산다. (   )

(2) 민아는 초록색 고추를 원한다. (   )

(3) 민아는 바나나 4개와 토마토 2개를 산다. (   )

(4) 민아가 산 것은 모두 45 코루나이다. (   )

연습문제

읽기

9 다음 글을 읽고 내용과 일치하면 ○, 일치하지 않으면 × 표시하세요.

> Dobrý den.
> Jmenuji se Ivana a ráda čtu knihy. Často proto chodím do knihovny.
> Mám ráda romány i básně, hlavně ráda čtu psychologické a dobrodružné romány a romantické básně. Nemám ale ráda detektivky a sci-fi romány.

(1) 이바나는 도서관에 자주 간다. (   )

(2) 이바나는 심리소설 읽는 것을 좋아한다. (   )

(3) 이바나는 탐정소설과 로맨틱한 시를 싫어한다. (   )

쓰기

10 다음 문장을 체코어로 쓰세요.

(1) 저는 소설과 시를 읽는 것을 좋아해요.

_____

(2) 저는 서점에 자주 가요.

_____

(3) 저는 특히 공상과학과 모험 소설을 좋아해요.

_____

단어   proto 그래서   hlavně 특히   detektivka *f.* 탐정소설

체코문화탐방

◀ 체코의 작가 ▶

체코에서 유명한 작가를 꼽으라면, 카렐 차페크(Karel Čapek)와 프란츠 카프카(Franz Kafka)는 항상 빠지지 않는 작가들이다. Karel Čapek는 1900년대 초반에 활동한 작가로, 대표 작품은 『R.U.R.』, 『Válka s mloky (도롱뇽과의 전쟁)』등이 있다. 그 중 『R.U.R.』은 산업화가 진행되면서 생산에 효율을 높이기 위해 감정은 없고, 인간처럼 생각을 할 수 있는 로봇을 만들어 사용했지만 일을 하면서 감정이 생긴 로봇이 세계의 모든 인간을 죽이고 인간의 역할을 대신할 것이라는 내용을 암시하는 이야기이다. 이 소설은 '로봇'이라는 개념을 세계에서 가장 먼저 선보여 유명하기도 하다.

Karel Čapek의 형 Josef Čapek는 그림으로 유명한데, 그가 아이들을 위해 쓴 그림책 『Povídání o pejskovi a kočičce(강아지와 고양이에 대한 이야기)』는 체코에서 자랐다면 모르는 사람이 없을 정도로 유명한 작품이다.

▎카프카 초상화

Franz Kafka는 1900년대 초반에 활동한 작가로, 글은 독일어로 썼지만 프라하에 그가 살던 집이 보존되어 있고 그에 대한 박물관이 있을 정도로 체코 사람들이 중요하게 생각하는 인물이다. 그의 대표작은 『Proměna (변신)』, 『Proces (심판)』 등이 있다. 그 중 『Proměna(변신)』은 주인공이 어느 날 벌레로 변하게 되는데, 그가 벌어오는 돈만을 중요시했던 가족들이 그를 외면하고 버리는 내용이다. 이는 산업화의 폐해를 잘 보여주는 작품으로 평가 받는다. Kafka는 한국에도 잘 알려져 있어 그와 그의 작품들을 연구하는 Kafka 학회가 있을 정도이다.

▎카프카 변신

다음 질문을 읽으며 학습할 내용을 미리 살펴보세요.

- 체코의 대중교통 수단은 어떤 게 있을까요?
- 체코의 유명한 관광지를 아시나요?
- 길을 물어보거나 알려 줄 때 체코어로 어떻게 말할까요?

05

Kde je Pražský hrad?
프라하성이 어디에 있어요?

- 재귀대명사 si, se • 의문·불특정·부정대명사와 부사 • 전치사 • 위치부사

대화와 이야기

MP3 05-1

해석

민아 여기서 프라하성으로 어떻게 가?

이바나 우리는 지금 스타로몌스트스케 광장에 있어. 여기서 먼저 왼쪽으로 가다가 곧바로 강 쪽으로 가야 해.

얀 그리고 스타로몌스트스카역에서 지하철 A를 타고 말로스트란스카역까지 갈 수 있어.

이바나 아니면 스타로몌스트스카 정류장에서 전차 2번을 타고 말로스트란스카 정류장까지 간 다음에 전차 22번을 타고 프라하성으로 갈 수 있어. 이렇게 가면 더 가까워.

민아 그렇다면 전차를 타고 갈래. 그래야 주변을 구경할 수 있어!

Min-a Jak se odsud dostaneme na Pražský hrad?

Ivana Teď jsme na Staroměstském náměstí. První musíme jít doleva a potom rovně směrem k řece.

Jan Můžeme jet metrem A ze stanice Staroměstská do stanice Malostranská.

Ivana Nebo můžeme jet tramvají číslo 2 ze zastávky Staroměstská do zastávky Malostranská a tam přestoupit na tramvaj číslo 22 na Pražský hrad. Tam je to ještě blíž.

Min-a V tom případě bych chtěla jet tramvají. Aspoň si můžeme prohlédnout okolí!

새단어

- odsud 여기서 • hrad *m.* 성 • teď 지금 • doleva 왼쪽으로 • směr *m.* 방향 • k ~로 • řeka *f.* 강
- metro *n.* 지하철 • stanice *f.* 역 • tramvaj *f.* 전차 • zastávka *f.* 정류장 • přestoupit (přestupuji) 갈아타다
- ještě 더 • blíž 더 가까이 • aspoň 그래야 • prohlédnout si (prohlédnu si) 구경하다 • okolí *n.* 주변

> **해석**
>
> 체코의 유명한 카렐교에 가볼까요?
> 먼저 구시청을 지나서 오른쪽으로 돌아서 가세요.
> 거기에 천문시계가 있어요.
> 그 다음에 계속 직진하세요, 그러면 말레 광장이 보여요.
> 거기서 왼쪽으로 가다가 카를로바 길로 돌아서 가세요.
> 곧바로 계속 가세요.
> 그곳에 카렐교가 있어요.

Půjdeme se podívat na ten známý český Karlův most?
První projděte kolem Staroměstské radnice a zahněte doprava, tam je orloj.
Potom jděte pořád rovně, tam uvidíte Malé náměstí.
Odtud jděte doleva a zahněte do Karlovy ulice.
Pokračujte pořád rovně.
Tam je Karlův most.

새단어

- most *m.* 다리 • projít (projdu) 지나가다 • kolem '~을/를 지나가다'라고 말할 때 동사 뒤에 오는 부사
- staroměstský 구시가지의 • radnice *f.* 시청 • zahnout (zahnu) 돌아가다 • doprava *f.* 교통
- orloj *m.* 천문시계 • potom 다음에 • pořád 계속 • rovně 곧바로 • odtud 여기서 • do ~로
- ulice *f.* 길, 거리 • pokračovat (pokračuji) 계속하다

문법

01 재귀대명사 si, se

재귀대명사 si, se는 동사와 같이 쓰이는 대명사로, 주어의 행동이 주어 자신에게 돌아가는 경우에 쓰인다. 재귀대명사 si, se는 문장의 맨 앞에 재귀대명사와 자주 같이 쓰이는 동사가 올 때에는 동사의 뒤에 온다.

◆ 재귀대명사와 함께 쓰이는 동사들

- **jmenovat se** 내 이름은 ~이다/~라고 하다

    Jmenuji se Jan.　　　　　　　저는 얀이라고 합니다.

- **těšit se** 고대하다

    Těšíme se na vás.　　　　　　당신들(이 오는 것)을 고대해요.

- **líbit se** 마음에 들다

    Líbí se mi Pražský hrad.　　　프라하성이 마음에 들어요.

- **koupit, koupit si** 사다

    Kupuje dvě jablka.　　　　　　그가 사과 두 개를 사요.
    Kupuje si drahé knihy.　　　　그가 (자신에게) 비싼 책들을 사요.

- **umýt, umýt se** 씻다

    Umyji ty staré skříně.　　　　그 오래된 옷장들을 닦을게요.
    Jdu se umýt.　　　　　　　　저는 (자신을) 씻으러 가요.

- **zpívat, zpívat si** 노래하다

    Lenka zpívá mámě písničku.　렝카가 엄마에게 노래를 불러줘요.
    Lenka si zpívá písničku.　　　렝카가 (자신에게) 노래를 불러요.

단어　těšit se (těším se) 고대하다　　umýt (umyji) 씻다　　zpívat (zpívám) 노래하다　　písnička *f.* 노래

02 의문 · 불특정 · 부정 대명사와 부사

의문대명사		불특정대명사		부정대명사	
kdo	누구	někdo	누군가	nikdo	아무도
co	무엇	něco	무언가	nic	아무것도
jaký	어떤	nějaký	어떤	žádný	아무런
který	어떤	některý	어떤	žádný	아무런
의문부사		불특정부사		부정부사	
kde	어디	někde	어딘가	nikde	아무 데도
kam	어디로	někam	어딘가로	nikam	아무 데도
kdy	언제	někdy	언젠가	nikdy	절대로
kolik	얼마	několik	몇몇의		

někdo, nikdo는 kdo와 같이 변화하고, něco, nic는 co와 같이 변화한다. nějaký, některý는 ý 형용사와 같이 변화한다.

Je tady někdo? 여기 누가 있어요?
Vidíš něco? 무언가가 보여?
Sešit je někde na stole. 공책은 책상 위 어딘가에 있어요.
Jdeme někam na procházku. 산책하러 어딘가로 가요.

부정대명사와 부정부사는 동사의 부정형과 결합한다.

Nikdy tam nikdo není. 거기는 절대로 아무도 없어요.
Nic nevidím. 아무것도 보이지 않아요.
Sešit nikde není. 공책이 아무 데도 없어요.
Nikam na procházku nejdeme. 산책하러 아무 데도 가지 않아요.

단어 procházka *f.* 산책　jít na procházku 산책하러 가다

문법

- 부사 ještě/ještě ne, už/už ne

ještě 아직	:	Student je ještě ve škole.
ještě ne 아직 + 부정	:	Student ještě není ve škole.
už 벌써	:	Student už je ve škole.
už ne 더 이상 + 부정	:	Student už není ve škole.

    학생은 아직 학교에 있어요.
    학생은 아직 학교에 없어요. (안 왔어요)
    학생은 벌써 학교에 있어요. (왔어요)
    학생은 더 이상 학교에 없어요.

03 전치사

- **pro** : ~을/를 위해서 (+ 4격)

    Toto je dárek pro mou kamarádku.   이것은 저의 친구를 위한 선물이에요.

- **o** : ~에 대해서 (+ 6격)

    Čtu knihu o českých spisovatelích.   체코 작가들에 대한 책을 읽어요.

- **u** : ~근처에(서), 앞에(서) (+ 2격)

    U knihkupectví zahněte doleva.   서점 앞에서 왼쪽으로 돌아서 가세요.

- **k/ke** : ~쪽으로 (+ 3격)(방향)

    Jdu k obchodu.   가게 쪽으로 가요.

※ 전치사 k 뒤에 k로 시작하거나 k와 발음이 비슷한 g로 시작하는 단어가 오는 경우에는 발음 편의상 전치사 k가 ke로 바뀐다. (ke škole 학교 쪽으로)

- **za** : ~로/에 (가격) (+ 4격)

    Kupuji knihu za 250 korun.   책을 250 코루나에 사요.

- **z/ze** : ~에서 (+ 3격)

    Min-a je z Koreje.   민아는 한국에서 왔어요

※ 전치사 z 뒤에 오는 단어가 z, s, š, ž으로 시작하거나 두 개 이상의 자음으로 시작하는 경우에는 발음 편의상 전치사 z가 ze로 바뀐다. (ze skříně 옷장에서)

- na: ~로 (+ 4격)

    Jedu na poštu.　　　　　　　　우체국으로 가요.

    Jdu na náměstí.　　　　　　　　광장으로 가요.

    Jdu na univerzitu.　　　　　　대학교로 가요.

- na: ~에/에서 (+ 6격)

    Jsem na poště.　　　　　　　　우체국에 있어요.

    Jsem na náměstí.　　　　　　　광장에 있어요.

    Studuji na univerzitě.　　　　대학교에서 공부해요.

※ 전치사 na는 4격과 쓸 때는 '~로', 6격과 쓸 때는 '~에/에서'의 뜻이 된다. 체코어에서는 '~에/에서'를 구분하지 않는다.

- do: ~로 (+ 2격)

    Jdu do školy.　　　　　　　　학교로 가요.

    Jedu do České republiky.　　체코로 가요.

    Jdu do obchodu.　　　　　　　가게로 가요.

※ 전치사 na와 do는 '~로'라고 뜻이 같지만 뒤에 오는 격이 다르다.
※ sem(여기로), tam(거기로/저기로), ven(밖으로), domů(집으로) 앞에는 전치사를 쓰지 않는다.

- v/ve: ~에/에서 (+ 6격)

    Jsem ve škole.　　　　　　　　학교에 있어요.

    Jsem v Praze.　　　　　　　　프라하에 있어요.

    Studuji v knihovně.　　　　　도서관에서 공부해요.

※ 전치사 v 뒤에 오는 단어가 v 또는 f로 시작하거나 두 개 이상의 자음으로 시작하는 경우에는 발음 편의상 전치사 v가 ve로 바뀐다. (ve škole 학교에, ve Francii 프랑스에, ve vagónu (기차) 칸에)
※ tady(여기), tam(거기/저기), venku(밖에(서)), doma(집에(서)) 앞에는 전치사를 쓰지 않는다.

문법

◆ 전치사 v, na, do의 차이

na는 공공장소나 공공기관 앞에 쓴다.

    na náměstí 광장으로/광장에   na poštu/na poště 우체국으로/우체국에

    na nádraží 역으로/역에   na univerzitu/na univerzitě 대학교로/대학교에

do는 방향을 나타낸다.

    Kam jedete/jdete? 어디로 가요?

    Do knihkupectví. 서점으로 / Do Prahy. 프라하로

v/ve는 닫힌 공간이나 어디의 안쪽에 있음을 나타낸다. 영어의 in과 같은 개념이다.

    ve škole 학교에   v obchodě 가게에

04 위치부사

blízko	가까이	daleko	멀리
doleva/vlevo	왼쪽으로/왼쪽에	doprava/vpravo	오른쪽으로/오른쪽에
dolů/zdola	밑으로/밑에서	nahoru/shora	위로/위에서

어휘

◆ 대중교통　　　　　　　　　　　　　　　　　　　　　　 MP3 05-2

autobus	*m.* 버스	loď	*f.* 배	letadlo	*n.* 비행기
vlak	*m.* 기차	tramvaj	*f.* 전차	trolejbus	*m.* 무궤도 버스
mapa, plánek	*f./m.* 지도	informace	*f.* 안내소	letiště	*n.* 공항
čekárna	*f.* 대기실	letenka	*f.* 비행기표	jízdní řád	*m.* 시간표
let	*m.* 비행	pokladna	*f.* 매표소	vagón	*m.* (기차의) 칸
plavba	*f.* 항해	příjezd/přílet	*m.* 도착	jízdenka	*f.* 표
odjezd/odlet	*m.* 출발	letět(letím)	가다 (비행기)	zpoždění	*n.* 지연

◆ 길 묻고 답하기

A: Jak se dostanu na letiště?　　　　　　　공항으로 어떻게 가나요?
B: Jeďte/Pojedete autobusem číslo 3.　　　3번 버스(를 타고) 가세요.

A: Jak se dostanu na Staroměstské náměstí?　구시가지 광장으로 어떻게 가나요?
B: Jděte/Půjdete doprava.　　　　　　　　오른쪽으로 가세요.

A: Kde je (tady) obchod?　　　　　　　　가게가 어디에 있어요?
B: Tady je obchod.　　　　　　　　　　　가게는 여기에 있어요.

A: Kudy se dostanu na poštu?　　　　　　우체국에 어느 길로 가나요?
B: Zahněte doleva.　　　　　　　　　　　왼쪽으로 돌아서 가세요.

동사 따라잡기

◆ **dostat se** 도착하다

dostat se는 길을 묻거나 알려줄 때 자주 사용하는 동사이다. se 없이 dostat만 쓰면 '받다'라는 뜻이다.

인칭(단수)	긍정	부정	인칭(복수)	긍정	부정
já	dostanu se	nedostanu se	my	dostaneme se	nedostaneme se
ty	dostaneš se	nedostaneš se	vy	dostanete se	nedostanete se
on	dostane se	nedostane se	oni	dostanou se	nedostanou se
ona	dostane se	nedostane se	ony	dostanou se	nedostanou se
ono	dostane se	nedostane se	ona	dostanou se	nedostanou se

> Jak se dostaneme na Pražský hrad?   프라하성으로 어떻게 가요?

❶ A: Jak _____ _____ na Staroměstké náměstí?

Staroměstské 광장으로 어떻게 가요? (já)

B: Zahněte doprava a potom jděte pořád rovně.

오른쪽으로 돌아간 후에 곧바로 가세요.

❷ A: Kudy _____ můžeme _____ na hlavní nádraží?

중앙역으로 (갈 때) 어느 길로 갈 수 있어요?

B: Jděte rovně po Wilsonově ulici.

빌소나바 길로 곧바로 가세요.

❸ A: Jak _____ _____ na Karlův most? (my)

　카렐교로 어떻게 가요?

B: Na Karlův most _____ _____ po Karlově ulici.

　카렐교로 (갈 때) 카를로바 길로 가요. (vy)

❹ A: _____ ____ na Pražský hrad, když pojedu tramvají číslo 22?

　22번 전차를 타면 프라하성에 갈 수 있어요? (já)

B: Ano, můžete jet tramvají číslo 22.

　네, 22번 전차를 타도 돼요.

❺ A: Jak se jde do obchodu?

　가게로 어떻게 가요?

B: Do obchodu _____ _____, když půjdeš pořád rovně.

　계속 곧바로 가면 가게로 갈 수 있어. (ty)

hlavní nádraží *n.* 중앙역　　když ~면

정답　❶ se dostanu　❷ se dostat　❸ se dostaneme, se dostanete　❹ Dostanu se　❺ se dostaneš

연습문제

어휘

1 아래 설명에 해당하는 단어를 〈보기〉에서 찾아 쓰세요.

| 보기 |
autobus   jízdenka   jízdní řád   letadlo   tramvaj   zpoždění

(1) 지상에 설치된 레일 위를 전기로 달리는 차, 보통 유럽의 시내에서 많이 볼 수 있다. – _____

(2) 기차를 타기 위해 돈을 주고 사는 표 – _____

(3) 하늘을 나는 교통 수단 – _____

(4) 어떤 문제로 인해 약속된 시간이 늦추어진 것 – _____

(5) 교통 수단의 하나로, 많은 사람이 함께 타는 큰 자동차 – _____

(6) 교통 수단이 출발하거나 도착하는 시간을 나타내는 표 – _____

2 주어진 의미에 맞게 빈칸에 알맞은 단어를 쓰세요.

(1) Zahněte _____.   오른쪽으로 돌아가세요.

(2) Je to ještě _____?   (거기까지) 아직 멀어요?

(3) Ne, už je to _____.   아니요. 이제 가까워요.

(4) Půjdete _____, nebo autem?   걸어서 갈 거예요, 아니면 차를 타고 갈 거예요?

(5) Jděte pořád _____.   계속 곧바로 가세요.

(6) Znáte _____ města?   도시의 지도를 알아요?

문법

3 자연스러운 대화가 되도록 빈칸에 알맞은 형용사나 부사를 쓰세요.

(1) Máš už _____ české kamarády? → Ne, ještě nemám _____ české kamarády.

(2) Víte už _____? → Ne, ještě _____ nevíme.

(3) Znají tu _____? → Ne, _____ tu ještě neznají.

(4) Půjdeme _____ na procházku? → Ne, _____ jít nechci.

(5) Je tu _____ jeho škola? → Ne, tady _____ není jeho škola.

(6) Posloucháš _____ hudbu? → Ne, _____ neposlouchám hudbu.

4 빈칸에 알맞은 전치사를 〈보기〉에서 골라 쓰세요.

| 보기 | do na o pro u v/ve za z/ze |

(1) Kupuju knihu ____ kamaráda ____ 200 korun.

(2) Teď žiji ____ České republice, ale původně jsem ____ Koreje.

(3) ____ obchodu hrají kamarádi fotbal.

(4) Studuji ____ univerzitě ____ Olomouci.

(5) Jdeme ____ divadla ____ představení ____ Hamletovi.

(6) Dnes jsem jen ____ doma.

단어 žít (žiji) 살다   původně 원래   divadlo *n.* 극장   představení *n.* 공연   dnes 오늘   káva *f.* 커피

연습문제

말하기

5 주어진 단어를 사용하여 〈보기〉와 같이 말하세요.

> | 보기 |
> na Pražský hrad, jít doleva
> → A: Jak se dostanu na Pražský hrad?
> B: Jděte doleva a potom pořád rovně.

(1) na Karlovu univerzitu, zahnout vpravo

(2) do divadla, jet doprava

(3) na Vyšehrad, projít kolem stanice metra

(4) na nádraží, jít doleva

(5) do Olomouce, zahnout doleva

(6) na poštu, jet kolem náměstí

6 주어진 단어를 사용하여 〈보기〉와 같이 말하세요.

> | 보기 |
> hrát na, klavír → Martin hraje na klavír.
> Já na nic nehraji.

(1) těšit se, na, kamarádi

(2) čekat, svůj, rodiče

(3) umýt, auto

(4) zpívat si, písnička

(5) psát, dopis

(6) znát, Kateřina

듣기

7 대화를 듣고, 대화의 내용과 일치하면 ○, 일치하지 않으면 × 표시하세요. MP3 05-3

(1) 여자는 바츨라브스케 광장으로 가려고 한다. (   )

(2) 여자는 목적지로 걸어서 가려고 한다. (   )

(3) 여자는 C호선과 A호선을 탄다. (   )

(4) 남자는 여자에게 바츨라브스케 광장까지 같이 가자고 한다. (   )

8 대화를 듣고, 대화의 내용과 일치하면 ○, 일치하지 않으면 × 표시하세요. MP3 05-4

(1) 카트카는 시청으로 간다. (   )

(2) 카트카는 자동차를 타고 간다. (   )

(3) 카트카는 가게 앞에서 왼쪽으로 돌아서 간다. (   )

(4) 마르틴은 아무 데도 가지 않는다. (   )

연습문제

읽기

9 다음 민아의 글을 읽고 내용과 일치하면 ○, 일치하지 않으면 × 표시하세요.

> Dnes si chci jít prohlédnout jeden starý zámek.
> První pojedu autobusem číslo 3 a vystoupím před nádražím. Potom půjdu pořád rovně kolem školy a divadla. U muzea zahnu vlevo a půjdu pořád nahoru. A jsem tam! Potřebuji si ale koupit vstupenku. Vstupenka je za 150 korun, ale pro studenty je za 100 korun. Tu si koupím a už si jdu prohlédnout zámek!

(1) 민아는 성을 구경하러 간다. (   )

(2) 민아는 기차를 타고 간다. (   )

(3) 학생표는 기본표보다 비싸다. (   )

쓰기

10 다음 문장을 체코어로 쓰세요.

(1) 저는 오늘 올로모우츠에 있는 천문시계를 보러 가요.

_____

(2) 저는 그곳으로 어떻게 가는지 알아요.

_____

(3) 저는 먼저 프라하 중앙역에서 기차를 타고 올로모우츠로 가요.

_____

단어 zámek *m.* 샤토(성)   vstupenka *f.* 표   vystoupit (vystoupím) 내리다

체코 문화탐방

◀ 프라하의 유명한 관광지 ▶

✱ Pražský hrad (프라하성)

블타바 강 위쪽의 언덕에 자리잡고 있는 프라하성은 9세기부터 20세기까지 약 1,200년에 걸쳐 완성된 체코에서 가장 유명한 성이며, 세계에서 가장 넓은 성이다. 그래서 프라하성에 간다면 시대에 따라 변화한 건축 양식들을 모두 찾아볼 수 있다. 프라하성 안의 박물관에서는 체코의 역사와 유물들을 볼 수 있고 성 비투스 대성당과 황금소로(알록달록한 작은 집들이 늘어서 있는 거리)는 가장 인기 있는 관광지이다. 또한 체코의 대통령이 프라하성 안에 거주하고 있으며, 일정한 시간마다 근위병 교대식을 볼 수도 있다.

┃프라하성

✱ Karlův most (카렐교)

카렐교는 신성로마제국의 황제였던 카렐 4세의 명령에 의해 1357년부터 짓기 시작하여 1402년에 완공된 체코에서 두 번째로 오래된 다리이다. 카렐교에는 대부분 바로크 양식으로 만들어진 동상 30개가 세워져 있고 그 중 가장 유명한 동상은 성 Jan Nepomucký 동상이다. 성 Jan Nepomucký 동상 아래쪽에 있는 동판을 만지면 소원이 이루어진다는 전설이 있어 많은 관광객들이 동판을 만지기 위해 줄을 서서 기다리는 것을 볼 수 있다.

┃카렐교

✱ Vyšehrad (비셰흐라드)

비셰흐라드는 체코의 건국 신화와 관련된 성으로, 실제로는 10세기에 지어졌고 11세기부터 체코의 초대 왕의 거주지로 사용되었다. 현재는 성의 일부분이었던 성벽과 중앙 성당만이 존재하는 성터로 남아 있다. 중앙 성당의 주변에는 공동묘지가 형성되어 있는데 이 묘지에는 체코에서 가장 유명한 사람만이 묻힐 수 있다. 예를 들면 Bedřich Smetana 베드지흐 스메타나, Antonín Dvořák 안토닌 드보자크, Alfons Mucha 알폰스 무하, Karel Čapek 카렐 차페크 등이 있다.

┃비셰흐라드

다음 질문을 읽으며 학습할 내용을 미리 살펴보세요.

- 체코어의 조동사는 어떤 게 있을까요?
- 식당에서 음식을 주문할 때 체코어로 어떻게 말할까요?
- 체코 전통 음식을 알고 있나요?

06

Chci ochutnat české jídlo.
체코 음식을 먹어 보고 싶어요.

• 조동사　• 체언의 호격　• 감정을 나타내는 표현

대화와 이야기

해석	
웨이터	안녕하세요? 주문하시겠습니까?
안나	네, 메뉴판을 주세요.
웨이터	여기 있습니다. 어떤 음료수를 드시겠습니까?
민아	미네랄 워터로 주세요.
웨이터	음식은 무엇을 드시겠습니까?
민아	저는 스비츠코바를 원해요.
안나	저는 웨프조 크뇌들로 젤로를 먹고 싶어요.
웨이터	디저트도 드시겠습니까?
안나	네, 스트루들 두 개 주세요.

Číšník	Dobrý den. Přejete si objednat?
Anna	Ano, prosím jídelní a nápojový lístek.
Číšník	Prosím, tady je. Jaký nápoj si dáte?
Min-a	Jen minerálku.
Číšník	A co si přejete k jídlu?
Min-a	Já chci svíčkovou.
Anna	Já bych si dala vepřo knedlo zelo.
Číšník	Dáte si také zákusek?
Anna	Ano, dvakrát štrúdl, prosím.

새단어

- přát si (přeji si) 바라다 • objednat (objednám) 주문하다 • jídelní lístek *m.* (음식) 메뉴
- nápojový lístek *m.* (음료) 메뉴 • nápoj *m.* 음료 • minerálka *f.* 미네랄 워터 (광천수) • jídlo *n.* 음식
- zákusek *m.* 디저트

표현

- Co si přejete (k jídlu, k pití, ...)? (음식, 음료, ...) 어떤 것을 원하세요(드실래요)?
- Dáte si ... (co)? ... 드실래요/먹을래요?

※ Mít hlad. 배가 고파요.   Mít žízeň. 목이 말라요.   Dám si ... (co). ... 먹을래요/먹고 싶어요.

해석

저는 체코 음식을 아주 좋아해요.
소고기, 크뇌들과 소스가 있는 스비츠코바가 정말 맛있어요.
그런데 웨프조 크네들로 젤로나 굴라쉬도 좋아해요.
체코에서는 한국 감자전과 비슷한 것도 먹어요.
음료수는 미네랄 워터나 맥주를 추천해요.
디저트도 아주 맛있어요. 특히 스트루들이 맛있는데, 트르델닉이나 전통 파이도 맛있어요.

Mám moc ráda české jídlo.
Hodně mi chutná svíčková, kde je hovězí maso, knedlíky a omáčka.
Mám ale ráda i vepřo knedlo zelo nebo třeba guláš.
V Česku se jí i bramboráky, které jsou podobné těm korejským.
Z pití můžu doporučit minerálky a samozřejmě i pivo.
I zákusky jsou velmi chutné. Chutná mi hlavně štrúdl, ale i trdelník nebo tradiční koláče.

새단어

- hovězí maso *n.* 소고기 · knedlík *m.* 크뇌들 · omáčka *f.* 소스 · třeba 아마(도)
- podobný 비슷한 · doporučit (doporučuji) 추천하다 · samozřejmě 물론 · chutný 맛있는
- tradiční 전통적 · koláč *m.* 파이

문법

01 조동사

체코어 조동사에는 chtít, moct (moci), muset, smět가 있다. chtít 뒤에는 명사 또는 동사의 원형이 오고, moct (moci), muset, smět 뒤에는 동사의 원형만 올 수 있다. 부정 표현은 조동사 앞에 ne를 붙인다.

	chtít 원하다		moct (moci) ~ㄹ 수 있다		muset ~해야 한다		smět ~해도 된다	
1인칭	chci	chceme	můžu/mohu	můžeme	musím	musíme	smím	smíme
2인칭	chceš	chcete	můžeš	můžete	musíš	musíte	smíš	smíte
3인칭	chce	chtějí	může	můžou/mohou	musí	musí/musejí	smí	smějí
부정	nechci 원하지 않다		nemůžu ~ㄹ 수 없다		nemusím ~하지 않아도 된다		nesmím ~하면 안 된다	

① **chtít (원하다)**: 희망이나 부탁

    ⓐ 희망 : **Chci** jeden černý čaj.   홍차 하나를 원해요.
                Chtěl bych jeden černý čaj.   홍차 하나를 원해요. (더 공손한 표현)
                Chci jet vlakem.   기차를 타고 가고 싶어요.

    ⓑ 부탁 : **Chtěla bych** dostat knihu jako dárek.   선물로 책을 받고 싶어요.

② **moct/moci (~ㄹ 수 있다), smět (~해도 된다)**: 허락이나 부탁, 가능성

    ⓐ 허락/부탁 : **Můžu** si objednat i zákusek?   디저트도 시킬 수 있어요?
                    Smím si objednat i zákusek?   디저트도 시켜도 돼요? (더 공손한 표현)
                    Mohl bych si objednat i zákusek?   디저트도 시킬 수 있어요? (더 공손한 표현)

ⓑ 가능성: Můžeme jít pěšky. 우리는 걸어서 갈 수 있어요.
Tam můžeme pořád lyžovat. 거기서는 계속 스키를 탈 수 있어요.
Nesmíte nikam chodit. 아무 데도 가면 안 돼요.

③ **muset** (~해야 한다): 의무나 강조

ⓐ 의무: Musím už jít domů. 이제 집에 가야 해요.

ⓑ 강조: To musíš vidět. 그것을 봐야 돼. (내가 추천한다.)
Nemusíš mi nic kupovat. 나한테 아무것도 사주지 않아도 돼.

02 체언의 호격

체언의 호격은 누군가를 부르거나 연설할 때 쓰이는 격이다. 명사의 남성 Ma과 여성 단수형은 호격이 있지만, 명사의 중성과 복수형, 형용사의 경우에는 호격의 형태가 주격과 같다. 대명사나 수사는 호격이 없다.

남성	경음	-e	Studente! Pane!	학생! 아저씨!
		-u (k, h, ch 뒤)	Tatínku!	아빠!
		-ře (자음 + r일 때)	Bratře!	오빠!/형!/남동생!
	연음	-i	Muži! Učiteli!	남자! 선생님!
		-če (명사가 -ec로 끝날 때)	Otče!	아버지!
여성		-a → -o	Pavlo! Ivano!	파블라! 이바나!
		-e → -e	Lucie!	루치에!

단어 jít pěšky 걸어서 가다   pořád 항상, 계속   lyžovat (lyžuji) 스키를 타다

문법

03 감정을 나타내는 표현

어떤 것이 좋거나 싫음을 나타내는 여러 표현들 중 가장 자주 쓰이는 표현은 다음 여섯 가지가 있다.

① **mít rád(a) + 목적격(4격 ; 좋다/좋아하다)**

    Máme rádi běhání.   (우리는) 달리기를 좋아해요.
    Nemáme rádi běhání.   (우리는) 달리기를 싫어해요.

② **rád(a) + 동사 (활용형 ; 좋다/좋아하다)**

    Rád hraji tenis.   (저는) 테니스를 치는 것을 좋아해요.
    Nerad hraji tenis.   (저는) 테니스를 치는 것을 싫어해요.

③ **být rád, že ~ (~어서 좋다)**

    Jsem ráda, že tě zase vidím.   너를 다시 봐서 좋아. (너를 다시 볼 수 있어서 반가워.)
    Nejsem ráda, že tě zase vidím.   너를 다시 봐서 좋지 않아.

④ **být rád, když ~ (~을 때/~면 좋다)**

    Jsme rádi, když od vás občas dostaneme dopis.   (우리는) 당신들에게서 가끔 편지를 받을 때 좋아요.
    Nejsme rádi, když od vás nedostaneme dopis.   (우리는) 당신들에게서 편지를 받지 못할 때 싫어요.

⑤ **주어 + se (mi) líbí/ líbí se (mi*) + 주어 (마음에 들다)**

    Ten obraz se mi líbí./ Líbí se mi ten obraz.   그 그림은 마음에 들어요.
    Ten obraz se mi nelíbí./ Nelíbí se mi ten obraz.   그 그림은 마음에 들지 않아요.

⑥ **주어 + (mi) chutná/chutná (mi*) + 주어 (맛있다)**

    Svíčková mi chutná./Chutná mi svíčková.   스비츠코바는 맛있어요.
    Svíčková mi nechutná./Nechutná mi svíčková.   스비츠코바는 맛없어요.

* 인칭대명사의 여격(3격) – '~에게'에 해당하는 격으로 12과에서 다루기로 한다.

어휘

◆ 음식

brambor	*m.* 감자	pepř	*m.* 후추
cukr	*m.* 설탕	polévka	*f.* 국, 수프
čokoláda	*f.* 초콜릿	rohlík	*m.* (긴) 빵
džus	*m.* 주스	ryba	*f.* 생선
hořčice	*f.* 머스터드	rýže	*f.* 밥 (쌀)
hranolky	*m.* 감자 튀김	řízek	*m.* 슈니첼
chléb	*m.* (호밀)빵	sůl	*f.* 소금
(bramborová) kaše	*f.* (감자) 퓌레	špagety	*f.* 스파게티
kečup	*m.* 케첩	šunka	*f.* 햄
koláč	*m.* 파이	tatarská omáčka	*f.* 타타르 소스
limonáda	*f.* 레모네이드	těstoviny	*f.* 파스타
maso(vepřové, kuřecí)	*n.* 고기 (돼지, 닭)	víno	*n.* 와인
med	*m.* 꿀	voda	*f.* 물
palačinka	*f.* 팬케이크	zmrzlina	*f.* 아이스크림
párek	*m.* 소시지		

◆ 식사

snídaně	*f.* 아침 식사	snídat(snídám)	아침 식사를 하다
oběd	*m.* 점심 식사	obědvat(obědvám)	점심 식사를 하다
večeře	*f.* 저녁 식사	večeřet(večeřím)	저녁 식사를 하다
svačina	*f.* 간식	svačit(svačím)	간식을 먹다

동사 따라잡기

◆ **jíst** (먹다), **pít** (마시다)

• **jíst** (먹다)

인칭(단수)	긍정	부정	인칭(복수)	긍정	부정
já	jím	nejím	my	jíme	nejíme
ty	jíš	nejíš	vy	jíte	nejíte
on/ona/ono	jí	nejí	oni/ony/ona	jedí	nejedí

> Rád jím palačinky.   팬케이크를 먹는 것을 좋아해요.

❶ _____ hovězí maso?
  (당신은) 소고기를 먹어요? (vy)

❷ _____ žádnou zeleninu.
  (그들은) 아무 야채도 먹지 않아요. (ony)

❸ Dnes nechci _____ polévku.
  (저는) 오늘 국을 먹고 싶지 않아요. (já)

❹ Můj kamarád nerad _____ bramborovou kaši.
  제 친구는 감자 퓌레를 먹는 것을 싫어해요.

• **pít** (마시다)

인칭(단수)	긍정	부정	인칭(복수)	긍정	부정
já	piji/piju	nepiji/nepiju	my	pijeme	nepijeme
ty	piješ	nepiješ	vy	pijete	nepijete
on/ona/ono	pije	nepije	oni/ony/ona	pijí/pijou	nepijí/nepijou

> Rád piji čaj. 차를 마시는 것을 좋아해요.

❺ Nemám ráda limonády, tak _____ jen vodu.
(저는) 레모네이드가 싫어서 물만 마셔요. (já)

❻ Rád _____ minerálku.
(그는) 미네랄 워터를 마시는 것을 좋아해요. (on)

❼ Nemůžeme _____ červené víno.
(우리는) 레드와인을 마실 수 없어요. (my)

❽ Češi často _____ pivo.
체코 사람들은 맥주를 자주 마셔요.

정답 ❶ Jíte ❷ Nejedí ❸ jíst ❹ jí ❺ piji ❻ pije ❼ pít ❽ pijí

연습문제

어휘

1 주어진 의미에 맞게 빈칸에 알맞은 단어를 쓰세요.

(1) Ráno snídám _____.   저는 아침 식사로 팬케이크를 먹어요.

(2) V poledne obědvám _____.   저는 점심 식사로 슈니첼과 감자를 먹어요.

(3) Odpoledne svačím _____.   저는 오후에 간식으로 파이를 먹어요.

(4) Večer večeřím _____.   저는 저녁 식사로 긴 빵과 치즈를 먹어요.

(5) Rád(a) jím _____.   저는 파스타 먹는 것을 좋아해요.

(6) Nerad(a) jím _____.   저는 생선 먹는 것을 싫어해요.

2 다음 설명에 해당하는 단어를 〈보기〉에서 골라 쓰세요.

| 보기 |
| jídelní lístek   restaurace   řízek   víno   zákusek   zmrzlina |

(1) 특히 더운 여름에 사람들이 많이 먹는 차가운 디저트 (_____)

(2) 보통 튀긴 돼지고기, 한국의 돈까스와 비슷한 음식 (_____)

(3) 포도로 만드는 술 (_____)

(4) 식당이나 레스토랑의 여러 음식이 쓰여진 판 (_____)

(5) 식사를 한 후에 나오는 음식 (_____)

(6) 음식점 (_____)

단어   ráno *n.* 아침   poledne *n.* 정오   odpoledne *n.* 오후   večer *m.* 저녁

124   The 바른 체코어 첫걸음

문법

3 다음 문장을 주어진 조동사를 사용하여 고쳐 쓰세요.

| 보기 | Co děláte? (chtít) → Co chcete dělat?

(1) Pijete víno. (nesmět) → _____

(2) Kdy obědváme? (moct) → _____

(3) Jdu do školy. (muset) → _____

(4) Jedí zeleninu a maso. (nechtít) → _____

(5) Je nemocný, tak nejede na výlet. (nemoci) → _____

4 수어진 단어를 호격 형태로 바꾸어 쓰세요.

| 보기 | (Pan Novák) Pane Nováku, co děláte?

(1) (Paní učitelka) _____, kdy začne hodina?

(2) (Adam) _____, už se na Tebe těšíme.

(3) (Slečna Lucie) _____, kam jdete?

(4) (Tatínek) _____, máš rád čokoládu?

(5) (Pan prodavač) _____, máte jablka?

단어 nemocný 아픈   výlet *m.* 여행, 답사   začít (začnu) 시작하다   hodina *f.* 수업   slečna *f.* 아가씨

연습문제

말하기

5 주어진 단어를 사용하여 〈보기〉와 같이 말하세요.

> | 보기 |
>
> líbit se, Česko → A: Co se vám líbí?
>
> B: Líbí se mi Česko.

(1) chutnat, špagety

(2) mít rád, české jídlo

(3) líbit se, hrady

(4) rád dělat, chodit na výlety

(5) nechutnat, čokoláda

(6) nemít rád, pivo

6 주어진 표현을 사용하여 〈보기〉와 같이 말하세요.

> | 보기 |
>
> moci jít do divadla, ano / ne
>
> → A: Můžu jít do divadla?(já)
>
> B: Ano, můžeš jít do divadla. / Ne, nesmíš jít do divadla.(ty)

(1) muset jíst mrkev, ne

(2) nemoci už jít domů, ano

(3) smět si hrát s kamarády, ano

(4) nemuset jít dnes nakupovat, ne

(5) nemoci jít hrát tenis, ano

(6) muset číst tu knihu, ne

단어 nakupovat (nakupuji) 사다, 쇼핑하다

듣기

7 대화를 듣고, 대화의 내용과 일치하면 ○, 일치하지 않으면 × 표시하세요. 　　MP3 06-3

(1) 여자와 남자는 저녁 식사로 무엇을 먹을 건지 이야기하고 있다. (　)

(2) 여자는 체코 음식만 좋아한다. (　)

(3) 남자는 이탈리아 음식도 좋아한다. (　)

(4) 여자와 남자는 이탈리아 레스토랑으로 가지 않을 것이다. (　)

8 대화를 듣고, 대화의 내용과 일치하면 ○, 일치하지 않으면 × 표시하세요. 　　MP3 06-4

(1) 민아는 음식 메뉴판을 보고 주문한다. (　)

(2) 민아는 슈니첼만 먹는다. (　)

(3) 민아는 레모네이드를 마실 것이다. (　)

(4) 민아는 디저트도 주문한다. (　)

연습문제

읽기

9 다음 민아의 글을 읽고, 내용과 일치하면 ○, 일치하지 않으면 × 표시하세요.

> Mám ráda korejská i česká jídla.
> Korejská jídla jsou hodně pálivá. Nejvíce mi chutná polévka z kimčchi nebo pulgogi. Naopak česká jídla jsou spíše hodně slaná. Mám ráda guláš nebo vepřo knedlo zelo. Také mám ráda bramboráky, protože chutnají podobně jako ty korejské.

(1) 민아는 한국 음식과 체코 음식을 모두 좋아한다. (   )

(2) 체코 음식은 매운 편이다. (   )

(3) 체코 감자전과 한국 감자전은 맛이 비슷하다. (   )

쓰기

10 다음 문장을 체코어로 쓰세요.

(1) 저는 한국, 체코 그리고 프랑스 음식을 좋아해요.

_____

(2) 저는 매운 음식을 좋아해서 한국 음식을 제일 좋아해요.

_____

(3) 저는 특히 김치와 비빔밥을 좋아해요.

_____

단어 pálivý 매운   nejvíce 가장 많이   naopak 반면에   spíše 오히려, ~편   slaný 짠   protože 왜냐하면
podobně 비슷하게

체코 문화탐방

◀ 체코 음식 ▶

★ 스비츠코바 Svíčková (omáčka)
스비츠코바는 당근, 양파 등의 뿌리 채소와 여러 향신료를 넣어 만든다. 크림 소스는 앞의 재료와 고기를 같이 끓인 국물에 smetana 스메따나라는 크림을 넣어 만든다. 이렇게 만들어진 소스를 소고기 등심과 '크뇌들'이라는 빵에 끼얹어 먹는다. 이때 크랜베리와 생크림, 레몬 등을 곁들이기도 한다.

| 스비츠코바

★ 웨프조 크뇌들로 젤로 Vepřo knedlo zelo
웨프조 크뇌들로 젤로는 오븐에 구운 돼지고기와 크뇌들에 zelí 젤리라는 양배추 절임을 곁들여 먹는 음식이다. 돼지고기와 크뇌들이 짠 맛을 내지만 zelí의 새콤달콤한 맛이 균형을 잘 잡아 준다. 체코 사람들은 이 요리와 함께 맥주를 마시는 것을 즐긴다.

| 웨프조 크뇌들로 젤로

★ 페체네 베프르조베 콜레노 Pečené vepřové koleno
한국 사람들에게 '꼴레뇨'라고 많이 알려진 이 음식은 '콜레노'라는 표기가 더 정확한 듯 보인다. Koleno는 '무릎'을 뜻하는 체코어로 돼지의 무릎을 오븐에 구워 겉은 바삭하고 속은 촉촉한 식감을 자랑한다. 맛은 한국의 족발과 비슷하다. 웨프조 크뇌들로 젤로와 마찬가지로 체코 사람들이 맥주와 같이 즐기는 대표적인 요리 중 하나이다.

| 페체네 베프르조베 콜레노

★ 굴라쉬 Guláš
오스트리아나 헝가리에도 굴라쉬라는 음식이 있지만 나라마다 조리 방법과 맛에서 조금씩 차이를 보인다. 체코의 굴라쉬는 오스트리아나 헝가리와 달리, 크뇌들이나 빵에 곁들여 먹기 때문에 소스와 비슷한 느낌을 받을 수 있다.

| 굴라쉬

다음 질문을 읽으며 학습할 내용을 미리 살펴보세요.

- 과거에 일어났던 일이나 행동을 체코어로 어떻게 말할까요?
- 체코의 뮤지컬에 대해 알고 있나요?
- 좋아하는 연극이나 영화에 대해 말할 수 있나요?

07

O víkendu jsem šla do divadla.

주말에 극장에 가 봤어요.

• 과거시제 • 소유격의 단수형 • 서수

대화와 이야기

MP3 07-1

해석	
라딤	민아 안녕? 주말에 뭐했어?
민아	라딤 안녕? 나는 집에서 책을 읽었어.
라딤	무슨 책을 읽었어?
민아	프란츠 카프카의 『변신』(을 읽었어). 너는 주말에 뭐했어?
라딤	나는 극장에 갔어. 『로미오와 줄리엣』을 봤어. 벌써 다섯 번째 이 공연을 봤어. 그 이야기를 정말 좋아하거든.

Radim   Ahoj Min-a, co jsi dělala o víkendu?

Min-a   Ahoj Radime, já jsem byla doma a četla knihu.

Radim   Jakou knihu jsi četla?

Min-a   *Proměnu* od Franze Kafky. A co jsi o víkendu dělal ty?

Radim   Já jsem šel do divadla. Viděl jsem *Romea a Julii*. To představení jsem viděl už po páté. Ten příběh mám totiž moc rád.

새단어

- víkend *m.* 주말
- po páté 다섯 번째로
- příběh *m.* 이야기

해석

나의 하루

오늘은 아침 일찍 일어났어요.
아침 식사로 빵과 치즈를 먹었어요.
그 다음에 학교에서 오전을 보냈어요.
방과후에 파블라와 루치에를 만나서 프라하를 구경하러 갔어요.
화약탑을 본 후 쇼핑을 하러 갔어요.
옷 몇 벌을 샀어요.
쇼핑 후에 저녁 식사를 하러 가서 감자전과 맥주를 먹었어요.

Můj den

Dnes jsem vstala brzy ráno.
Snídala jsem rohlík a sýr.
Potom jsem strávila dopoledne ve škole.
Po škole jsem se setkala s Pavlou a Lucií a šly jsme si prohlédnout Prahu.
Viděly jsme Prašnou bránu a pak jsme šly nakupovat.
Koupila jsem si nějaké oblečení.
Po nákupech jsme šly na večeři a daly jsme si bramboráky a pivo.

새단어

- vstát (vstanu) 일어나다
- brzy 일찍
- strávit (strávím) 보내다
- setkat se (s) (setkám se) 만나다
- Prašná brána *f.* 화약탑
- oblečení *n.* 옷

문법

01 과거시제

체코어의 과거시제는 '동사의 과거형 + být 동사의 현재형'으로 나타낸다. 동사의 과거형은 동사 원형의 마지막 글자 t를 l(a/o/i/y)로 바꾸어 만든다.* 3인칭의 경우에는 být 동사 없이 과거형을 만들 수 있다. 복수형의 경우, 주어가 모두 남성(Ma)이거나 남성(Ma)이 한 명이라도 있을 때는 접미사 '-li'를 쓰고, 남성(Mi)이나 여성의 경우 접미사 '-ly'를 쓴다.

		단수	복수
1인칭		-l/-la jsem (se, si)**	-li/-ly jsme (se, si)
2인칭		-l/-la jsi (se, si)	-li/-ly jste (se, si)
3인칭	on	-l (se, si)	-li (se, si)
	ona	-la (se, si)	-ly (se, si)
	ono	-lo (se, si)	-la (se, si)

* 남성 단수일 때는 l, 여성 단수나 중성 복수일 때는 la, 중성 단수일 때는 lo, 남성 복수(또는 여러 사람 중에 한 명이라도 남성이 있을 때)일 때는 li, 여성 복수일 때는 ly로 동사의 끝을 바꾼다.
** 재귀대명사(se, si)는 동사의 과거형 뒤에 온다.

● dělat (하다)

		단수	복수	존댓말(단수)	부정
1인칭		dělal jsem	dělali jsme		nedělal (a/o/i/y) + být
		dělala jsem	dělaly jsme		
2인칭		dělal jsi	dělali jste	dělal jste	
		dělala jsi	dělaly jste	dělala jste	
3인칭	on	dělal	dělali		
	ona	dělala	dělaly		
	ono	dělalo	dělala		

의문문의 어순은 ① 2인칭일 경우 '의문사 + být 동사의 현재형 + 동사의 과거형'이며, ② 3인칭일 경우 '의문사 + 동사의 과거형 + 3인칭 명사나 대명사'이다.

2인칭	3인칭
Co jsi dělal/a? 너는 무엇을 했어?	Co dělal Jan? 얀은 무엇을 했어요?
Co jste dělal/a? 당신은 무엇을 했어요?	Co dělala Anna? 안나는 무엇을 했어요?
Co jste dělali/y? 당신들/너희들은 무엇을 했어(요)?	Co dělali muži?/ Co dělaly ženy? 남자들/여자들은 무엇을 했어요?

재귀대명사는 동사의 과거형 뒤에 온다. 단, 2인칭 단수형의 경우 'jsi + se → ses', 'jsi + si → sis'로 변한다.

● **oblékat se/ oblékat si** (옷을 입다)

	단수	복수	존댓말 (단수)	부정
1인칭	oblékal jsem se/si	oblékali jsme se/si		
	oblékala jsem se/si	oblékaly jsme se/si		
2인칭	oblékal ses/sis	oblékali jste se/si	oblékal jste se/si	neoblékal (a/o/i/y) + být + se/si
	oblékala ses/sis	oblékaly jste se/si	oblékala jste se/si	
3인칭	oblékal se/si	oblékali se/si		
	oblékala se/si	oblékaly se/si		
	oblékalo se/si	oblékala se/si		

의문문의 어순은 ① 2인칭 단수일 경우 '의문사 + ses/sis + 동사의 과거형'이고, ② 2인칭 복수나 존댓말일 경우 '의문사 + být 동사의 현재형 + se/si + 동사의 과거형'이며, ③ 3인칭일 경우 '의문사 + se/si + 동사의 과거형 + 3인칭 명사나 대명사'이다.

문법

2인칭	3인칭
Co sis oblékal/a? 너는 무엇을 입었어?	Co si oblékal Jan? 얀은 무엇을 입었어요?
Co jste si oblékal/a? 당신은 무엇을 입었어요?	Co si oblékala Anna? 안나는 무엇을 입었어요?
Co jste si oblékali/y? 당신들/너희들은 무엇을 입었어(요)?	Co si oblékali muži?/Co si oblékaly ženy? 남자들/여자들은 무엇을 입었어요?

과거형이 불규칙으로 바뀌는 동사들도 있다.

장음이 단음으로 바뀌는 경우	형태가 불규칙으로 바뀌는 경우
být → byl 이다/있다	číst → četl 읽다
brát → bral 가지다	chtít → chtěl 원하다
mýt → myl 씻다	jíst → jedl 먹다
nést → nesl 들다	jít → šel, šla, šlo, šli, šly 가다
pít → pil 마시다	mít → měl 있다/가지다
psát → psal 쓰다	moct → mohl ~ㄹ 수 있다
	otevřít → otevřel 열다
	začít → začal 시작하다

Psala jsem dopis. 저는 편지를 썼어요.

Chtěli jsme jít do kina. 우리는 영화관으로 가고 싶었어요.

A: Kde jsi byl? 어디에 있었어?
B: Byl jsem doma. 집에 있었어.

A: Šly děti do školy? 아이들은 학교로 갔어요?
B: Ano, šly (do školy). 네, (학교로) 갔어요.

A: Četl jsi tu knihu? 그 책을 읽었어?
B: Ne, nečetl./ Ne, nečetl jsem ji. 아니, 그것을 안 읽었어.

※ 질문에 답할 때에는 být동사를 빼도 된다.

한 문장에서 모든 동사의 주어가 같을 때, být 동사는 첫 번째 동사 뒤에만 온다.

Ráno jsem vstal, umyl se a nasnídal se.   아침에 일어나 씻고 아침 식사를 했어요.

02 소유격의 단수형

소유를 나타내기 위해서 체언(명사, 형용사, 대명사, 수사)이 소유격의 자리에 오는데 그 형태는 성과 수에 따라 바뀌며, 격의 질문은 "Koho, čeho?"이다.

소유격은 다음과 같은 경우에 사용한다.
① 전치사 z, od, do, u, kolem, bez(없이), blízko, uprostřed(가운데), kromě(제외) 뒤
② 정도를 나타내는 표현 뒤
③ 5 이상의 숫자 뒤
④ 불확정 대명사 něco, nic과 의문 대명사 co 뒤
⑤ 한 명사가 다른 명사에 의지하거나 kdy(언제)나 kolikátého(며칠에)라고 물을 때

◆ 명사

① 남성 Ma

목적격과 같은 형태로 변화한다.

student → stundenta 학생   muž → muže 남자

② 남성 Mi

경음(h, ch, k, r, d, t, n)으로 끝나는 단어에는 -u가 붙으며, 연음(ž, š, č, ř, ď, ť, ň)이나 -e/-ě, -c, -j, -tel로 끝나는 단어에는 -e가 붙는다. 나머지 자음의 경우에는 단어의 활용 규칙에 따라 -u 또는 -a가 붙는다.

sešit → sešitu 공책   pokoj → pokoje 방

경음으로 끝나지만 -u가 아니라 -a가 붙는 경우도 있다.

čtvrtek → čtvrtka 목요일   chléb → chleba 빵   oběd → oběda 점심
sýr → sýra 치즈   večer → večera 저녁

문법

'달'의 소유격 형태는 다음과 같다.

1월	2월	3월	4월
leden → ledna	únor → února	březen → března	duben → dubna
5월	6월	7월	8월
květen → května	červen → června	červenec → července	srpen → srpna
9월	10월	11월	12월
září → září	říjen → října	listopad → listopadu	prosinec → prosince

③ 여성

-a로 끝날 때는 -a가 -y로 바뀌고, -e로 끝날 때는 형태가 바뀌지 않는다. 단어가 -ň로 끝날 때는 ň가 n으로 바뀌며 뒤에 -ě가 붙는다. 또한 연음으로 끝날 때는 단어 뒤에 -e가 붙으며, 경음으로 끝날 때는 -i가 붙는다.

    žena → ženy 여자   učebnice → učebnice 교과서   skříň → skříně 옷장

    kolej → koleje 기숙사/궤도   kost → kosti 뼈

  불규칙 báseň → básně 시   třešeň → třešně 체리   mrkev → mrkve 당근

④ 중성

-o로 끝날 때는 -o가 -a로 바뀌고, -e나 -í로 끝날 때는 단어의 형태가 바뀌지 않는다. 단, -e로 끝나지만 kuře의 규칙에 따라 활용될 때 -e가 -ete로 바뀐다.

    město → města 도시   moře → moře 바다

    náměstí → náměstí 광장   rajče → rajčete 토마토

◆ **형용사**

① 남성(Ma, Mi), 중성

ý 형용사는 -ý/é가 -ého로 바뀌고, í 형용사는 -í에 -ho가 붙는다.

    malý → malého 작은   moderní → moderního 현대적

② 여성

ý 형용사는 -á가 -é로 바뀌고, í 형용사는 형태가 바뀌지 않는다.

malá → malé 작은   moderní → moderní 현대적

◆ 대명사
● 소유대명사

	남성(Ma, Mi), 중성	여성
나의	mého	mé, mojí
너의	tvého	tvé, tvojí
그의	jeho	jeho
그녀의	jejího	její
우리의	našeho	naši
당신들의	vašeho	vaši
그/그녀들의/그것들의	jejich	jejich

※ 소유대명사 svého/své/svojí도 위와 같은 형식으로 변한다.

● 지시대명사

	남성(Ma, Mi), 중성	여성
그	toho	té

◆ 수사

	남성(Ma, Mi), 중성	여성
하나	jednoho	jedné

Jedu do jednoho malého divadla.　　　저는 한 작은 극장으로 가요.
Byla jsem tam od září do prosince.　　저는 그곳에 9월부터 12월까지 있었어요.

문법

Četli jste už knihu od Karla Čapka? 당신들은 카렐 차페크의 책을 벌써 읽었나요?
Včera jsem šel kolem vašeho domu. 저는 어제 당신들의 집 근처에 갔어요.
Min-a je z Koreje, já jsem z Česka. 민아는 한국에서 (왔고) 저는 체코에서 (왔어요.)
Blízko naší školy stojí nová radnice. 우리 학교 가까이 새 시청이 있어요.
Nemám hodně peněz. 저는 돈이 많이 없어요.
Učí pět studentů. 그/그녀가 학생 다섯 명을 가르쳐요.

※ 목적격이지만 숫자 5 때문에 소유격으로 바뀌었다.

A: Viděly jste něco zajímavého? 무언가 신기한 것을 봤어요?
B: Ne, nic jsme neviděly. 아니요, 아무것도 못 봤어요.

To je kniha mého kamaráda. 이것은 제 친구의 책이에요.
Vánoce jsou 24.12. 크리스마스는 12월 24일이에요.
(dvacátého čtvrtého prosince = dvacátého čtvrtého dvanáctý)

다음 동사 뒤에는 항상 소유격이 쓰인다.

- **bát se**(bojím se) 무서워하다
Bojí se jednoho muže. 그/그녀는 한 남자를 무서워해요.

- **ptát se, zeptat se**(ze/ptám se) 묻다
Ptám se svého učitele. 제 선생님께 여쭤봐요.

- **účastnit se, zúčastnit se**(z/účastním se) 참여하다
Včera jsme se zúčastnily soutěže. 어제 우리는 경기에 참여했어요.

- **všímat si**(všímám si), **všimnout si**(všimnu si) 알아채다
Oni si všímají všeho. 그들은 모든 것을 알아채요.

단어 zajímavý 신기한   soutěž *f.* 경기

03 서수

'첫 번째', '세 번째'의 경우에만 형태 변화가 없으며, 나머지는 성에 따라 형태가 달라진다.

1	2	3	4	5
první, -í, -í	druhý, -á, -é	třetí	čtvrtý	pátý
6	7	8	9	10
šestý	sedmý	osmý	devátý	desátý

-náctý				
11	12	13	14	15
jedenáctý	dvanáctý	třináctý	čtrnáctý	patnáctý
16	17	18	19	
šestnáctý	sedmnáctý	osmnáctý	devatenáctý	

-cátý, -sátý				
20	21	22	30	40
dvacátý	dvacátý první	dvacátý druhý, -á, -é	třicátý	čtyřicátý
50	60	70	80	90
padesátý	šedesátý	sedmdesátý	osmdesátý	devadesátý

-stý				
100	200	300	400	500
stý	dvoustý	třístý	čtyřstý	pětistý
600	700	800	900	
šestistý	sedmistý	osmistý	devítistý	

문법

서수는 '첫 번째', '두 번째', '1등', '2등' 등 차례나 순서를 나타낼 때 사용한다. 서수에 대해 물어볼 때는 의문사 kolikátý(ý 형용사와 같은 활용)를 사용한다.

A: Kolikátý jsi byl v soutěži?   경기에 몇 등 했어?
B: V soutěži jsem byl druhý.   나는 경기에서 2등이었어.

A: Kolikáté je Česko v pití piva?   체코는 맥주 마시기에 몇 등이에요?
B: Česko je první v pití piva.   체코는 맥주 마시기에는 1등이에요.

Ty jsi můj první kamarád.   너는 나의 첫 번째 친구야.

어휘

◆ 문화

balet	*m.* 발레	koncert	*m.* 콘서트
drama	*n.* 연극	muzikál	*m.* 뮤지컬
hra	*f.* 연극	opereta	*f.* 오페레타
film	*m.* 영화	opera	*f.* 오페라
kino	*n.* 영화관	ples	*m.* 무도회
komedie	*f.* 희극	tragédie	*f.* 비극

◆ 요일

pondělí	úterý	středa	čtvrtek	pátek	sobota	neděle
n. 월요일	*n.* 화요일	*f.* 수요일	*m.* 목요일	*m.* 금요일	*f.* 토요일	*f.* 일요일

◆ 달 (달은 모두 남성 Mi 명사)

leden	únor	březen
1월	2월	3월
duben	květen	červen
4월	5월	6월
červenec	srpen	září
7월	8월	9월
říjen	listopad	prosinec
10월	11월	12월

동사 따라잡기

◆ **vidět** (보다/보이다)

	인칭	긍정	부정	과거
단수	já	vidím	nevidím	viděl(a) jsem
	ty	vidíš	nevidíš	viděl(a) jsi
	on	vidí	nevidí	viděl
	ona			viděla
	ono			vidělo
복수	my	vidíme	nevidíme	viděli(/y) jsme
	vy	vidíte	nevidíte	viděli(/y) jste
	oni	vidí	nevidí	viděli
	ony			viděly
	ona			viděla

<u>Vidím</u> svého kamaráda.　(저는) 저의 친구가 보여요.

❶ _____ _____ už několik českých hradů.
   (우리는) 체코 성 몇 개를 벌써 봤어요. (my, 과)

❷ Chtěl _____ jedno známé představení.
   (그는) 한 유명한 공연을 보고 싶어했어요. (on)

❸ _____ ____ ten muzikál?
   그 뮤지컬을 봤어? (ty, 여, 과)

④ _____ _____ tam něco?

(당신들은) 거기 무엇이 보였어요? (vy, 여, 과)

⑤ _____ nové věci.

우리는 새로운 것들을 보고 있어요. (my)

> Nevidím svého kamaráda. (저는) 저의 친구가 보이지 않아요.

⑥ _____ tam žádný dům.

(저는) 거기 아무 집도 보이지 않아요. (já)

⑦ _____ někde moji knihu?

(당신은) 제 책이 어디 (있는지) 보이지 않아요? (vy, 단)

⑧ _____ tu našeho učitele.

우리 선생님이 여기 보이지 않아요. (my)

⑨ _____ naše rodiče?

우리 부모님이 보이지 않아? (ty)

⑩ Ve předu nic _____.

앞에 아무것도 보이지 않아요. (on)

známý 유명한

정답 ❶ Viděli jsme ❷ vidět ❸ Viděla jsi ❹ Viděly jste ❺ Vidíme ❻ Nevidím ❼ Nevidíte ❽ Nevidíme ❾ Nevidíš ❿ nevidí

연습문제

어휘

1 ⟨보기⟩와 같이 주어진 단어와 순서가 이어지게 빈칸에 알맞은 단어를 쓰세요.

| 보기 |
pondělí – úterý – středa

(1) prosinec – _____ – _____

(2) červen   – _____ – _____

(3) čtvrtek – _____ – _____

(4) sobota   – _____ – _____

(5) březen   – _____ – _____

(6) září   – _____ – _____

2 그림에 맞는 단어를 ⟨보기⟩에서 골라 쓰세요.

| 보기 |
koncert   balet   kino   ples

(1) _____

(2) _____

(3) _____

(4) _____

문법

3 다음 문장을 과거시제로 쓰세요.

> |보기| Včera jsem šel do divadla. (jít, já)

(1) Jan a Pavla _____ knihu. (číst)

(2) Dnes _____ brzy ráno. (vstávat, ony)

(3) _____ _____ jet do Prahy. (chtít, my)

(4) _____ _____ večer češtinu? (učit se, ty)

(5) _____ _____ ráno na procházku? (jít, vy)

4 다음 빈칸에 주어진 단어의 소유격 형태를 쓰세요.

> |보기| Jsem z Česka. (Česko)

(1) Chodíme do _____ i do _____. (divadlo, kino)

(2) Moc se mi líbila hudba od _____ _____. (Bedřich Smetana)

(3) Ptala se _____ _____. (svůj, maminka)

(4) Bojíš se _____ _____ _____ ? (ten, starý, hotel)

(5) Minulý týden jsme jeli na výlet do _____ _____ . (Český Krumlov)

단어 učit se(učím se) 배우다   minulý 지난   týden *m.* 주

연습문제

말하기

5 주어진 어휘를 사용하여 〈보기〉와 같이 대화를 만드세요.

> | 보기 |
> být Vánoce, 24. prosinec
> → A: Kolikátého jsou Vánoce?
> B: Vánoce jsou dvacátého čtvrtého prosince.

(1) být Velikonoce, 16. duben

(2) (on) mít narozeniny, 8. říjen

(3) začít prázdniny, 1. červenec

(4) (vy) jet na výlet, 15. březen

(5) (ty) začít pracovat, 5. září

(6) (ona) vrátit se z Česka, 2. únor

6 주어진 어휘를 사용하여 〈보기〉와 같이 대화를 만드세요.

> | 보기 |
> poslouchat, hudba
> → A: Poslouchal jsi včera hudbu?
> B: Ano, včera jsem poslouchal hudbu.

(1) psát, dopis

(2) hrát na, flétna

(3) jíst, ovoce

(4) číst, román

(5) koupit si, zmrzlina

(6) těšit se na, kamarádi

단어 Velikonoce *f.* 부활절   prázdniny *f.* 방학   vrátit se(vrátím se) 돌아오다/돌아가다

> 듣기

7 대화를 듣고, 대화의 내용과 일치하면 ○, 일치하지 않으면 × 표시하세요.　　　🎧 MP3 07-3

　　(1) 남자는 K-pop 콘서트에 갔다. (　　)

　　(2) 남자는 콘서트에 만족했다. (　　)

　　(3) 여자는 가까운 곳으로 걸어서 여행을 갔다. (　　)

　　(4) 여자는 집에서 쉬었다. (　　)

8 대화를 듣고, 대화의 내용과 일치하면 ○, 일치하지 않으면 × 표시하세요.　　　🎧 MP3 07-4

　　(1) 남자는 프랑스에 아직 가 보지 못 했다. (　　)

　　(2) 남자는 영국에서 일만 했다. (　　)

　　(3) 남자는 프랑스 성이 제일 마음에 들었다. (　　)

　　(4) 여자는 프랑스에 가고 싶어한다. (　　)

연습문제

읽기

9 다음 민아의 글을 읽고 내용과 일치하면 ○, 일치하지 않으면 × 표시하세요.

> Ráno jsem vstala a snídala čaj a chléb. Dopoledne jsem šla do školy, kde jsem studovala češtinu. Já a kamarádi jsem šli na oběd do blízké restaurace a dali jsme si tradiční česká jídla. Odpoledne jsme šli na procházku, šli jsme hrát tenis a potom jsme šli do kina na nový film. Večer jsem se vrátila domů, dívala se na televizi a četla mojí oblíbenou knihu. Potom už jsem šla spát.

(1) 민아는 학교에서 체코어를 가르쳤다. (　　)

(2) 민아는 점심으로 프랑스 전통 음식을 먹었다. (　　)

(3) 민아는 오후에 친구들과 테니스를 쳤다. (　　)

(4) 민아는 집에 돌아가서 책을 읽었다. (　　)

쓰기

10 다음 문장을 체코어로 쓰세요.

(1) 아침에 일어나서 씻었어요.

_____

(2) 점심 때 가까운 레스토랑으로 갔어요.

_____

(3) 저녁에는 친구들과 만나서 영화관으로 갔어요.

_____

단어　blízký 가까운　　oblíbený 좋아하는

◀ 체코 뮤지컬 ▶

한국 사람들에게는 잘 알려져 있지 않지만 한국에서 흥행한 뮤지컬들 중 꽤 많은 작품들이 체코에서 제작되었다. 체코에서 1995년에 초연된 '드라큘라', 2000년에 초연된 '햄릿', 2002년에 초연된 '클레오파트라', 2004년에 초연된 '삼총사' 등이 그것인데, 한국에 가장 먼저 들어온 체코 뮤지컬은 '드라큘라'이다. '드라큘라'는 브람 스토커의 흡혈귀 소설을 원작으로 하여 체코의 유명한 작곡가 Karel Svoboda가 작곡을 맡았고, 작사와 대본은 Zdeněk Borovec과 Richard Hes가 맡아 탄생된 뮤지컬이다.

'햄릿'은 한국에서 가장 많이 사랑을 받은 체코 뮤지컬로 Janek Ledecký가 셰익스피어의 고전을 인물들의 사랑 이야기에 초점을 맞추어 각색하여 재미를 더했다.

'클레오파트라'는 역사와 문학을 통틀어 나타나는 클레오파트라 7세의 이야기를 입체적으로 느낄 수 있게 무대에 올린 뮤지컬이다. 체코에서 초연 당시 65만 명이 찾았을 정도로 재미와 작품성을 검증 받은 작품이다.

'삼총사'는 '드라큘라', '햄릿', '클레오파트라'에 이어 한국에 들어온 체코 뮤지컬로 알렉상드르 뒤마의 '삼총사'를 원작으로 한다. 한국에서는 만화와 소설로 잘 알려진 작품인 만큼 많은 관심을 받으며 흥행에 성공했다.

다음 질문을 읽으며 학습할 내용을 미리 살펴보세요.

- 체코의 명절은 어떤 게 있을까요?
- 체코에서는 부활절과 크리스마스에 무엇을 할까요?
- 체코어로 시간은 어떻게 표현할까요?

08

Zítra je svátek.
내일은 명절이에요.

- 소유격의 복수형
- 인칭대명사의 소유격
- 시간 표현

대화와 이야기

🎵 MP3 08-1

해석	
라딤	민아 안녕?
민아	라딤 안녕? 그것이 뭐야?
라딤	이것은 꽃(다발)이야. 너를 위해서 가져 왔어. 오늘은 국제 여성의 날이야.
민아	아하, 정말 고마워. 그런데 네가 늦게 온 것을 알아?
라딤	아니, 몇 시인데?
민아	벌써 다섯 시 반. 우리는 다섯 시에 만나기로 했잖아.
라딤	미안해.
민아	괜찮아.

Radim	Ahoj Min-a.
Min-a	Ahoj Radime, co to máš?
Radim	To jsou květiny. Donesl jsem je pro tebe. Dnes je mezinárodní den žen.
Min-a	Aha, tak to moc děkuji. Ale víš, že jsi přišel pozdě?
Radim	Ne, kolik je hodin?
Min-a	Už je půl šesté. Domluvili jsme se přeci, že se sejdeme v pět hodin.
Radim	Promiň.
Min-a	To je v pořádku.

새단어

- květina *f.* 꽃 • mezinárodní 국제적 • den *m.* 날 • přijít (přijdu) 오다 • pozdě 늦게
- hodina *f.* 시(간) • půl 반 • domluvit se (domluvím se) ~기로 하다, 동의하다
- sejít se (sejdu se) (같이) 만나다 • prominout (prominu) 용서하다 (*promiň – 명령문)

표현

- Kolik je hodin? 몇 시예요?
- To je v pořádku. 괜찮아요.

※ Co je dnes za den?/Který je dnes den? 오늘 무슨 날/요일이에요?

해석	
라딤	민아 안녕? 우리 엄마를 위한 선물 사는 것을 도와줄래? 명명일이시거든.
민아	무엇을 사 드리고 싶은데?
라딤	꽃과 초콜릿. 그런데 4시까지 집에 있어야 돼. 친척들이 모두 오시거든.
민아	그래. 여기 이 꽃가게에 가면 되겠네. 여러 (종류의) 꽃이 있어.
라딤	엄마가 빨간색을 좋아하셔.
민아	그러면 빨간 장미를 살까?
라딤	좋은 생각이네. 고마워!

Radim   Ahoj Min-a, pomohla bys mi koupit nějaký dárek pro mou maminku? Dnes má totiž svátek.

Min-a   Co jí chceš koupit?

Radim   Nějaké květiny a čokoládu. Jen do čtyř hodin musím být doma. Přijedou totiž všichni příbuzní.

Min-a   Dobře. Tak můžeme jít do tohoto květinářství, mají tu různé květiny.

Radim   Maminka má ráda červenou barvu.

Min-a   Tak to můžeme koupit červené růže, co tomu říkáš?

Radim   To je dobrý nápad. Děkuji!

새단어

- pomoci/pomoct (pomohu/pomůžu) 도와주다
- svátek *m.* 명절, 명명일
- všichni 모두 (생물일 때)
- příbuzný *m.* 친척
- květinářství *n.* 꽃가게
- různý 다양한
- růže *f.* 장미
- nápad *m.* 생각

표현

- To je dobrý nápad. 그거 좋은 생각이에요.

문법

01 소유격의 복수형

소유격의 복수형도 소유격의 단수형과 같은 상황에서 쓰인다.

◆ 명사

① 남성 MA, Mi

모든 남성 명사의 뒤에는 -ů를 붙인다.

        student → stundentů 학생   muž → mužů 남자

        sešit → sešitů 공책   pokoj → pokojů 방

불규칙 člověk → lidí 사람   peníze → peněz 돈   přítel → přátel 친구, 남자친구

② 여성

단어가 -a로 끝나는 경우에는 -a가 없어지고, -e로 끝나는 경우에는 -e가 -í로 바뀌며, -ce로 끝날 때는 끝의 e가 없어진다. -ň로 끝날 때는 -ň가 -n로 바뀌고 뒤에 -í가 붙으며, 다른 연음이나 경음으로 끝날 때는 단어 끝에 -í가 붙는다.

        žena → žen 여자   židle → židlí 의자

        učebnice → učebnic 교과서   skříň → skříní 옷장

        kolej → kolejí 기숙사/궤도   kost → kostí 뼈

불규칙 barva → barev 색깔   firma → firem 회사

        kočka → koček 고양이   kavárna → kaváren 카페

        sestra → sester 자매   studentka → studentek 학생

        učitelka → učitelek 교사

③ 중성

단어가 -o로 끝나는 경우에는 -o가 없어지고, -e로 끝날 때는 -e가 -í로 바뀌며, -í로 끝날 때는 바뀌지 않는다. 단어가 -e로 끝나지만 kuře의 규칙에 따라 활용될 때는 -e가 -at로 바뀐다.

        město → měst 도시   moře → moří 바다

        náměstí → náměstí 광장   rajče → rajčat 토마토

불규칙 dítě → dětí 아이   divadlo → divadel 극장

        okno → oken 창문   tričko → triček 티셔츠

모든 명사는 목적격이고 수가 5 이상일 때, 형태가 목적격이 아닌 소유격으로 바뀐다.

　　　Mám doma pět koček.　　　집에 고양이 다섯 마리가 있어요.
　　　Máme doma deset psů.　　　집에 개 열 마리가 있어요.

◆ 형용사

성에 상관없이 ý 형용사는 -ý/á/é가 -ých로 바뀌고, í 형용사는 -í가 -ích로 바뀐다.

　　　malý → malých 작은　　　　　　moderní → moderních 현대적

◆ 대명사

성과 상관없이 모든 대명사가 다음과 같이 활용된다.

● 소유대명사

	모든 성
나의	mých
너의	tvých
그의	jeho
그녀의	jejích
우리의	našich
당신들의	vašich
그/그녀들의/그것들의(중성)	jejich

※ 소유대명사 svých도 위와 같은 형식으로 변한다.

● 지시대명사

	모든 성
그	těch

문법

◆ 수사

2	dvou	7	sedmi	12	dvanácti
3	tří	8	osmi	20	dvaceti
4	čtyř	9	devíti	30	třiceti
5	pěti	10	desíti	100	sta
6	šesti	11	jedenácti	200	dvou set

Ty květiny jsem dostala od svých kamarádů. (저는) 그 꽃을 저의 친구들에게 받았어요.
Ve městě je hodně kaváren. 도시에 카페가 많아요.
Těch lidí se nebojím. (저는) 그 사람들은 무섭지 않아요.
Umyl pět talířů a šest sklenic. (저는) 그릇 다섯 개와 유리잔 여섯 개를 씻었어요.
Deset bez tří je sedm. 열에서 셋을 빼면 일곱이에요.
U okolních měst se konají trhy. 주변의 도시들 근처에서 시장이 열려요.

02 인칭대명사의 소유격

인칭대명사의 소유격 형태는 대명사 앞의 전치사 여부에 따라 두 가지 형태로 나뉜다.

인칭(단수)	전치사 없을 때	전치사 있을 때	인칭(복수)	전치사 없을 때	전치사 있을 때
já	mě, mne	(vedle) mě, mne	my	nás	(vedle) nás
ty	tě, tebe	(vedle) tebe	vy	vás	(vedle) vás
on, ono	ho	(vedle) něho (Ma)	oni, ony, ona	jich	(vedle) nich
	jeho, jej	(vedle) něj (Ma, Mi, N)			
ona	jí	(vedle) ní			

단어 talíř *m.* 그릇   sklenice *f.* 유리잔   okolní 주변에 있는

이때 주의해야 할 것은 2인칭과 3인칭 단수형이다. 2인칭 tě와 3인칭 jej, ho는 동사 앞이나 뒤에서 모두 사용할 수 있지만 2인칭 tebe와 3인칭 jeho는 문장 맨 앞에서만 사용한다. 나머지 인칭대명사는 모든 위치에서 사용할 수 있다.

Jeho/jej se nebojím. (저는) 그가 무섭지 않아요. vs. Nebojím se ho. (저는) 그가 무섭지 않아요.
Byli jste u nich (doma)? (당신들은) 그들의 (집에) 있었어요?

※ 'u + 인칭대명사'는 '~의 집'이란 뜻으로, '집'이란 뜻의 doma를 생략해도 된다.

다음 '동사 + 전치사' 뒤에는 체언의 소유격이 온다.

Dostala jsi od ní ten dárek? (너는) 그녀에게 그 선물을 받았어?
Nechtěla být vedle něj/něho. (그녀는) 그의 옆에 있고 싶어하지 않았어요.
Nejdeme bez vás. (우리는) 당신들 없이 가지 않아요.

03 시간 표현

시간을 표현할 때, 수사는 보통 주격으로 쓰지만 수사 앞에 전치사가 올 경우에는 소유격을 써야 한다.

- 시간을 말할 때, '시'는 hodina이며 '분'은 minuta, '초'는 vteřina이다.

- 15분은 čtvrt na(소유격), 30분(반)은 půl(소유격), 45분은 tři čtvrtě na(소유격)라는 표현을 쓴다. 이때 이들 표현 뒤에는 원래 시간보다 1시간이 더 많은 시간을 쓴다.
  (수사로 표현할 수도 있으나 čtvrt, půl, tři čtvrtě 등이 더 많이 쓰인다. 단, 이 표현들은 12시까지만 사용할 수 있으며, 12시 이후(13시~23시)의 시간은 수사로만 나타낸다.)

- '몇 시까지 몇 분이 남았다'고 말할 때는 'Je + za + 수사 + minut + 수사' 형식을 쓰며, '몇 분이 지났다'고 말할 때는 'Je + 수사 + minut po + 수사'의 형식을 쓴다.

- 전치사 po와 수사 půl 뒤에 서수가 온다.

단어 vedle 옆에

문법

◆ **Kolik je hodin?** (몇 시예요?)

1:00
Je jedna hodina.

3:00
Jsou tři hodiny.
※ 2, 3, 4시에만 být 동사의 복수형 jsou를 쓴다.

3:15
Je čtvrt na čtyři.
= Jsou tři hodiny a patnáct minut.

3:30
Je půl čtvrté.
= Jsou tři hodiny a třicet minut.

3:45
Je tři čtvrtě na čtyři.
= Jsou tři hodiny a čtyřicet pět minut.

4:05
Jsou čtyři hodiny a pět minut.
= Je pět minut po čtvrté.
= Je za deset minut čtvrt na pět.
10분 뒤에 4시 15분입니다.

4:20
Jsou čtyři hodiny a dvacet minut.
= Je čtvrt na pět a pět minut.
4시 15분하고 5분입니다.
= Je za deset minut půl páté.
10분 뒤에 4시 반입니다.

4:50
Jsou čtyři hodiny a padesát minut.
= Je tři čtvrtě na pět a pět minut.
4시 45분하고 5분입니다.
= Je za deset minut pět (hodin).
10분 뒤에 5시입니다.

14:00
Je čtrnáct hodin.

15:30
Je patnáct hodin a třicet minut.

단어 po, za 뒤, 후

◆ **V kolik hodin?** (몇 시에?)

1:00 V jednu hodinu.

2:00 Ve dvě hodiny.
※ dvě, tři, čtyři 앞에서는 v가 ve로 바뀐다.

3:15 Ve čtvrt na čtyři.
= Ve tři hodiny a patnáct minut.

3:30 V půl čtvrté.
= Ve tři hodiny a třicet minut.

5:00 V pět hodin.

14:00 Ve čtrnáct hodin.

A: Dobrý den, nevíte prosím kolik je hodin? 안녕하세요, 혹시 몇 시인지 아세요?
B: Ano, je půl šesté. 네, 다섯 시 반이에요.

Přišel jsi pozdě. Už je tři čtvrtě na osm. (네가) 늦게 왔어. 벌써 일곱 시 사십오 분이야.

A: V kolik hodin začne hodina? 수업이 몇 시에 시작해요?
B: Hodina začně v sedm hodin. 수업은 일곱 시에 시작해요.

A: V kolik hodin se sejdeme? (우리는) 몇 시에 만나요?
B: Sejdeme se ve čtvrt na dvě. 한 시 십오 분에 만나요.

어휘

◆ 명절

 MP3 08-2

oslava	*f.* 기념 행사	Štědrý den	*m.* 크리스마스 이브
Nový rok	*m.* 새해	Vánoce	*f.* 크리스마스
Silvestr	*m.* 섣달 그믐날	Velikonoce	*f.* 부활절

◆ 시간을 나타내는 말

předevčírem	včera	dnes	zítra	pozítří
그저께	어제	오늘	내일	모레
předminulý týden	minulý týden	tento týden	příští týden	přespříští týden
지지난 주	지난주	이번 주	다음 주	다다음 주
předminulý rok	minulý rok, (v)loni	tento rok, letos	příští rok	přespříští rok
재작년	작년	올해	내년	내후년

◆ 시간이나 순서를 나타내는 부사

předtím	potom, pak	dříve, dřív	později	teď	hned
전	다음	먼저, 우선	나중에, 늦게	지금	당장

◆ 날짜 묻고 답하기

A: Kolikátého je (dnes)?/ Jaké je (dnes) datum?   (오늘) 며칠이에요?
B: (Dnes) je druhého května.   (오늘은) 5월 2일이에요.

A: Kolikátého je dnes?   오늘 며칠이에요?
B: Dnes je prvního ledna.   오늘은 1월 1일이에요.

A: Jaké je dnes datum?   오늘 며칠이에요?
B: Dnes je dvacátého května.   오늘은 5월 20일이에요.

A: Kolikátého jsou Velikonoce?   부활절이 몇 월 며칠이에요?
B: Velikonoce jsou prvního dubna.   부활절은 4월 1일이에요.

동사 따라잡기

◆ **koupit (si)** (사다)

	인칭	긍정	부정	과거
단수	já	koupím (si)	nekoupím (si)	koupil(a) jsem (si)
	ty	koupíš (si)	nekoupíš (si)	koupil(a) jsi (sis)
	on	koupí (si)	nekoupí (si)	koupil (si)
	ona			koupila (si)
	ono			koupilo (si)
복수	my	koupíme (si)	nekoupíme (si)	koupili(/y) jsme (si)
	vy	koupíte (si)	nekoupíte (si)	koupili(/y) jste (si)
	oni	koupí (si)	nekoupí (si)	koupili (si)
	ony			koupily (si)
	ona			koupila (si)

> **Koupila jsem si tričko.** (저는) 티셔츠를 샀어요.

❶ Chci _____ dárek pro svého kamaráda.
(저는) 제 친구에게 선물을 사 주고 싶어요. (já)

❷ Jaký _____ dárek pro maminku?
어머니에게 무슨 선물을 사드려? (ty)

❸ Můžeme _____ _____ zmrzlinu?
(우리가) 아이스크림을 사도 돼요? (my, si)

④ On _____ _____ tužky a ty _____ _____ sešity.

그는 연필을 사고 너는 공책을 사. (si)

⑤ _____ nějaké ovoce?

(당신들은) 과일 몇 개를 사(와)줄래요? (vy)

> **Nekoupila jsem si tričko.** (저는) 티셔츠를 사지 않았어요.

⑥ Nic _____ v pátek _____.

(우리는) 금요일에 아무것도 사지 못했어요. (my, 과)

⑦ Nikdy _____ _____ nic hezkého.

(그녀는 자신에게) 예쁜 것을 절대 사지 않아요. (ona, si)

⑧ Ještě _____ nic _____.

그는 아직 아무것도 사지 않았어요. (on, si, 과)

⑨ _____ _____ něco dobrého?

맛있는 것을 사지 않을래요? (vy, si)

⑩ Tu knihu _____.

그 책을 사지 않아요. (já)

정답 ① koupit ② koupíš ③ si koupit ④ si koupí, si koupíš ⑤ Koupíte ⑥ jsme, nekoupili(/y) ⑦ si nekoupí
⑧ si, nekoupil ⑨ Nekoupíte si ⑩ nekoupím

연습문제

어휘

1 주어진 어휘를 〈보기〉와 같이 순서대로 정리하세요.

> | 보기 |
> leden, březen, únor → leden – únor – březen

(1) předtím, potom, teď

→ _____

(2) loni, přespříští rok, příští rok, letos, předminulý rok

→ _____

(3) zítra, dnes, pozítří, předevčírem, včera

→ _____

2 빈칸에 알맞은 말을 〈보기〉에서 골라 대화를 완성하세요.

> | 보기 |
> Kolikátého je dnes?   To je v pořádku.   Kolik je hodin?
> Který je dnes den?   To je dobrý nápad.

(1) Omlouvám se. – _____

(2) _____ – Je půl šesté.

(3) Půjdeme na zmrzlinu? – _____

(4) _____ – Dnes je desátého října.

(5) _____ – Dnes je třetí den listopadu.

단어 omluvit se (omlouvám se) 미안하다

문법

3 주어진 단어를 소유격 형태로 바꾸어 문장을 완성하세요.

> | 보기 |
> Mám hodně <u>kamarádů</u>. (kamarádi)

(1) Máme tady hodně _____ _____. (cizí studenti)

(2) Chodí často do _____. (obchody)

(3) Dostala jsem dárek od _____ _____ _____. (moje dobré kamarádky)

(4) Zeptáš se _____ _____? (jejich učitelky)

(5) Doma máme sedm _____ _____. (nové kočky)

4 다음 빈칸에 인칭대명사의 알맞은 형태를 쓰세요.

> | 보기 |
> Ten dárek jsem dostala od <u>tebe</u>. (ty)

(1) Půjdeme bez _____. (vy)

(2) Tu kytici mám od _____. (on)

(3) Chci se _____ na něco zeptat. (ona)

(4) Teď stojíme vedle _____. (oni)

(5) Sejdeme se u _____. (já)

단어   obchod *m.* 가게   kytice *f.* 꽃다발

연습문제

말하기

5 다음 질문에 〈보기〉와 같이 답하세요.

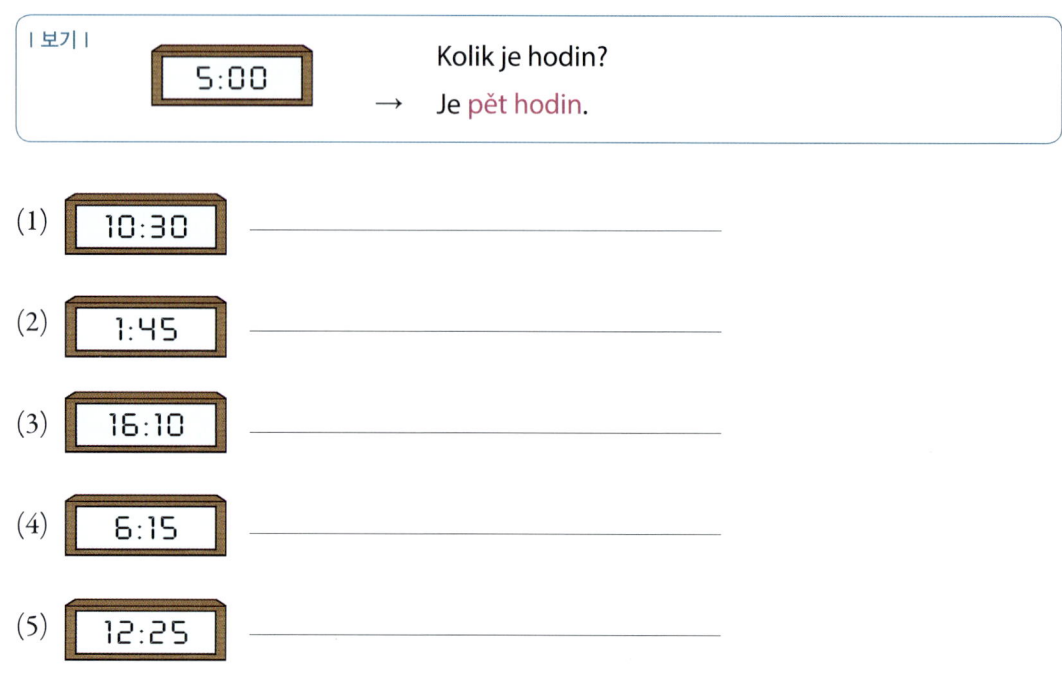

6 주어진 단어를 사용하여 〈보기〉와 같이 대화를 만드세요.

| 보기 |
A: Koho/Čeho se tak bojíš?
B: Bojím se těch psů. (ti psi)

(1) staré hrady

(2) ty čtyři kočky

(3) malá letadla

(4) vysocí muži

(5) tvoji učitelé

(6) její rodiče

단어   vysoký 키가 큰, 높은

듣기

7 대화를 듣고, 대화의 내용과 일치하면 ○, 일치하지 않으면 × 표시하세요. MP3 08-3

(1) 인드라는 명명일 선물로 티셔츠를 받았다. (   )

(2) 인드라는 동생에게 줄 선물을 샀다. (   )

(3) 인드라의 명명일은 그저께였다. (   )

(4) 여자는 인드라의 명명일을 축하했다. (   )

8 대화를 듣고, 대화의 내용과 일치하면 ○, 일치하지 않으면 × 표시하세요. MP3 08-4

(1) 여자와 남자는 이미 어머니의 생일 선물을 샀다. (   )

(2) 어머니는 생일 선물로 꽃다발을 원한다. (   )

(3) 여자와 남자는 토요일에 만날 것이다. (   )

(4) 여자와 남자는 3시 45분에 만날 것이다. (   )

연습문제

읽기

9 다음 민아의 글을 읽고 내용과 일치하면 ○, 일치하지 않으면 × 표시하세요.

> Včera byla u mě doma oslava.
> Přišlo hodně mých kamarádů i několik mých učitelů a dostala jsem hodně dárků.
> Od svých dvou učitelek češtiny jsem dostala slovník a hezký sešit.
> Od kamarádek jsem dostala kytici a od kamarádů jsem dostala dort.
> I moji rodiče mi k narozeninám volali až z Koreje. Řekli mi, že mi poslali dopis a nějaký malý dárek. Byla jsem moc ráda.

(1) 민아의 생일 파티에 친구가 많이 오지 않았다. (   )

(2) 민아는 선생님들에게 사전과 공책을 받았다. (   )

(3) 민아는 케이크를 샀다. (   )

(4) 민아의 생일 파티에 민아의 부모님도 오셨다. (   )

쓰기

10 다음 문장을 체코어로 쓰세요.

(1) 어제 저의 생일 파티를 했어요.

_____

(2) 저의 부모님, 여동생 그리고 친구들 몇 명이 왔어요.

_____

(3) 부모님에게는 책을, 여동생에게는 비싼 펜을, 친구들에게는 작은 라디오를 받았어요.

_____

단어 Řekli, že ... ...라고 하였다   volat(volám) 전화하다, 부르다

체코 문화 탐방

◀ 체코의 명절 ▶

✱ 명명일

체코에는 이름과 관련된 특별한 문화가 있다. 공식적으로 지정된 명절은 아니지만 생일과 같이 개인에게 큰 의미를 갖는 '명명일'이 그것이다. 체코의 달력을 살펴보면 일(日)마다 보통 하나씩의 이름을 가지고 있는 것을 볼 수 있다. 대부분의 체코 사람들은 달력에서 자신의 이름을 찾아 볼 수 있는데 일 년 중 자신의 이름에 해당되는 날이 오면 명명일이라고 하여 주변 사람들의 축하를 받고 작은 선물도 받는다.

✱ 부활절(3월 말 ~ 4월 중순)

체코의 부활절은 종교적으로는 예수의 부활을, 사회적으로는 봄을 맞이하고 농사의 시작을 알리는 의미가 있다. 부활절 기간에는 양과 토끼 고기로 만든 요리를 즐겨 먹고 양 모양의 스펀지 케이크, 토끼 모양의 초콜릿을 만들어 먹는다. 부활절 월요일에는 남자들이 pomlázka(부활절 회초리)라는 회초리를 가지고 동네 여자들의 다리를 살짝 치며 전통 노래를 부른다. 노래가 끝나면 다리를 치는 것을 멈추고, 회초리를 맞은 여자들은 남자들에게 술, 초콜릿, 예쁘게 장식된 부활절 달걀 등을 준다. Pomlázka로 다리를 치는 것은 한 해 동안 여성들에게 건강, 젊음, 아름다움을 준다는 의미가 있다.

┃양모양 케이크

✱ 크리스마스(12월 24일 ~ 26일)

체코에서 크리스마스는 온 가족이 모여 함께 식사를 하고 선물을 나누는 가장 큰 명절이다. 크리스마스는 12월 25일이지만 한국의 설날, 추석과 마찬가지로 12월 25일 전후로 총 3일이 명절로 지정되어 있다. 또한 크리스마스 전 4주는 대림절 기간이라고 하여, 12월 1일부터 24일까지 크리스마스를 준비하는 시간을 갖는다. 이때에는 큰 마을을 중심으로 체코 전역에서 크리스마스 마켓이 열린다. Vánočka(성탄절 빵)라는 빵과 진저 브레드, 쿠키, punč(펀치)라는 술, 잉어 등이 체코의 크리스마스를 대표하는 음식이라 할 수 있는데, 특히 크리스마스를 앞두고 집집마다 쿠키를 만드는 것을 매우 중요하게 생각한다. 크리스마스 이브 저녁에는 온 가족이 모여 튀긴 잉어에 감자 샐러드를 곁들여 먹는다.

┃vánočka

┃크리스마스 구시가지

다음 질문을 읽으며 학습할 내용을 미리 살펴보세요.

- 체코어의 미래시제는 어떻게 표현할까요?
- 체코 동부에 위치한 '모라비아' 지방의 유명 도시들을 아시나요?
- '날씨'나 '여행'과 관련된 체코어를 알고 있나요?

09

Na výlet pojedeme do Brna a Olomouce.

브르노와 올로모우츠로 여행을 갈 거예요.

주요문법

• 미래시제   • 동사의 완료형과 미완료형   • až, když 조건문

대화와 이야기

해석	
민아	얀 안녕? 방학 때 어디로 갈 거야?
얀	민아 안녕? 프라하와 체스키 크룸로프는 벌써 가 봤으니까 브르노는 어때?
민아	거기는 아직 가 보지 못했어. 거기가 어딘데?
얀	브르노는 남쪽 모라비아의 도시야. 그곳에는 대성당과 성도 있어.
민아	그거 좋네. 그곳이 보고 싶어.

Min-a   Ahoj Jane, kam pojedeme na prázdniny?

Jan   Ahoj Min-a. Prahu a Český Krumlov už jsme viděli, tak co třeba Brno?

Min-a   Tam jsem ještě nebyla. Kde to je?

Jan   Brno je město na jihu Moravy. Je tam katedrála i hrad.

Min-a   To zní dobře. Tam bych se ráda podívala.

새단어

- jih *m.* 남쪽
- Morava *f.* 모라비아
- katedrála *f.* 대성당
- znít (zním) 소리가 나다
- podívat se (podívám se) 보다, 구경하다

표현

- **To zní dobře.** 그게 좋겠네요. / 좋은 생각이에요. / 괜찮네요.

해석

다음 주에 이틀 동안 쉬는 날이 있어서 무엇을 할 건지 생각하고 있어요.
날씨가 좋고 따뜻하면 자전거를 타고 가까이 있는 기념물을 보러 갈 거예요.
비가 오거나 추우면 성이나 제지공장을 보러 갈 거예요.
그리고 친구들과 함께 서점으로 가기로 했어요.
어떤 책을 사야 될지 친구들의 조언이 필요해서요.
그 다음에 《햄릿》이라는 유명한 뮤지컬을 보러 갈 거예요.

Příští týden mám dva dny volna, tak přemýšlím, co budu dělat.
Když bude hezké počasí a teplo, pojedu se na kole podívat na blízké památky.
Když bude pršet nebo bude zima, půjdu se podívat na zámek nebo do papíren.
Také už jsem domluvená s kamarády, že spolu půjdeme do knihkupectví.
Potřebuji, aby mi poradili, jaké knihy si mám koupit.
Potom půjdeme na známý muzikál Hamlet.

새단어

- volno *n.* 여가, 휴일
- přemýšlet (přemýšlím) 생각하다
- počasí *n.* 날씨
- teplo *n.* 따뜻함
- památka *f.* 기념물
- pršet (prším) 비가 오다
- zima *f.* 추위
- papírna *f.* 제지공장
- spolu 함께
- poradit (poradím) 조언하다

문법

01 미래시제

체코어의 미래시제는 'být 동사의 미래형 + 동사의 원형'으로 나타낸다. 문장의 동사가 일반 동사가 아닌 být 동사일 때에는 být 동사를 한 번만 쓴다.

◆ být 동사의 미래형

인칭(단수)	긍정	부정	인칭(복수)	긍정	부정
já	budu	nebudu	my	budeme	nebudeme
ty	budeš	nebudeš	vy	budete	nebudete
on	bude	nebude	oni	budou	nebudou
ona			ony		
ono			ona		

Já budu studovat francouzštinu.	저는 프랑스어를 공부할 거예요.
Co budete večeřet?	저녁 식사를 무엇으로 할 거예요?
Oni nebudou nic kupovat.	그들은 아무것도 사지 않을 거예요.
Zítra bude pěkné počasí.	내일 날씨가 좋을 거예요.
Budete v pátek doma?	(당신은) 금요일에 집에 있을 거예요?
Budu číst knihu.	(저는) 책을 읽을 거예요.

02 동사의 완료형과 미완료형

체코어 동사는 대부분 비슷한 의미를 가지는 짝으로 이루어져 있다. 예를 들면, '끝나다'는 končit – skončit, '사다'는 kupovat – koupit와 같은 형식이다. 이 둘은 어떤 행동이나 상태의 완료 여부에 따라 쓰임이 다르다. 이것이 각각 동사의 완료형과 미완료형이다. 완료형은 동작이나 상태, 행동이 완료되었음을 나타내며, 미완료형은 반복되거나 진행되고 있음을 나타낸다. 완료형 동사의 현재형은 현재가 아닌, 미래의 의미를 갖는다.

			과거	현재	미래
기다리다	čekat	미완료	čekal(a) jsem	čekám	budu čekat
	počkat	완료	počkal(a) jsem	–	počkám
읽다	číst	미완료	četl(a) jsem	čtu	budu číst
	přečíst	완료	přečetl(a) jsem	–	přečtu
주다	dávat	미완료	dával(a) jsem	dávám	budu dávat
	dát	완료	dal(a) jsem	–	dám
하다	dělat	미완료	dělal(a) jsem	dělám	budu dělat
	udělat	완료	udělal(a) jsem	–	udělám
보다	dívat se	미완료	díval(a) jsem se	dívám se	budu se dívat
	podívat se	완료	podíval(a) jsem se	–	podívám se
맛보다, 먹어보다	chutnat	미완료	chutnal(a) jsem	chutnám	budu chutnat
	ochutnat	완료	ochutnal(a) jsem	–	ochutnám
먹다	jíst	미완료	jedl(a) jsem	jím	budu jíst
	sníst najíst se	완료	snědl(a) jsem, najedl(a) jsem se	–	sním, najím se
끝나다, 끝내다	končit	미완료	končil(a) jsem	končím	budu končit
	skončit	완료	skočil(a) jsem	–	skončím
사다	kupovat	미완료	kupoval(a) jsem	kupuji	budu kupovat
	koupit	완료	koupil(a) jsem	–	koupím

문법

			과거	현재	미래
사다	nakupovat	미완료	nakupoval(a) jsem	nakupuji	budu nakupovat
	nakoupit	완료	nakoupil(a) jsem	–	nakoupím
점심을 먹다	obědvat	미완료	obědval(a) jsem	obědvám	budu obědvat
	naobědvat se	완료	naobědval(a) jsem se	–	naobědvám se
마시다	pít	미완료	pil(a) jsem	piji	budu pít
	vypít napít se	완료	vypil(a) jsem, napil(a) jsem se	–	vypiji, napiji se
돕다	pomáhat	미완료	pomáhal(a) jsem	pomáhám	budu pomáhat
	pomoct	완료	pomohl(a) jsem	–	pomůžu
듣다	poslouchat	미완료	poslouchal(a) jsem	poslouchám	budu poslouchat
	poslechnout si	완료	poslechl(a) jsem si	–	poslechnu si
구경하다	prohlížet si	미완료	prohlížel(a) jsem si	prohlížím si	budu si prohlížet
	prohlédnout si	완료	prohlédl(a) jsem si	–	prohlédnu si
(걸어)오다	přicházet	미완료	přicházel(a) jsem	přicházím	budu přicházet
	přijít	완료	přišl(a) jsem	–	přijdu
오다	přijíždět	미완료	přijížděl(a) jsem	přijíždím	budu přijíždět
	přijet	완료	přijel(a) jsem	–	přijedu
쓰다	psát	미완료	psal(a) jsem	píšu	budu psát
	napsat	완료	napsal(a) jsem	–	napíšu

			과거	현재	미래
묻다	ptát se	미완료	ptal(a) jsem se	ptám se	budu se ptát
	zeptat se	완료	zeptal(a) jsem se	–	zeptám se
말하다	říkat	미완료	říkal(a) jsem	říkám	budu říkat
	říct	완료	řekl(a) jsem	–	řeknu
만나다	scházet se	미완료	scházel(a) jsem se	scházím se	budu se scházet
	sejít se	완료	sešel(sešla) jsem se	–	sejdu se
아침식사를 하다	snídat	미완료	snídal(a) jsem	snídám	budu snídat
	nasnídat se	완료	nasnídal(a) jsem se	–	nasnídám se
배우다	učit se	미완료	učil(a) jsem se	učím se	budu se učit
	naučit se	완료	naučil(a) jsem se	–	naučím se
저녁식사를 하다	večeřet	미완료	večeřel(a) jsem	večeřím	budu večeřet
	navečeřet se	완료	navečeřel(a) jsem se	–	navečeřím se
보다, 보이다	vidět	미완료	viděl(a) jsem	vidím	budu vidět
	uvidět	완료	uviděl(a) jsem	–	uvidím
시작하다, 시작되다	začínat	미완료	začínal(a) jsem	začínám	budu začínat
	začít	완료	začal(začla) jsem	–	začnu

Četl jsem knihu. 책을 읽고 있었어요.
Přečetl jsem knihu. 책을 읽었어요.
Budu číst knihu. 책을 읽고 있을 거예요.
Přečtu knihu. 책을 읽을 거예요.

Psal jsem dopis. 편지를 쓰고 있었어요.
Napsal jsem dopis. 편지를 썼어요.
Budu psát dopis. 편지를 쓰고 있을 거예요.
Napíšu dopis. 편지를 쓸 거예요.

문법

03 až, když 조건문

až은 미래시제에서만 쓰이며, '~면', '~ㄹ 때', '~ㄹ 때까지'의 의미이다. až가 이끄는 문장 앞이나 뒤에는 콤마를 쓴다.

Až bude hezké počasí, půjdeme ven.	날씨가 좋으면(좋을 때) 밖으로 나갈 거예요.
Až se sejdeme, ukážu ti ten pohled.	(우리가) 만나면(만날 때) 그 엽서를 보여줄게.
Počkám, až přijedou.	(저는 그들이) 올 때까지 기다릴 거예요.

když 뒤에 과거시제나 현재시제가 오면 '~면', '~ㄹ 때'의 의미이며, 미래시제가 오면 '~면'의 의미이다.

Když bylo hezké počasí, šli jsme ven.	날씨가 좋았을 때 밖으로 나갔어요.
Když je hezké počasí, jdeme ven.	날씨가 좋으면(좋을 때) 밖으로 나가요.
Když bude hezké počasí, půjdeme ven.	날씨가 좋으면(좋을 때) 밖으로 나갈 거예요.

어휘

◆ 사계절  MP3 09-2

jaro	léto	podzim	zima
n. 봄	*n.* 여름	*m.* 가을	*f.* 겨울

◆ 날씨

blesk	*m.* 번개	ošklivo	나쁜 (날씨)
bouřka	*f.* 폭풍우	(sníh) padat (padám)	(눈이) 내리다
déšť	*m.* 비	předpověď počasí	*f.* 일기 예보
dusno	*n.* 무더위	přeháňka	*f.* 소나기
(vítr) foukat (foukám)	(바람이) 불다	slunce	*n.* 해, 태양
horko	*n.* 더위	sníh – sněžit (sněžím)	*m.* 눈 – 눈이 오다
hrom	*m.* 천둥	sucho	*n.* 가뭄
chladno	*n.* 추위	(slunce) svítit (svítím)	(햇빛이) 내리쬐다
jasno	*n.* 밝음, 맑음	teplota	*f.* 온도
mlha	*f.* 안개	vítr	*m.* 바람
mrak	*m.* 구름	vlhko	*n.* 습기
mráz – mrznout (mrznu)	*m.* 성에 – 얼다	zataženo	흐리게

◆ 여행지

Afrika	*f.* 아프리카	chrám	*m.* 신전, 대성당
Amerika	*f.* 아메리카	kostel	*m.* 교회, 성당
Asie	*f.* 아시아	morový sloup	*m.* 역병 기념비
Austrálie	*f.* 호주	skanzen	*m.* 야외 박물관
Evropa	*f.* 유럽	zahraničí	*n.* 외국

동사 따라잡기

◆ **jít** (가다), **jet** (가다)

jít은 '걸어서 가다', jet은 '교통 수단을 타고 가다'의 뜻이다. 여기에 접두사 **při**가 붙어 **přijít/přijet**가 되면 '걸어서/타고 오다'의 뜻이 되며, 접두사 **od(e)**가 붙어 **odejít/odjet**가 되면 '걸어서/타고 (나)가다'의 뜻이 된다.

• jít

		현재	과거	미래
단수	já	jdu	šel(šla) jsem	půjdu
	ty	jdeš	šel(šla) jsi	půjdeš
	on	jde	šel	půjde
	ona		šla	
	ono		šlo	
복수	my	jdeme	šli(/y) jsme	půjdeme
	vy	jdete	šli(/y) jste	půjdete
	oni	jdou	šli	půjdou
	ony		šly	
	ona		šla	

• jet

		현재	과거	미래
단수	já	jedu	jel(a) jsem	pojedu
	ty	jedeš	jel(a) jsi	pojedeš
	on	jede	jel	pojede
	ona		jela	
	ono		jelo	
복수	my	jedeme	jeli(/y) jsme	pojedeme
	vy	jedete	jeli(/y) jste	pojedete
	oni	jedou	jeli	pojedou
	ony		jely	
	ona		jela	

Půjdeme na výlet. (우리는) 여행을 갈 거예요.

1. Kam _____ včera _____ ? (너는) 어제 어디로 갔어? (ty, jít, 과)
2. Kdy už _____ ? (그들이) 언제 드디어 올 거예요? (oni, přijít)
3. _____ už odpoledne. (그는) 벌써 오후에 갔어요. (on, odejít, 과)
4. _____ se podívat do skanzenu? (우리는) 야외 박물관을 보러 갈까요? (my, 미)
5. _____ navštívit své kamarády. (저는) 제 친구들을 만나러 가요. (já, jít)

Pojedeme na výlet. (우리는) 여행을 (타고) 갈 거예요.

6. Kdy k nám _____ ? (당신들은) 우리 집에 언제 올 거예요?(vy, přijet)
7. _____ studovat do zahraničí. (그녀들은) 외국으로 공부하러 갈 거예요. (ony, jet 미)
8. Dnes nikam _____ . (그녀는) 오늘 아무 데도 가지 않아요. (ona, jet, 부)
9. Rodiče včera _____ na výlet. 부모님은 어제 여행을 떠났어요. (odjet, 과)
10. Příští rok se chceme _____ podívat do Japonska.
    (우리는) 내년에 일본을 보러 가고 싶어요. (my, jet)

정답 ❶ jsi, šel/šla ❷ přijdou ❸ Odešel ❹ Půjdeme ❺ Jdu ❻ přijedete ❼ Pojedou ❽ nejede ❾ odjeli ❿ jet

연습문제

어휘

1 그림에 알맞은 단어를 〈보기〉에서 골라 쓰세요.

보기
déšť   horko   mlha   sníh

(1) _____

(2) _____

(3) _____

(4) _____

2 설명에 맞는 단어를 〈보기〉에서 골라 쓰세요.

보기
katedrála   papírna   skanzen   kostel   památka

(1) 종이를 만드는 공장 _____

(2) 어떤 역사적인 사건이나 인물을 기념하는 물건, 장소, 건물 등 _____

(3) 큰 도시를 대표하는 성당 _____

(4) 야외에 있는 박물관 _____

(5) 기독교와 천주교의 종교 의식이 행해지는 장소 _____

문법

3 주어진 동사의 미래형을 써서 문장을 완성하세요.

| 보기 |
Co budeš dělat? (ty, dělat)

(1) Odpoledne _____ _____ domácí úkol. (já, psát)

(2) _____ příští sobotu doma? (vy, být)

(3) V autobuse _____ _____ hudbu. (my, poslouchat)

(4) Hodina _____ _____ ve 4 hodiny. (končit)

(5) Večer _____ _____ _____ knihu. (já, ne, číst si)

4 주어진 동사의 완료형을 써서 문장을 완성하세요.

| 보기 |
Teď jdu do školy a odpoledne půjdu domů. (jít)

(1) Teď _____ jídlo, potom _____ nějaké oblečení. (koupit, nakoupit)

(2) Ráno ____ noviny a večer si _____ knihu. (číst, přečíst)

(3) Teď _____ čaj. Až ho _____, půjdeme ven. (pít, vypít)

(4) _____ se nová slova, potom se _____ gramatiku. (učit se, naučit se)

(5) My už _____, oni ale _____ až pozítří. (odjíždět, odjet)

단어 domácí úkol *m.* 숙제   noviny *f.* 신문   slovo *n.* 단어   gramatika *f.* 문법

연습문제

말하기

5 다음 질문에 〈보기〉와 같이 답하세요.

> | 보기 |
> A: Co budeš dělat odpoledne?
> B: Až přečtu knihu, půjdu ven. (číst knihu)

(1) psát domácí úkoly

(2) pít kávu

(3) připravovat oběd

(4) přijíždět z Brna

(5) přicházet maminka

(6) končit hodina

6 주어진 어휘를 사용하여 〈보기〉와 같이 대화를 만드세요.

> | 보기 |
> špatné počasí, být doma
> → A: Co budeš dělat, když bude špatné počasí?
> B: Když bude špatné počasí, budu doma.

(1) hezké počasí, jít ven

(2) pršet, jít do muzea

(3) sněžit, jít lyžovat

(4) bouřka, dívat se na film

(5) svítit slunce, jet na výlet

(6) horko, dát si zmrzlinu

듣기

7 대화를 듣고, 대화의 내용과 일치하면 ○, 일치하지 않으면 × 표시하세요. 　　　MP3 09-3

　(1) 남자는 아무 데도 여행을 가고 싶지 않다. (　　)

　(2) 남자는 체스키 크룸로프가 예쁘다고 들었다. (　　)

　(3) 여자와 남자는 날씨가 좋으면 자전거를 탈 것이다. (　　)

　(4) 여자와 남자는 비가 오면 여행을 가지 않을 것이다. (　　)

8 대화를 듣고, 대화의 내용과 일치하면 ○, 일치하지 않으면 × 표시하세요. 　　　MP3 09-4

　(1) 여자는 다음 주에 스키를 타러 갈 것이다. (　　)

　(2) 여자는 버스를 탈 것이다. (　　)

　(3) 남자와 여자는 일요일에 만날 것이다. (　　)

　(4) 남자는 9시에 집 앞에서 여자를 기다릴 것이다. (　　)

연습문제

읽기

9 다음 민아의 글을 읽고 내용과 일치하면 ○, 일치하지 않으면 × 표시하세요.

> Minulý víkend jsem se jela podívat do Brna. Viděla jsem hrad Špilberk i katedrálu sv. Petra a Pavla. Potom jsme šly s Pavlou na kávu a viděly jsme starou radnici. Příští týden mám dva dny volna, tak přemýšlím, kam se zase pojedu podívat. Když nebude moc zima, tak pojedu do Kutné Hory. Mají tam tu známou kostnici, kterou znám jen z fotek. A když bude zima a ošklivo, tak se pojedu podívat na hrad Karlštejn. Z Prahy to trvá jen 30 minut a uvnitř není taková zima.
>
> * hrad Špilberk *m.* 브르노에 있는 성   katedrála sv. Petra a Pavla *f.* 성 페트르와 파벨 대성당

(1) 민아는 지난주에 성과 대성당을 봤다. (   )

(2) 민아는 다음 주에 유명한 납골당을 보러 갈 것이다. (   )

(3) 민아는 날씨가 좋지 않으면 집에 있을 것이다. (   )

쓰기

10 다음 문장을 체코어로 쓰세요.

(1) 지난주에 올로모우츠를 구경하러 갔어요.
___

(2) 제 친구 얀을 만나서 점심을 먹고 맥주를 마시러 갔어요.
___

(3) 비가 오거나 눈이 내리면 영화관으로 영화를 보러 갈 거예요.
___

단어   zase 또, 다시   kostnice *f.* 납골당   fotka *f.* 사진   trvat (trvám) 걸리다   uvnitř 안에   takový 그런

체코 문화탐방

◀ 모라비아의 도시 ▶

✱ Brno 브르노

Brno는 체코 제 2의 수도라고 할 수 있을 만큼 문화와 산업의 중심 도시이다. 철도의 분기점으로 교통이 잘 발달되어 있어 체코뿐만 아니라 오스트리아, 슬로바키아 등 유럽 전역으로 가는 교통편이 많다. 관광지로는 11세기부터 짓기 시작해 20세기 초에 완성된 성 페트르와 파벨 대성당(Katedrála svatého Petra a Pavla), 13세기부터 짓기 시작해 15세기에 완성된 슈필베르크 성(Hrad Špilberk), 카푸친 무덤(Kapucínská hrobka)과 납골당 등이 있다.

슈필베르크 성

✱ Olomouc 올로모우츠

Olomouc는 체코에서 여섯 번째로 큰 도시이다. 예로부터 전략적 요충지였던 만큼 잘 관리되어 많은 문화 유산들이 남아 있다. 특히 두 개로 나뉘어진 중앙 광장은 전체가 체코 정부로부터 문회재로 지정되어 있을 만큼 체코에서 힌 번쯤 기 봐야 할 괸광지로 손색이 없다.

중앙 광장에서 볼 만한 것들로는 18세기에 만들어져 유네스코로 지정된 역병 기념비(Sloup Nejsvětější Trojice), 15세기에 만들어진 시청과 그 한쪽 벽면에 자리 잡고 있는 천문시계가 있다. 이 천문시계는 프라하의 천문시계와 자주 비교되는데, 제 2차 세계 대전 때 훼손된 후 다시 복원되었지만 공산주의의 영향을 받아 원형을 많이 잃었다는 점에서 그 가치가 많이 떨어졌다고 평가 받는다.

역병 기념비

천문시계

다음 질문을 읽으며 학습할 내용을 미리 살펴보세요.

- 몸이 아플 때의 증상을 체코어로 어떻게 말할까요?
- 체코의 의료 체계는 한국과 어떻게 다를까요?
- 신체의 각 부분 및 병/병원 관련 어휘를 체코어로 어떻게 말할까요?

10

Dostala jsem rýmu.

감기에 걸렸어요.

- 체언의 처소격
- 인칭대명사의 처소격
- 이동 동사 jít, chodit, jet, jezdit

대화와 이야기

MP3 10-1

해석	
라딤	민아 안녕? 무슨 일이야? 안색이 너무 안 좋네.
민아	감기에 걸렸어. 기침이 나고 머리가 아파.
라딤	약을 샀어?
민아	응, 약국에 가서 (그것을) 샀어. 그런데 별로 도움이 되지 않아.
라딤	열도 나?
민아	아마 조금 (나는 것 같아).
라딤	어쩔 수 없네. 병원으로 가자. 병원에서 너를 도와줄 거야.

Radim   Ahoj Min-a, co je ti? Nevypadáš vůbec dobře.

Min-a   Dostala jsem rýmu, kašlu a bolí mě hlava.

Radim   Koupila sis nějaké prášky?

Min-a   Ano, byla jsem v lékárně a koupila si je. Ale moc mi nepomáhají.

Radim   Nemáš i horečku?

Min-a   Asi trošku ano.

Radim   Nedá se nic dělat, půjdeme do nemocnice. V nemocnici ti pomohou.

새단어

- vypadat(vypadá) 생기다, ~인 것 같다
- vůbec 전혀
- rýma *f.* 감기(콧물)
- kašlat(kašlu) 기침이 나다
- bolet(bolím) 아프다
- hlava *f.* 머리
- prášek *m.* 약
- lékárna *f.* 약국
- horečka *f.* 열
- nemocnice *f.* 병원

표현

- Nevypadáte dobře./Vypadáte špatně. 안색이 좋지 않아요.
- Mít/dostat (rýmu, kašel, chřipku, ...) (감기, 기침, 독감 등)에 걸리다

해석

병원에서

민아 의사 선생님, 안녕하세요?
의사 안녕하세요? 몸이 어때요?
민아 (느낌이) 별로 좋지 않아요. 감기에 걸렸는데 기침이 나고 머리가 아파요.
의사 봐 드릴게요. 입을 벌려 보세요. 편도염인 것 같아요. 처방전을 써 드릴게요. 많이 쉬셔야 해요.
민아 알겠습니다. 선생님 감사합니다.

V nemocnici

Min-a	Dobrý den, pane doktore.
Doktor	Dobrý den, jak se cítíte?
Min-a	Necítím se moc dobře. Mám rýmu, kašel a bolí mě hlava.
Doktor	Prohlédnu vás. Otevřete ústa. Vypadá to na angínu. Předepíši vám recept a musíte hodně odpočívat.
Min-a	Dobře. Děkuji, pane doktore.

새단어

- doktor(ka) *m.(f.)* 의사 • cítit se(cítím se) 느끼다 • kašel *m.* 기침 • ústa *f.* 입 • angína *f.* 편도염
- předepsat(předepíši) 처방하다 • (napsat, předepsat) recept *m.* 처방전(을 쓰다)
- odpočívat(odpočívám) 쉬다

표현

- Jak se cítíte? 몸이 어떠세요? (어떻게 느껴요?)

※ Co je ti/vám? 무슨 일이야(일이에요)? / Jak je ti/vám? (몸은) 좀 어때(어때요)?

문법

01 체언의 처소격

체언이 장소나 시간을 나타낼 때 그 형태가 바뀌는데, 이를 '처소격'이라고 한다. 처소격 또한 성과 수에 따라 형태가 바뀌며, 격의 질문은 "O kom, o čem?"이다.

처소격은 다음 위치에 온다.
① '정해진 동사 + 전치사 o, na' 뒤
② 장소를 묻는 질문 "kde?"에 대답하며, 전치사 v/ve, na, po 뒤
③ 시간을 묻는 질문 "kdy?"에 대답하며, 전치사 v(+ 달), po, při, o 뒤

처소격의 형태는 다음과 같다.

◆ **명사**

① **남성 Ma**

경음(h, ch, k, r, d, t, n)으로 끝나는 단어 뒤에는 -u나 -ovi가 붙고, 연음(ž, š, č, ř, ď, ť, ň)이나 -e/-ě, -c, -j, -tel로 끝나는 단어 뒤에는 -i나 -ovi가 붙는다. -a로 끝날 때는 -a가 -ovi로 바뀌고, 나머지 자음으로 끝날 때는 -u/ovi를 붙인다.

    student → stundentu/studentovi 학생   muž → muži/mužovi 남자

    soudce → soudci/soudcovi 판사   předseda → předsedovi 장

※ 사람의 이름을 말할 때는 마지막 단어에 -ovi를 붙인다.

    o Janovi   얀에 대하여
    o Janu Novákovi   얀 노바크에 대하여
    o doktoru Janu Novákovi   의사 얀 노바크에 대하여

이름만 있으면 이름에 -ovi를 붙이고, 이름과 성을 함께 말할 때는 뒤에 있는 성에 -ovi를 붙이고 이름에는 -u/-i를 붙인다. 이름과 성 앞에 직업 등이 있으면 직업과 이름에 -u/-i를 붙이고, 마지막에 있는 성에만 -ovi를 붙인다.

② **남성 Mi**

경음으로 끝나는 단어 뒤에는 -u나 -e/ě를 붙이며, 연음이나 -e/-ě, -c, -j, -tel로 끝나는 단어 뒤에는 -i가 붙는다. 특히 전치사 v, na 뒤에 오고 경음으로 끝나는 대부분의 단어는 -e/ě로 끝나며, 단어가 -g로 끝나거나 외래어일 때는 대부분 -u로 끝난다. 나머지 자음의 경우에는 -u나 -e/ě로 끝난다.

sešit → sešitu/sešitě 공책　　čaj → čaji 차　　stůl → stolu/stole 책상

※ film → filmu 영화　　hotel → hotelu 호텔　　park → parku 공원

③ 여성

단어가 -a로 끝날 때는 -a가 -e/ě로 바뀌고, -e로 끝날 때는 -e가 -i로 바뀐다. -ň로 끝날 때는 ň가 n로 바뀌며 뒤에 -i가 붙는다. 다른 연음이나 경음으로 끝날 때도 끝에 -i가 붙는다.

žena → ženě 여자　　škola → škole 학교　　židle → židli 의자

skříň → skříni 옷장　　kost → kosti 뼈　　kolej → koleji 기숙사/궤도

불규칙 (자음 h → z, k → c, r → ř, ch → š로 바뀐다.)

Praha → Praze 프라하　　holka → holce 소녀

sestra → sestře 누나/언니/여동생　　sprcha → sprše 샤워

④ 중성

단어가 -o로 끝날 때는 -o가 -e/-ě 또는 -u로 바뀌고, -e로 끝날 때는 -e가 -i로 바뀌며, í로 끝날 때는 단어의 형태가 바뀌지 않는다. 다만, 단어가 -e로 끝나지만 kuře의 규칙에 따라 활용될 때에는 -e가 -eti로 바뀐다.

město → městě/městu 도시　　divadlo → divadle/divadlu 극장

moře → moři 바다　　náměstí → náměstí 광장

rajče → rajčeti 토마토

◆ 형용사

① 남성(Ma, Mi), 중성

ý 형용사는 -ý/-é가 -ém으로 바뀌고, í 형용사는 -í가 -ím으로 바뀐다.

malý → malém 작은　　moderní → moderním 현대적

② 여성

ý 형용사는 -á가 -é로 바뀌고, í 형용사는 형태가 바뀌지 않는다.

malá → malé 작은　　moderní → moderní 현대적

문법

◆ 대명사

● 소유대명사

	남성(Ma, Mi), 중성	여성
나의	mém	mé
너의	tvém	tvé
그의	jeho	jeho
그녀의	jejím	její
우리의	našem	naší
당신들의	vašem	vaší
그/그녀들의/그것들의(중성)	jejich	jejich

※ 소유대명사 svém/své도 위와 같은 형식으로 변한다.

● 지시대명사

	남성(Ma, Mi), 중성	여성
그	tom	té

◆ 수사

	남성(Ma, Mi), 중성	여성
하나	jednom	jedné

⊙ Kde?

Bydlím v Praze. (저는) 프라하에 살고 있어요.
Jsem ve škole. (저는) 학교에 있어요.
Studují na české univerzitě. (그들은) 체코의 대학교에서 공부해요.
Lidé chodí po té úzké ulici. 사람들은 그 좁은 길을 걸어요.

⊙ **Kdy?**

Přijeli jsme v lednu. (우리는) 1월에 왔어요.
Po večeři půjdu spát. (저는) 저녁(을 먹은) 후 자러 갈 거예요.
Co jste dělali o víkendu? (당신들은) 주말에 무엇을 했어요?

◆ 처소격과 사용하는 동사

다음 '동사 + 전치사' 뒤에는 체언의 처소격이 온다.

- **číst o** ~에 대해 읽다

    Četl jsem knihu o České republice. (저는) 체코 공화국에 대한 책을 읽고 있었어요.

- **mluvit o** ~에 대해 이야기하다

    Mluvíte o mém kamarádovi. (당신은) 제 친구에 대해 이야기하고 있어요?

- **psát o** ~에 대해 쓰다

    Píše knihu o jednom známém muži. (그는) 한 유명한 남자에 대해 책을 쓰고 있어요.

- **přemýšlet o** ~에 대해 생각하다

    Přemýšlím o své práci. (저는) 제 일에 대해 생각하고 있어요.

- **myslet si o** ~에 대해 생각하다

    Co si myslíš o té doktorce? (너는) 그 의사에 대해 어떻게 생각해?

- **záležet na(záležím na)** ~에 달려 있다

    To nezáleží na mně. 그것은 저에게 달려 있지 않아요.

문법

02 인칭대명사의 처소격

인칭대명사의 처소격은 형태가 하나씩만 있고 문장 안에서 위치에 상관없이 사용한다.

인칭(단수)	처소격	인칭(복수)	처소격
já	(o) mně	my	(o) nás
ty	(o) tobě	vy	(o) vás
on, ono	(o) něm	oni, ony, ona	(o) nich
ona	(o) ní		

Čtu si o něm.	(저는) 그에 대해 읽고 있어요.
Mluvíme o vás.	(우리는) 당신(들)에 대해 이야기하고 있어요.
Přemýšlím o ní.	(저는) 그녀에 대해 생각하고 있어요.
Nemyslím si to o nich.	(저는) 그들에 대해 그렇게 생각하고 있지 않아요.
Co si o mně myslíš?	(너는) 나에 대해 어떻게 생각해?
Píší o tobě.	(그들은) 너에 대해 쓰고 있어.

03 이동 동사 : jít, chodit, jet, jezdit

jít와 chodit는 '걸어서 가다', jet와 jezdit는 '교통 수단을 타고 가다'의 의미이다. 이 중 chodit과 jezdit는 반복적인 행동이나 정해지지 않은 막연한 시간(기간)에 이루어지는 행동을 나타내며, jít과 jet는 특정 시간(기간)에 이루어지는 행동을 나타낸다.

● 불확정 동사

원형	현재	과거	미래
chodit	chodím	chodil(a) jsem	budu chodit
jezdit	jezdím	jezdil(a) jsem	budu jezdit

● 확정 동사

원형	현재	과거	미래
jít	jdu	šel/šla jsem	půjdu
jet	jedu	jel(a) jsem	pojedu

Každý den chodím na procházku.   (저는) 매일 산책해요.

Každý víkend jezdíme na kolo.   (우리는) 주말마다 자전거를 타요.

V zimě jezdíme do Rakouska.   (우리는) 겨울에 오스트리아로 가요.

Dnes večer jdu do divadla.   (저는) 오늘 저녁에 극장으로 가요.

Zítra jedu do Prahy.   (저는) 내일 프라하로 가요.

Za chvíli jede vlak.   잠시 후에 기차가 가요.

어휘

◆ 몸 tělo

 MP3 10-2

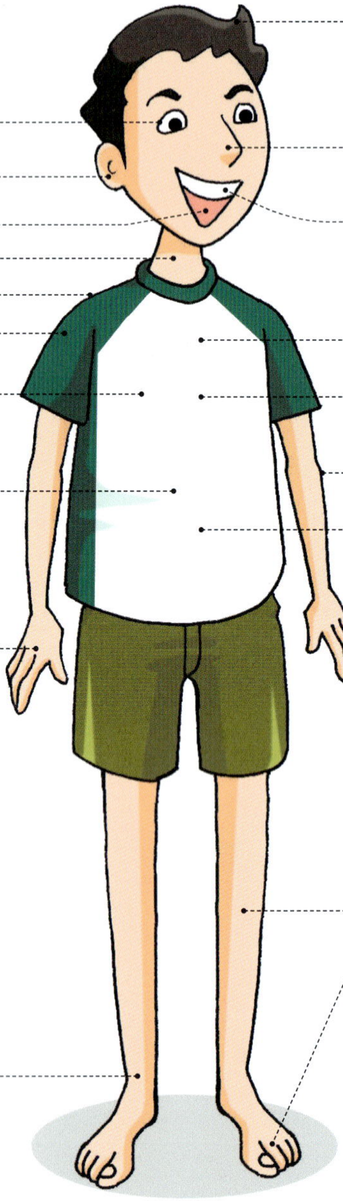

- *n.* oko (oči) 눈
- *n.* ucho (uši) 귀
- *m.* jazyk 혀
- *m.* krk 목
- *n.* záda 등
- *n.* rameno 어깨
- *f.* plíce 폐
- *m.* žaludek 위
- *f.* ruka 손
- *m.* kotník 발목
- *m.* vlasy 머리카락
- *m.* nos 코
- *m.* zub 이
- *n.* prsa 가슴
- *n.* srdce 심장
- *m.* loket 팔꿈치
- *n.* břicho 배
- *m.* prst 손가락/발가락
- *n.* koleno 무릎

◆ 병

alergie (na ...)	*f.* 알레르기	zlomit si (zlomím si)	부러지다
teplota	*f.* 열	zranit se (zraním se)	다치다
rána	*f.* 상처	antibiotika	*n.* 항생제
zranění	*n.* 부상	vitamín	*m.* 비타민
nemocný	병이 든	obvaz	*m.* 붕대
zdravý	건강한	náplast	*f.* 반창고

◆ 병원

lékař(ka)	*m.(f.)* 의사	prohlídka	*f.* 검진
oční lékař(ka)	*m.(f.)* 안과 의사	psychiatr(ička)	*m.(f.)* 정신과 의사
ordinace	*f.* 외과 진료실	psycholog(psycholožka)	*m.(f.)* 심리과 의사
ošetření	*n.* 치료	rentgen	*m.* 엑스레이
pacient(ka)	*m.(f.)* 환자	sanitka	*f.* 구급차
pohotovost	*f.* 응급실	(zdravotní)sestra	*f.* 간호사
poliklinika	*f.* 종합진료소	zubař(ka)	*m.(f.)* 치과 의사

동사 따라잡기

◆ **cítit – cítit se** (느끼다)

cítit는 '외부로부터 ~을 느끼다'의 의미이고, cítit se는 '자기 자신이 ~라고 느끼다'의 의미이다.

● **cítit**

		현재	과거	미래
단수	já	cítím	cítil(a) jsem	budu cítit
	ty	cítíš	cítil(a) jsi	budeš cítit
	on	cítí	cítil	bude cítit
	ona		cítila	
	ono		cítilo	
복수	my	cítíme	cítili(/y) jsme	budeme cítit
	vy	cítíte	cítili(/y) jste	budete cítit
	oni	cítí	cítili	budou cítit
	ony		cítily	
	ona		cítila	

● **cítit se**

		현재	과거	미래
단수	já	cítím se	cítil(a) jsem se	budu se cítit
	ty	cítíš se	cítil(a) ses	budeš se cítit
	on	cítí se	cítil se	bude se cítit
	ona		cítila se	
	ono		cítilo se	
복수	my	cítíme se	cítili(/y) jsme se	budeme se cítit
	vy	cítíte se	cítili(/y) jste se	budete se cítit
	oni	cítí se	cítili se	budou se cítit
	ony		cítily se	
	ona		cítila se	

Cítím se dobře. (저는) 기분이 좋아요.

cítit

① _____ nějaký zápach.   (저는) 무슨 냄새를 느껴요. (já)

② _____ tu něco?   (너는) 여기서 무엇을 느끼지 않아? (ty, 부)

③ _____ taky tu vůni?   (당신들)도 그 향기를 느껴요? (vy)

④ _____ _____ vůni moře.   (우리는) 바다의 내음을 느꼈어요. (my, 과)

⑤ Za chvíli nic _____ _____.   잠시 후에 아무것도 느끼지 않을 거예요. (vy, 미, 부)

cítit se

⑥ Jak _____ _____?   (당신은) 기분/몸이 어때요? (vy)

⑦ _____ _____ moc dobře.   (저는) 기분/몸이 별로 좋지 않아요. (já, 부)

⑧ _____ _____ špatně.   (그는) 기분/몸이 나빠요. (on)

⑨ Doufám, že ___ _____ _____ lépe.   (그녀는) 기분/몸이 더 나아지길 바라요. (ona, 미)

⑩ _____ ___ pohodlně?   (너는) 몸이 편해(편하게 느껴)? (ty)

---

zápach *m.* 냄새   vůně *f.* 향기   Doufat, že ... (doufám) 바라다   lépe 더 좋게, 더 낫게   pohodlně 편하게

정답   ① Cítím ② Necítíš ③ Cítíte ④ Cítili(/y) jsme ⑤ nebudete cítit ⑥ se cítíte ⑦ Necítím se ⑧ Cítí se
⑨ se bude cítit ⑩ Cítíš se

연습문제

어휘

1 다음 각 부위의 명칭을 〈보기〉에서 골라 쓰세요.

보기
ústa   koleno   ruka   ucho   krk   břicho

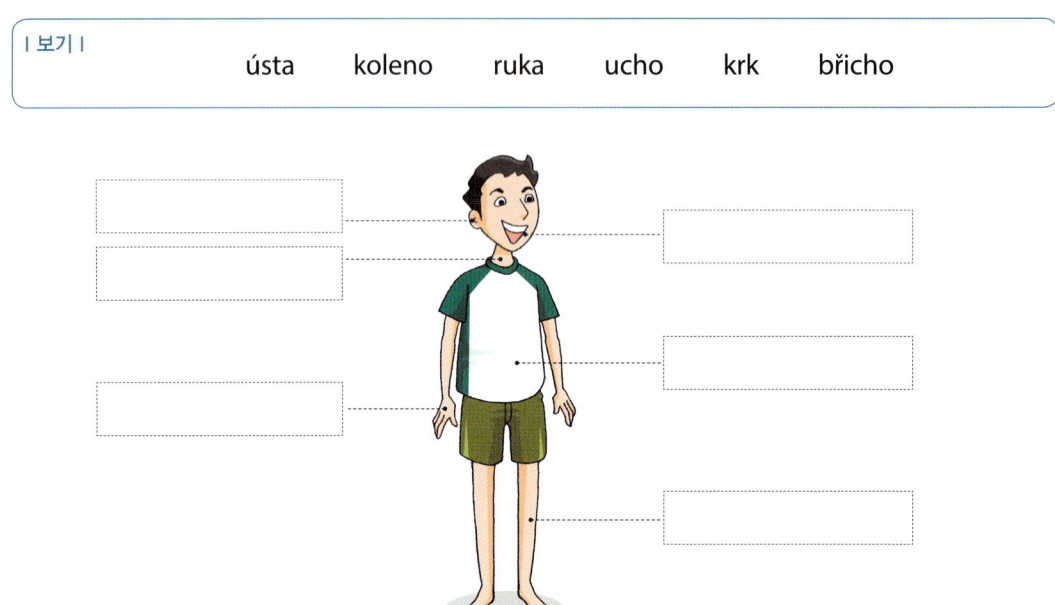

2 빈칸에 알맞은 단어를 골라 쓰세요.

보기
antibiotika   nemocný   teplota   rentgen   lékárna

(1) Jsem _____, budu muset jít do nemocnice.

(2) Musíme udělat _____, možná máte zlomenou nohu.

(3) Máte angínu, předepíši vám _____.

(4) Musím si jít koupit prášky do _____.

(5) Nemáš _____? Úplně hoříš.

단어   možná 아마도   hořet (hořím) 불이 타다/열이 펄펄 나다

문법

3 〈보기〉와 같이 괄호 안에 주어진 말을 사용하여 질문에 답하세요.

> | 보기 |
> Kde je Min-a?
> Min-a je ve městě. (město)

(1) Kde bydlíš? – _____. (Olomouc)

(2) Kdy jste se vrátil domů? – _____. (březen)

(3) O čem to mluví? – _____. (ta nová kniha)

(4) Kde pracujete? – _____. (jedna malá firma)

(5) Kdy půjdete na procházku? – _____. (po, oběd)

4 〈보기〉와 같이 jít – chodit, jet – jezdit 중 알맞은 동사를 골라 빈칸을 채우세요.

> | 보기 |
> Kam jsi jel/šel včera večer? (ty; 남)

(1) Často _____ na procházky. (já)

(2) Až bude hezké počasí, _____ hrát fotbal. (my)

(3) V zimě _____ lyžovat. (oni)

(4) Když bude pršet, _____ vlakem. (oni)

(5) _____ běhat každý den? (ty)

단어 běhat (běhám) 달리다

연습문제

말하기

5 주어진 어휘를 사용하여 〈보기〉와 같이 대화를 만드세요.

> | 보기 |
>
> včera, kino → A: Kde jsi včera byla?
>
> B: Včera jsem byla v kině.

(1) pondělí, muzeum

(2) dopoledne, procházka

(3) čtvrtek, Brno

(4) minulý týden, Francie

(5) včera večer, koncert

(6) odpoledne, Staroměstké náměstí

6 주어진 어휘를 사용하여 〈보기〉와 같이 대화를 만드세요.

> | 보기 |
>
> číst o, Praha → A: Četl jsi o Praze?
>
> B: Ano, četl jsem o ní.

(1) mluvit o, Jan a Pavla

(2) přemýšlet o, my

(3) být v, katedrála sv. Víta

(4) záležet to, já

(5) slyšet o, kamarád

(6) napsat to v, dopis

단어   muzeum *n.* 박물관

듣기

7 대화를 듣고, 대화의 내용과 일치하면 ○, 일치하지 않으면 × 표시하세요. MP3 10-3

(1) 얀은 지난주에 스키를 타러 갔다. (   )

(2) 얀은 병원에 다녀왔다. (   )

(3) 얀은 일주일 동안 쉬어야 한다. (   )

(4) 얀은 팔을 다쳤다. (   )

8 대화를 듣고, 대화의 내용과 일치하면 ○, 일치하지 않으면 × 표시하세요. MP3 10-4

(1) 남자는 머리와 귀가 아프다. (   )

(2) 남자는 기침을 하고 열이 난다. (   )

(3) 남자는 감기에 걸렸다. (   )

(4) 남자는 적어도 이틀 동안 쉬어야 한다. (   )

연습문제

읽기

9 다음 민아의 글을 읽고 내용과 일치하면 ○, 일치하지 않으면 × 표시하세요.

> O prázdninách jsme já a moji kamarádi jeli do Chorvatska k moři. Chodili jsme hodně plavat a jezdili i na výlety. Jednoho dne jsme šli na procházku a Anna uklouzla a zranila se. Moc jsme si o Annu dělali starost a jeli rychle do nemocnice. V nemocnici ji pan doktor prohlédl a ošetřil. Na nohu jí dal obvaz a řekl, že nesmí moc chodit. Potom už jsme jen odpočívali na pláži.

(1) 민아와 친구들은 바다에서 수영을 했다. (　　)

(2) 민아의 친구 안나가 다쳐서 병원에 혼자 갔다. (　　)

(3) 안나는 다리에 깁스를 했다. (　　)

(4) 안나가 다친 후에는 모두 바닷가에서 쉬기만 했다. (　　)

쓰기

10 다음 문장을 체코어로 쓰세요.

(1) 지난주에 제가 이틀 동안 휴가라서 브르노로 갔어요.

_____

(2) 브르노에는 제 친구 마르틴이 살고 있어요.

_____

(3) 도시를 걸어다니며 마르틴은 저에게 많은 기념물을 보여줬어요.

_____

단어 Chorvatsko *n.* 크로아티아　　moře *n.* 바다　　uklouznout (uklouznu) 미끄러지다
dělat si starost (dělám ~) 걱정하다　　ošetřit (ošetřím) 치료하다　　pláž *f.* 바닷가

체코 문화탐방

◀ 체코의 의료 복지 ▶

★ 주치의

체코는 한국과 달리 의사나 병원을 자유롭게 선택하는 것이 아니라 정해진 주치의한테 치료를 받는다. 주치의는 보통 거주하는 지역에 따라 결정되며 내과와 외과를 가리지 않고 진료를 한다. 주치의 선에서 치료할 수 없거나 더 세부적인 검사나 치료가 필요한 경우, 주치의는 추천서를 작성하여 큰 병원이나 전문병원으로 환자를 보낸다. 주치의가 마음에 들지 않을 경우 바꾸고 싶은 주치의의 동의 하에 주치의를 변경할 수 있다.

★ 의료보험

체코의 국민 건강 보험은 체계가 잘 잡혀있는 편이다. 비율로 따졌을 때, 한국보다 조금 더 많은 금액을 건강 보험료로 납부하고, 받을 수 있는 혜택도 더 크다. 일반적으로 감기에 걸렸을 때나 작은 병일 경우 환자가 부담하는 진료비는 없고, X-ray, 혈액검사 등과 같은 기본적인 검사에 대한 비용도 부담하지 않는다. 또한 건강과 관련된 수술, CT, MRI와 같이 한국에서는 비용 부담이 큰 의료행위에 대한 부담도 0 코루나에 가까울 정도로 적다.

다음 질문을 읽으며 학습할 내용을 미리 살펴보세요.

- 체코어 '부사'는 어떤 형태일까요?
- 집을 사거나 빌릴 때 체코어로 어떻게 말할까요?
- 체코 사람들의 주거 형태는 한국과 어떻게 다를까요?

11

Chtěla bych si pronajmout byt.
아파트를 빌리고 싶어요.

주요문법

- 부사
- 대명사 každý, žádný, všichni
- 이동 동사 jít, přijít, odejít, jet, přijet, odjet

대화와 이야기

MP3 11-1

해석

공무원 안녕하세요? 어떻게 도와드릴까요?
민아 안녕하세요? (도시의) 중앙 쪽에 방 하나짜리 아파트나 방 두 개짜리 아파트를 빌리고 싶은데요.
공무원 방 두 개짜리 아파트가 하나 있어요. 욕실과 화장실은 따로 있고 욕실에는 욕조가 있어요.
민아 그거 좋네요. 그런데 그 아파트가 너무 비싸지 않아요?
공무원 임대료가 한 달에 8000 코루나예요. 전기(요금)와 인터넷 (요금)은 따로 내는 거고요.
민아 구경하러 가도 될까요?
공무원 당연하죠. 지금 바로 갈 수 있어요.

Úředník	Dobrý den. Co si přejete?
Min-a	Dobrý den. Chtěla bych si pronajmout jednopokojový nebo dvoupokojový byt, který je někde blízko centra.
Úředník	Mám tu jeden dvoupokojový byt. Koupelna a záchod jsou zvlášť a v koupelně je vana.
Min-a	To zní dobře. Ale není ten byt moc drahý?
Úředník	Nájemné je 8000 korun za měsíc. Elektřina a internet se platí zvlášť.
Min-a	Mohla bych si ho jít prohlédnout?
Úředník	Určitě. Můžeme jít hned teď.

새단어

- úředník *m.* 공무원 • pronajmout (pronajmu) 빌리다 • byt *m.* 아파트
- jednopokojový byt 방 하나짜리 아파트 • dvoupokojový byt 방 두 개짜리 아파트 • centrum *n.* 중앙
- koupelna *f.* 욕실 • záchod *m.* 화장실 • zvlášť 따로 • vana *f.* 욕조 • nájemné *n.* 임대료
- elektřina *f.* 전기 • internet *m.* 인터넷 • platit (platím) (돈을) 내다

> **해석**
> 혼자 살 수 있는 아파트를 구경하러 갔어요.
> 먼저 좁은 현관이 있고 왼쪽에는 주방, 욕실과 화장실이 있으며 오른쪽에는 침실과 거실이 있었어요.
> 침실이 제일 마음에 들었어요. 넓고 편한 침대가 안에 있기 때문이에요.
> 욕실의 욕조는 작았지만 편했고 거실의 큰 책상도 마음에 들었어요.
> 아파트 뒤에 있는 마당도 아주 예뻤는데 나무, 꽃 그리고 벤치 몇 개가 있었어요.
> 아파트를 둘러본 후 그곳에 살기로 했어요.

Šla jsem se podívat na byt, kde bych mohla bydlet sama.
První byla velmi malá předsíň, vlevo byla kuchyně, koupelna a záchod a vpravo byla ložnice a obývací pokoj.
Nejvíce se mi líbila ložnice, protože v ní byla velká, pohodlná postel.
Vana v koupelně sice byla malá, ale pohodlná a líbil se mi i velký psací stůl v obývacím pokoji.
I zahrada za domem je moc pěkná, jsou tam stromy, květiny i několik laviček.
Když jsem si celý byt prohlédla, rozhodla jsem se, že v něm budu bydlet.

새단어

- bydlet (bydlím) 살다, 거주하다
- předsíň *f.* 현관
- kuchyně *f.* 주방
- ložnice *f.* 침실
- obývací pokoj *m.* 거실
- pohodlný 편한
- postel *f.* 침대
- psací stůl *m.* 책상
- zahrada *f.* 마당
- strom *m.* 나무
- lavička *f.* 벤치
- celý 전체
- rozhodnout (rozhodnu) 결정하다

문법

01 부사

체코어 부사는 형용사에서 파생되어, 형용사 접미사 대신 -e, -ě, -sky/-zky/-cky, -u, -o 다섯 가지의 접미사를 붙여 만든다.

① -e

dobrý 좋은	→	dobře 좋게
chytrý 똑똑한	→	chytře 똑똑하게
rychlý 빠른	→	rychle 빨리, 빠르게
veselý 유쾌한	→	vesele 유쾌하게

② -ě

moderní 현대적	→	moderně 현대적으로
špatný 나쁜	→	špatně 나쁘게
unavený 피곤한	→	unaveně 피곤하게
zdravý 건강한	→	zdravě 건강하게

③ -sky/-zky/-cky

český 체코의	→	česky 체코적으로
hezký 예쁜	→	hezky 예쁘게
německý 독일의	→	německy 독일적으로

④ -u

| pomalý 느린 | → | pomalu 느리게, 천천히 |

⑤ -o

blízký 가까운	→	blízko 가깝게
dlouhý 긴	→	dlouho 길게
chladný 차가운, 쌀쌀한	→	chladno 차갑게, 쌀쌀하게
snadný 쉬운	→	snadno 쉽게

※ 위의 형용사는 각각 -e나 -ě 부사 형태로도 바꿀 수 있다. : blízce, dlouze, chladně, snadně

Ten dopis píši korejsky. 그 편지를 한국어로 써요.
Na podzim je už chladno. 가을에는 벌써 추워요. (날씨는 'být 동사 + 부사' 형태)
Umíte dobře anglicky? 영어를 잘 해요?
Vypadají unaveně. 피곤해 보여요. ('어떻게'에 대한 답은 부사 형태)
Tady se musí jezdit pomalu. 여기서는 천천히 가야 돼요.
Ten úkol vyřeším snadně. 그 숙제를 쉽게 풀 거예요.

02 대명사 každý, žádný, všichni

každý는 '각자', žádný는 '아무도', všichni는 každý의 복수형으로 '모두'의 뜻이다. každý, žádný, všichni 는 뒤에 오는 명사를 꾸며주는 역할을 하기도 하고, 단독으로 주어의 역할을 하기도 한다. každý와 žádný는 ý 형용사와 같이 활용되고, všichni는 다음과 같이 활용된다.

	남성 Ma	남성 Mi	여성	중성
주격	všichni	všechny	všechny	všechna
소유격	všech			
여격	všem			
목적격	všechny	všechny	všechny	všechna
호격	všichni	všechny	všechny	všechna
처소격	(o) všech			
조격	všemi			

단어 vyřešit (vyřeším) 풀다

문법

	남성	여성	중성
단수	každý muž 각 남자 každý obraz 각 그림	každá žena 각 여자	každé auto 각 자동차
	žádný muž 아무 남자 žádný obraz 아무 그림	žádná žena 아무 여자	žádné auto 아무 자동차
복수	všichni muži 모든 남자들 všechny obrazy 모든 그림들	všechny ženy 모든 여자들	všechna auta 모든 자동차들
	žádní muži 아무 남자들 žádné obrazy 아무 그림들	žádné ženy 아무 여자들	žádná auta 아무 자동차들

Nemám skoro žádné kamarády.
저에게 친구가 거의 없어요. (저에게 거의 아무 친구가 없어요.)

Každý může udělat chybu.
각자의 사람은 실수를 할 수 있어요. (모든 사람들은 실수를 할 수 있어요.)

Už jsme nakoupili všechny sešity.
이제 공책을 모두 사 놨어요. (모든 공책을 사 놨어요.)

Není tu žádný psací stůl.
여기는 책상이 없어요. (아무 책상도 없어요.)

V každém městě je radnice.
각 도시(마다) 시청이 있어요. (모든 도시에 시청이 있어요.)

Jeden za všechny, všichni za jednoho.
하나는 모두를 위해, 모두는 하나를 위해.

03 이동 동사 jít, přijít, odejít, jet, přijet, odjet

동사 jít와 jet 앞에 다음과 같은 접두사가 붙어 의미가 달라질 수 있다.

① **při-** : 오다

přijít (걸어서) 오다, 도착하다　　　**přijet** (타고) 오다, 도착하다

단어　skoro 거의

② **od(e)-** : 떠나다

odejít (걸어서) 떠나다(가다), 출발하다   **odjet** (타고) 떠나다(가다), 출발하다

한국어와 달리, přijít, přijet, odejít, odjet 등의 이동 동사를 쓸 때에는 주어의 출발 위치가 아닌 이동 결과를 기준으로 말한다. 예를 들어, "언제 와요?"에 대한 대답으로, 한국어는 "내일 갈게요"라고 대답하지만, 체코어는 "내일 올게요"라고 대답한다. 즉, 자신이 출발하는 곳이 중요한 것이 아니라 도착하는 곳이 중요하다.

	현재	과거	미래
jít (미)	jdu	šel/šla jsem	půjdu
přijít (완)	přijdu	přišel/přišla jsem	přijdu
odejít (완)	odejdu	odešel/odešla jsem	odejdu
jet (미)	jedu	jel(a) jsem	pojedu
přijet (완)	přijedu	přijel(a) jsem	přijedu
odjet (완)	odjedu	odjel(a) jsem	odjedu

* 위는 모두 1인칭 단수형
* 완료형 동사는 현재형이 미래형이 됨

Odešel už brzy ráno. (그는) 벌써 아침 일찍 나갔어요.
Příští týden **pojedeme** na dovolenou. (우리는) 다음 주에 여행을 갈 거예요.
Vlak **odjede** v půl desáté. 기차가 아홉 시 반에 출발할 거예요.
Včera **jsme šly** nakupovat. (우리는) 어제 쇼핑하러 갔어요.
Přijela jsem z Koreje. (저는) 한국에서 왔어요.
A: Kdy **přijedete**? (당신들은) 언제 올 거예요?
B: **Přijedeme** kolem páté hodiny. (우리는) 다섯 시쯤에 갈 거예요.

어휘

◆ 집의 내부와 외부

 MP3 11-2

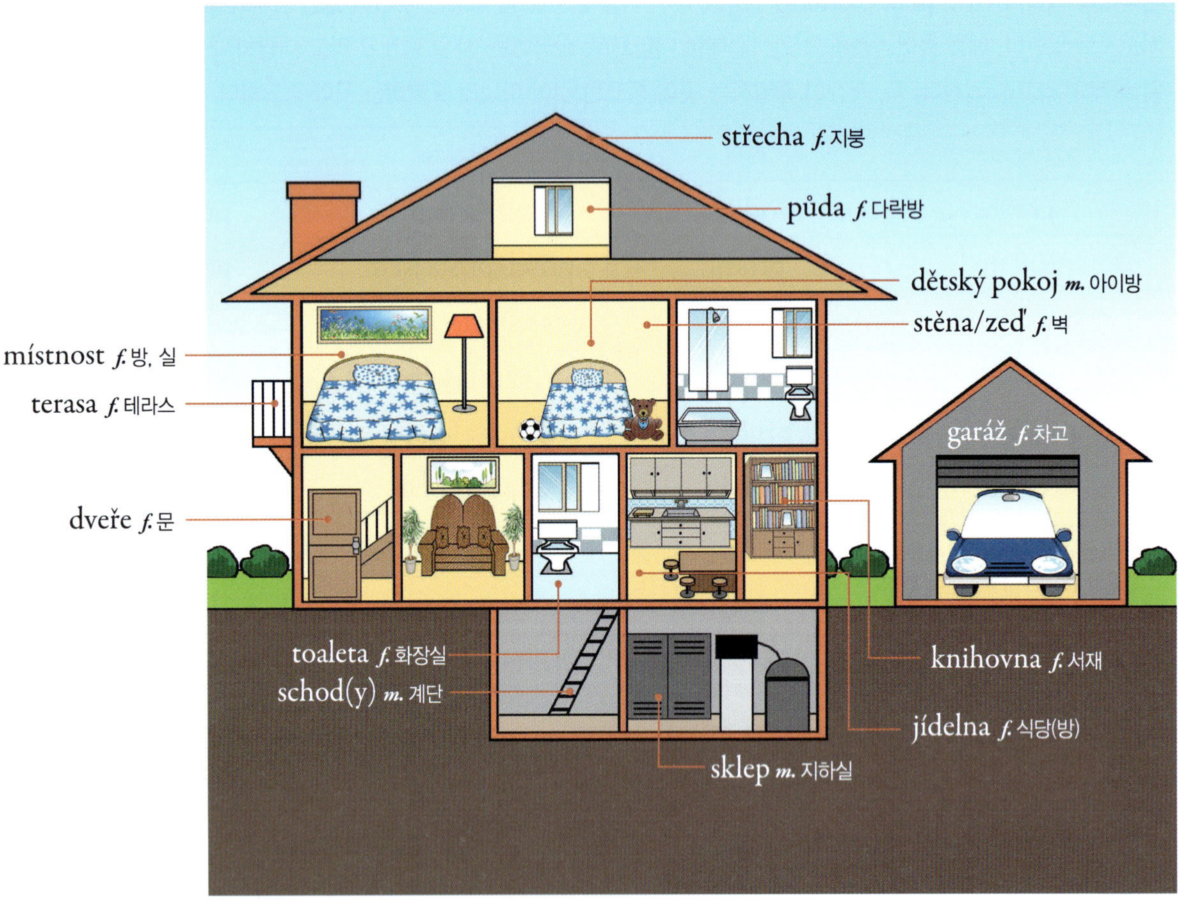

- střecha *f.* 지붕
- půda *f.* 다락방
- dětský pokoj *m.* 아이방
- stěna/zeď *f.* 벽
- místnost *f.* 방, 실
- terasa *f.* 테라스
- garáž *f.* 차고
- dveře *f.* 문
- knihovna *f.* 서재
- jídelna *f.* 식당(방)
- toaleta *f.* 화장실
- schod(y) *m.* 계단
- sklep *m.* 지하실

◆ 가구, 가전

bojler	*m.* 보일러	police	*f.* 선반
botník	*m.* 신발장	polštář	*m.* 베개
deka	*f.* 담요	pračka	*f.* 세탁기
dřez	*m.* 싱크대	sprcha	*f.* 샤워(기)
hodiny	*f.* 시계	světlo	*n.* 불
knihovna	*f.* 책꽂이	topení	*n.* 난방
koberec	*m.* 카펫	trouba	*f.* 오븐
křeslo	*n.* 안락의자	umývadlo	*n.* 세면대
noční stolek	*m.* 협탁	zásuvka	*f.* 서랍, 콘센트
peřina	*f.* 이불	zrcadlo	*n.* 거울
pohovka, gauč	*f./m.* 소파	žehlička	*f.* 다리미

동사 따라잡기

◆ **bydlet** (살다, 거주하다) – **žít** (살다)

둘 다 '살다'의 뜻이지만, bydlet는 '거주하다'의 뜻이 더 크고 žít는 '살아 있다'는 생존의 의미가 더 크다.

- **bydlet**

		현재	과거	미래
단수	já	bydlím	bydlel(a) jsem	budu bydlet
	ty	bydlíš	bydlel(a) jsi	budeš bydlet
	on	bydlí	bydlel	bude bydlet
	ona		bydlela	
	ono		bydlelo	
복수	my	bydlíme	bydleli(/y) jsme	budeme bydlet
	vy	bydlíte	bydleli(/y) jste	budete bydlet
	oni	bydlí	bydleli	budou bydlet
	ony		bydlely	
	ona		bydlela	

- **žít**

		현재	과거	미래
단수	já	žiji	žil(a) jsem	budu žít
	ty	žiješ	žil(a) jsi	budeš žít
	on	žije	žil	bude žít
	ona		žila	
	ono		žilo	
복수	my	žijeme	žili(/y) jsme	budeme žít
	vy	žijete	žili(/y) jste	budete žít
	oni	žijí	žili	budou žít
	ony		žily	
	ona		žila	

> Bydlím v Praze. 프라하에 살아요.

1. Kde _____ ? 어디에 살아요? (vy, 현)
2. Chtěla bych _____ ve třípokojovém bytě. 방 세 개짜리 아파트에 살고 싶어요.
3. Už za měsíc _____ _____ v rodinném domě.
   드디어 한 달 뒤에 단독주택에 살 거예요. (my, 미)
4. Konečně může _____ sám. 드디어 혼자 살 수 있어요.
5. _____ _____ někdy v malém bytě? 작은 아파트에 산 적이 있어? (ty, 과)

> Žiji v Praze. 프라하에 살아요.

6. Kde _____ ? 어디에 살아요? (vy, 현)
7. Konečně může _____ sám. 드디어 혼자 살 수 있어요.
8. _____ _____ někdy v jiném státě? 다른 나라에 살아 본 적이 있어? (ty, 과)
9. _____ v České republice. 체코 공화국에 살아요. (já, 현)
10. Od příštího týdne už tu _____ _____ .
    다음 주부터 여기 살지 않을 거예요. (my, 부, 미)

třípokojový byt *m.* 방 세 개짜리 아파트   rodinný dům *m.* 단독주택

정답 ❶ bydlíte ❷ bydlet ❸ budeme bydlet ❹ bydlet ❺ Bydlel(a) jsi ❻ žijete ❼ žít ❽ Žil(a) jsi ❾ Žiji
❿ nebudeme žít

연습문제

어휘

1 관련 있는 단어끼리 연결하세요.

strom •	• polštář •	• podlaha
lednička •	• strop •	• křeslo
gauč •	• sprcha •	• myčka
postel •	• zahrada • ——————— • lavička	
umývadlo •	• trouba •	• vana
stěna •	• pohovka •	• peřina

2 알맞은 단어를 〈보기〉에서 골라 쓰세요.

| 보기 | televize   psací stůl   botník   postel   vana

(1) V obývacím pokoji je _____.

(2) V ložnici je _____.

(3) V dětském pokoji je _____.

(4) V koupelně je _____.

(5) V předsíni je _____.

문법

3 주어진 단어를 알맞은 형태로 바꾸어 빈칸에 쓰세요.

> | 보기 |
> Vlak jezdí <u>rychle</u>. (rychlý)

(1) Umí někdo z vás _____? (anglický)

(2) Tu zkoušku udělá _____. (snadný)

(3) Jan jezdí na kole _____. (pomalý)

(4) Vypadáš hodně _____. (unavený)

(5) Udělala to _____. (chytrý)

4 빈칸에 알맞은 대명사를 쓰세요.

> | 보기 |
> <u>Každý</u> může udělat chybu.

(1) Četl jsem _____ knihy od Karla Čapka.

(2) Neznám tu _____ lidi.

(3) _____ den piji kávu.

(4) Ještě jsme neviděli _____ český film.

(5) _____ dítě má rádo hračky.

단어 zkouška *f.* 시험   hračka *f.* 장난감

연습문제

말하기

5 다음 질문에 〈보기〉와 같이 답하세요

> | 보기 |
>
> koupelna, vana → A: Jaký si přejete byt?
> B: Přeji si byt, ve kterém je koupelna a vana.

(1) velká lednička, myčka nádobí
(2) obývací pokoj, televize
(3) předsíň, skříň
(4) postel, psací stůl
(5) pohovka, křeslo
(6) knihovna, počítač

6 주어진 어휘를 사용하여 〈보기〉와 같이 대화를 만드세요.

> | 보기 |
>
> přijet, zítra → A: Kdy přijedete?
> B: Přijedeme zítra.

(1) jet, po obědě
(2) odejít(⑪), včera večer
(3) přijít(⑪), minulý týden
(4) jít, hned ráno
(5) přijet(⑪), za měsíc
(6) odjet(⑪), v pondělí(⑪)

단어 lednička *f.* 냉장고   myčka *f.* 식기세척기   počítač *m.* 컴퓨터

듣기

7 대화를 듣고, 대화의 내용과 일치하면 ○, 일치하지 않으면 × 표시하세요.　　MP3 11-3

(1) 남자는 새 아파트에 산다. (　　)

(2) 남자는 넓은 아파트를 찾고 있다. (　　)

(3) 새 아파트에는 필요한 가구가 다 갖춰져 있다. (　　)

(4) 새 아파트의 임대료는 2500 코루나이다. (　　)

8 대화를 듣고, 대화의 내용과 일치하면 ○, 일치하지 않으면 × 표시하세요.　　MP3 11-4

(1) 여자는 방 두 개짜리 아파트를 찾고 있다. (　　)

(2) 아파트의 임대료가 비싸다. (　　)

(3) 여자가 구경하는 아파트에는 필요한 가구가 모두 갖춰져 있다. (　　)

(4) 아파트 근처에는 공원이 없다. (　　)

연습문제

읽기

9 다음 민아의 글을 읽고 내용과 일치하면 ○, 일치하지 않으면 × 표시하세요.

> Bydlím v jednopokojovém bytě, který je příliš malý a je daleko od školy. Proto si teď hledám větší byt, který je hezky zařízený a blízko. Včera jsem se na jeden byt byla podívat. Byl starý, ale přesto pěkný, v koupelně byla sprcha i vana a v kuchyni byla i myčka nádobí a rychlovarná konvice. Nájemné také nebylo drahé a blízko domu byl rozlehlý park, supermarket i kino. Moc se mi líbil, a tak jsem se rozhodla, že si ho pronajmu.

(1) 민아는 기숙사에 살고 있다. (   )

(2) 민아는 지금 사는 아파트보다 더 넓은 아파트를 찾는다. (   )

(3) 민아가 구경한 아파트는 오래됐지만 필요한 가구가 다 있다. (   )

(4) 민아는 구경한 아파트가 마음에 든다. (   )

쓰기

10 다음 문장을 체코어로 쓰세요.

(1) 버스 정류장이나 지하철역에서 멀고 작은 아파트에서 살고 있어요.

(2) 어제 아파트 하나를 구경하러 갔어요.

(3) 임대료가 별로 비싸지 않았어요.

단어 hledat 찾다   větší 더 큰   rychlovarná konvice *f.* 주전자   rozlehlý 광대한

체코 문화 탐방

◀ 체코의 주거 공간 ▶

✱ 단독주택

체코의 기본적인 주거 형태는 마당이 딸린 단독주택이다. 대부분 지하실이 있는 2층 석조 건물 형태인데, 요즘에 새로 지어지는 건물들은 지하실을 만들지 않는 것이 유행이다. 체코의 마을은 보통 성이나 성당을 중심으로 형성되어 있는데 성이나 성당의 역사가 오래된 만큼 마을을 이루고 있는 집들도 오래된 편이다.

| 단독주택

✱ 아파트

대도시에 있는 고급 아파트를 제외하고는 상대적으로 아파트에 대한 인식이 좋지는 않다. 또한 한국과 같이 대규모 단지의 아파트는 거의 없고 보통 작은 규모의 단지를 이루고 있다. 한국과 달리 아파트를 빌릴 때에 전세의 개념이 없고 월세만 있다.

✱ 별장

한국에서 별장이라고 하면 비싸고 사치스러운 느낌이지만 체코에서는 따로 별장을 소유하고 있는 것이 그리 특별한 경우가 아니다. 보통 자신만의 마당을 갖기 어려운 도시 내의 아파트에 거주하는 사람들이나 단독주택에 거주하지만 숲, 산과 같은 휴식을 즐길 수 있는 공간에서 멀리 떨어진 사람들이 별장을 소유하기를 원한다. 별장은 단독주택보다도 작게 지어지기 때문에 소유하는 데 큰 부담은 없지만 관리의 부담 때문에 휴가를 즐길 때만 별장을 빌리는 것을 더욱 선호하기도 한다.

| 별장

다음 질문을 읽으며 학습할 내용을 미리 살펴보세요.

- 옷을 고르거나 구매할 때 체코어로 어떻게 말할까요?
- 체코에서 옷이나 신발의 치수는 어떻게 말할까요?
- '~에게'에 해당하는 '여격'의 형태는 어떻게 만들까요?

12

Co si zítra oblečete?
내일 무엇을 입을 거예요?

- 체언의 여격　　• 인칭대명사의 여격　　• 재귀대명사 se

대화와 이야기

MP3 12-1

해석

직원	안녕하세요? 무엇이 필요하세요?
민아	바지하고 재킷이 필요한데요.
직원	따로 생각하신 게 있나요?
민아	바지는 어두운 파란색에 통이 좁은 것(을 원하고) 재킷은 좀 짧은 것(을 원해요).
직원	사이즈가 어떻게 돼요?
민아	36이요. 저 초록색 재킷을 보여줄 수 있나요?
직원	여기요.
민아	입어 봐도 돼요?
직원	물론이죠. 탈의실은 저기 뒤에 있어요.
민아	감사합니다.
직원	손님에게 (그것이) 정말 잘 어울려요.

Prodavač	Dobrý den, co si přejete?
Min-a	Chtěla bych nějaké kalhoty a bundu.
Prodavač	Jakou máte představu?
Min-a	Kalhoty bych chtěla tmavě modré a úzké. A bundu bych chtěla spíše nějakou krátkou.
Prodavač	Jakou máte velikost?
Min-a	36. Můžete mi ukázat tu zelenou bundu?
Prodavač	Prosím.
Min-a	Můžu si ji zkusit?
Prodavač	Samozřejmě. Kabina je tam vzadu.
Min-a	Děkuji.
Prodavač	Moc vám to sluší.

새단어

- kalhoty f. 바지 • bunda f. 재킷 • představa f. 상상, 생각 • tmavě 어둡게 • úzký (통이) 좁은
- velikost f. 사이즈 • ukázat (ukážu) 보여주다 • zkusit (zkusím) ~아/어 보다 • kabina f. 탈의실
- vzadu 뒤에 • slušet (sluším) 어울리다

> 해석
>
> 저와 이바나가 내일 국립극장에 가요. 이바나가 국립극장으로 (갈 때에)는 긴 드레스를 입는다고 했어요. 드레스를 가지고 있지 않아서 가게로 그런 드레스를 사러 갔어요. 빨간 드레스 하나가 마음에 들었는데 너무 비쌌어요. 그래서 다른, 그리 비싸지 않은 파란 드레스를 골랐어요. 그리고 나서 새 구두를 사러 갔어요. 그 드레스와 아주 잘 어울리고 매우 편했어요. 이제 준비가 다 됐어요. 내일이 정말 기대돼요.

Zítra půjdeme já a Ivana do Národního divadla.
Ivana řekla, že do Národního divadla se oblékají dlouhé večerní šaty.
Žádné dlouhé šaty jsem neměla, proto jsem šla do obchodu si nějaké takové šaty koupit.
Líbily se mi jedny červené, ale byly příliš drahé.
Vybrala jsem si tedy jiné, modré šaty, které už nebyly tak moc drahé.
Potom jsem si ještě šla koupit nové boty na podpatku.
K těm šatům vypadaly moc pěkně a byly i velmi pohodlné.
Teď už jsem nachystaná. Moc se na zítřek těším.

새단어

- zítřek *m.* 내일
- Národní divadlo *n.* 국립극장
- obléknout si (/obléct si; obléknu si/obleču si) 입다
- oblékat se (oblékám se) 입다
- večerní šaty *m.* 드레스
- výběr *m.* 선택
- boty na podpatku *f.* 구두
- nachystaný 준비된

문법

01 체언의 여격

여격은 '〜에게', '〜에'에 해당하는 말로, 격의 질문은 "komu?"(누구에게), "čemu?"(무엇에)이다.

여격은 다음과 같은 경우에 사용한다.
① 정해진 특정 동사 뒤
② 전치사 k(e)(-에게/-에/-로), proti(반대/반대편), naproti(반대편), jít naproti(마중가다) 뒤
③ 간접 목적어

◆ 명사

① 남성 Ma

경음(h, ch, k, r, d, t, n)으로 끝날 때는 뒤에 -u나 -ovi가 붙고, 연음(ž, š, č, ř, ď, ť, ň)이나 -e/-ě, -c, -j, -tel 중 하나로 끝날 때는 -i나 -ovi가 붙으며, -a로 끝날 때는 -a가 -ovi로 바뀐다. 나머지 자음의 경우에는 -u/ovi를 붙인다.

    student → stundentu/studentovi 학생   muž → muži/mužovi 남자
    soudce → soudci/soudcovi 판사   předseda → předsedovi 장

※ 사람의 이름을 말할 때는 마지막 단어가 -ovi로 끝난다.
    k Janovi   얀에게
    k Janu Novákovi   얀 노바크에게
    k doktoru Janu Novákovi   얀 노바크 의사에게

② 남성 Mi

경음으로 끝날 때는 뒤에 -u가 붙으며, 연음이나 -e/-ě, -c, -j, -tel 중 하나로 끝날 때는 -i가 붙는다. 나머지 자음의 경우에는 -u를 붙인다.

    sešit → sešitu 공책   čaj → čaji 차   stůl → stolu 책상

③ 여성

처소격과 활용이 같다. (단어가 -a로 끝날 때는 -a가 -e/-ě로 바뀌고, -e로 끝날 때는 -e가 -i로 바뀐다. -ň로 끝날 때는 -ň가 -n로 바뀌고 뒤에 -i가 붙는다. 다른 연음이나 경음으로 끝날 때도 끝에 -i가 붙는다.)

    žena → ženě 여자   škola → škole 학교   židle → židli 의자
    skříň → skříni 옷장   kost → kosti 뼈   kolej → koleji 기숙사/궤도

④ 중성

단어가 -o로 끝날 때는 -o가 -u로 바뀌고, -e로 끝날 때는 -e가 -i로 바뀌며, -í로 끝날 때는 단어의 형태가 바뀌지 않는다. 단, 단어가 -e로 끝나지만 kuře의 규칙에 따라 활용될 때는 -e가 -eti로 바뀐다.

město → městu 도시   moře → moři 바다

náměstí → náměstí 광장   rajče → rajčeti 토마토

◆ 형용사

① 남성(Ma, Mi), 중성

ý 형용사는 -ý/-é가 -ému로 바뀌고, í 형용사는 -í에 -ímu가 붙는다.

malý → malému 작은   moderní → modernímu 현대적

② 여성

ý 형용사는 -á가 -é로 바뀌고, í 형용사는 형태가 바뀌지 않는다.

malá → malé 작은   moderní → moderní 현대적

◆ 대명사

● 소유대명사

	남성(Ma, Mi), 중성	여성
나의	mému	mé
너의	tvému	tvé
그의	jeho	jeho
그녀의	jejímu	její
우리의	našemu	naší
당신들의	vašemu	vaší
그/그녀들의/ 그것들의(중성)	jejich	jejich

※ 소유대명사 svému/své도 위와 같은 형식으로 변한다.

문법

● **지시대명사**

	남성(Ma, Mi), 중성	여성
그	tomu	té

◆ **수사**

	남성(Ma, Mi), 중성	여성
하나	jednomu	jedné

◆ **여격과 같이 쓰이는 전치사**

● **k(e)**   –에게/–에/–로

　　Včera jsem šel k lékaři.　　　　　어제 병원에 갔어요.
　　Co máme ke snídani?　　　　　　아침 식사로 무엇이 있어요?
　　Ty boty se k té sukni nehodí.　　　그 신발은 그 치마와 어울리지 않아요. (hodit se, 어울리다)

● **proti**   반대/반대편

　　Máš něco proti tomu?　　　　　　그것을 싫어하는 이유가 있어?
　　Proti mému domu je zastávka autobusu.　　우리 집 반대편에 버스 정류장이 있어요.

● **naproti**   반대편

　　Bydlím naproti divadlu.　　　　　극장 반대편에서 살아요.

● **jít naproti**   마중가다

　　Zítra půjdu sestře naproti na zastávku.　　내일 언니를 마중 나갈 거예요.

◆ 여격과 같이 쓰이는 동사

- **dávat (dát) přednost** 선호하다
    - Čemu dáváš přednost? — 무엇을 선호해?

- **děkovat (poděkovat)** 감사하다
    - Děkuji vám. — 당신에게 감사해요.

- **patřit** 소유하다
    - Ten obraz patří mně. — 저 그림은 제 것이에요.

- **patřit k** ~에 속하다
    - Pes patří k savcům. — 개는 포유류에 속해요.

- **pomáhat (pomoct)** 도와주다
    - Moc chci pomoct svému kamarádovi. — 제 친구를 정말 도와주고 싶어요.

- **radit (poradit)** 조언하다
    - Poradíme ti. — 우리가 너에게 조언해 줄게.

- **rozumět (porozumět)** 이해하다
    - Nerozumím svému bratrovi. — 제 남동생을 이해하지 못 해요.

- **telefonovat (zatelefonovat)** 전화하다
    - Zítra zatelefonuji naší paní učitelce. — 내일 우리 선생님에게 전화할 거예요.

- **věřit (uvěřit)** 믿다
    - Té lži nevěřím. — 그 거짓말을 믿지 못 해요.

단어 savec (savci) *m.* 포유류   paní *f.* 아주머니   lež (lži) *f.* 거짓말

문법

◆ 간접 목적어

한 문장에 직접 목적어와 간접 목적어가 모두 나올 때, 직접 목적어는 목적격, 간접 목적어는 여격의 형태로 쓴다. 2개의 목적어를 모두 취하는 동사는 다음과 같다.

- **dávat (dát)** 주다

    Dal mi dárek.   저에게 선물을 줬어요.

- **kupovat (koupit)** 사다

    Koupím své kamarádce pěknou květinu.   제 친구에게 예쁜 꽃을 사줄 거예요.
    (= Koupím pěknou květinu své kamarádce.)

- **nabízet (nabídnout)** 제공하다

    Co vám můžu nabídnout?   당신에게 무엇을 드릴까요?

- **posílat (poslat)** 보내다

    Zítra ti pošlu ten pohled.   내일 너에게 그 엽서를 보내줄게.

- **přinášet (přinést)** 가져오다

    Přineseme vám nové knihy.   당신들에게 새 책들을 가져와 줄 거예요.

- **říkat (říct)** 말하다

    Už jim to řekneš?   그들에게 이제 (그것을) 말할 거야?

- **ukazovat (ukázat)** 보여주다

    Ukážu mámě svůj byt.   엄마에게 제 아파트를 보여 줄 거예요.

02 인칭대명사의 여격

인칭대명사의 여격은 대명사 앞의 전치사 여부에 따라 형태가 두 가지로 나뉜다. 여기서 주의해야 할 것은, 전치사가 없는 2인칭과 3인칭 단수형이다. ti와 mu는 동사 앞이나 뒤에 모두 올 수 있지만, tobě와 jemu는 동사 앞에만 올 수 있다. 나머지 인칭대명사는 모든 위치에 올 수 있다.

인칭(단수)	전치사 없을 때	전치사 있을 때	인칭(복수)	전치사 없을 때	전치사 있을 때
já	mi, mně	(ke) mně	my	nám	(k) nám
ty	ti, tobě	(k) tobě	vy	vám	(k) vám
on, ono	mu, jemu	(k) němu	oni, ony, ona	jim	(k) nim
ona	jí	(k) ní			

Ukážu vám náš byt. (저는) 당신들에게 우리 집을 보여줄게요.

Tobě rozumím. 너를 이해해. ('너'를 강조) vs. Rozumím ti. (너를 이해해.)

Máte něco proti mně? (당신은) 저를 무엇 때문에 싫어해요?

Pomůžeš mi? (너는) 나를 도와줄래?

Nevěřím jim to. (저는) 그녀들을 믿지 않아요.

Půjdeme se podívat k němu domů? 우리가 그의 집을 보러 갈까요?

인칭대명사의 여격은 다음과 같은 표현들에 쓰인다.

Chutná mi čokoláda. 저는 초콜릿이 맛있어요.

Chybí mi moje rodina. 제 가족이 그리워요.

Je mi zima. 저는 추워요.

Je mi špatně. 저는 (몸/속)이 좋지 않아요.

Je mi 15 let. 저는 15살이에요.

Je mi líto, že jsem vám to dřív neřekl. 더 일찍 말하지 못 해서 유감스러워요.

Líbí se mi Česko. 체코가 마음에 들어요.

Sluší mi to? 이것이 저에게 어울려요?

Vadí mi cigarety. 담배가 싫어요.

단어 léta (복수형) *n.* 살   být líto 유감스럽다   vadit (vadím) 싫다, 신경을 쓰게 하다

문법

03 재귀대명사 se

재귀대명사 se는 주어의 동작이 주어 자신에게 돌아오거나 목적어가 자신과 직접 관련이 있을 때 사용한다. 격에 따라 다음과 같이 활용된다.

주격	소유격	여격	목적격	호격	처소격	조격
–	sebe	sobě, si	sebe, se	–	sobě	sebou

Pořád mluví jen o sobě.   계속 자신에 대해서만 이야기해요. (처소격/6격)
Co si zítra vezmeš na sebe?   내일 무엇을 입을 거야? (목적격/4격)
Odpovídá sám za sebe.   자신의 책임은 자신이 져요. (목적격/4격)
Věřím jen sobě.   저 자신만 믿어요. (여격/3격)

어휘

◆ 옷

 MP3 12-2

boty	*f.* 신발	ponožky	*f.* 양말
čepice	*f.* (양태가 없는) 모자	rukavice	*f.* 장갑
dámské oblečení	*n.* 여성 의류	sako	*n.* (양복의) 재킷
hodinky	*f.* (손목) 시계	spodní prádlo	*n.* 속옷
kabát	*m.* 코트	sukně	*f.* 치마
kabelka	*f.* 핸드백	svetr	*m.* 스웨터
kostým	*m.* 의상	šála	*f.* 목도리
košile	*f.* 셔츠	šaty	*m.* 드레스, 원피스
oblek	*m.* 양복	šortky	*f.* 반바지
pánské oblečení	*n.* 남성 의류	taška	*f.* 가방

◆ 입다, 벗다

mít na sobě (+ 4격)	~을/를 입고 있다(상태)
nosit (+ 4격)	~을/를 입다(동작)
obléknout se/oblékat se (+ 2격/부사)	입다
obléknout si/oblékat si (+ 4격)	~을/를 입다
převléknout se/převlékat se (+ 2격/부사)	갈아입다
převléknout si/převlékat si (+ 4격)	~을/를 갈아입다
svléknout se/svlékat se (+ 2격/부사)	벗다 (옷)
svléknout si/svlékat si (+ 4격)	~을/를 벗다 (옷)
zout se (+ 2격/부사)	벗다 (신발)
zout si (+ 4격)	~을/를 벗다 (신발)

동사 따라잡기

◆ oblékat se/si – obléknout se/si (옷을 입다)

두 동사 모두 '옷을 입다'의 뜻이지만, oblékat se/si는 미완료형 동사로 미래형을 'být' 동사와 결합해서 만들고, obléknout se/si는 완료형 동사로, 동사의 현재형이 미래를 나타낸다.

• **oblékat se/si**

		현재	과거	미래
단수	já	oblékám se/si	oblékal(a) jsem se/si	budu se/si oblékat
	ty	oblékáš se/si	oblékal(a) ses/sis	budeš se/si oblékat
	on	obléká se/si	oblékal se/si	bude se/si oblékat
	ona		oblékala se/si	
	ono		oblékalo se/si	
복수	my	oblékáme se/si	oblékali(/y) jsme se/si	budeme se/si oblékat
	vy	oblékáte se/si	oblékali(/y) jste se/si	budete se/si oblékat
	oni	oblékají se/si	oblékali se/si	budou se/si oblékat
	ony		oblékaly se/si	
	ona		oblékala se/si	

• **obléknout se/si**

		과거	현재, 미래
단수	já	oblékl(a) jsem se/si	obléknu se/si
	ty	oblékl(a) ses/sis	obléhneš se/si
	on	oblékl se/si	oblékne se/si
	ona	oblékla se/si	
	ono	obléklo se/si	
복수	my	oblékli(/y) jsme se/si	oblékneme se/si
	vy	oblékli(/y) jste se/si	obléknete se/si
	oni	oblékli se/si	obléknou se/si
	ony	oblékly se/si	
	ona	oblékla se/si	

> Ráda si oblékám ty červené šaty. 저는 그 빨간색 원피스를 입는 것을 좋아해요.

oblékat se/si

① Každý den ____ _____ novou košili. 매일 새 셔츠를 입었어요. (on, 과)

② Dřív ____ _____ moc hezky. 예전에는 옷을 아주 예쁘게 입었어요. (ona, 과)

③ Jak dlouho ____ _____ ještě _____? 얼마 동안 더 옷을 입고 있을 거야? (ty, 미)

④ Co ____ to _____? 무엇을 입고 있어요? (vy)

⑤ _____ ____ teple. 그녀들은 (옷을) 따뜻하게 입지 않았어요. (ony, 부, 과)

> Zítra si obléknu červené šaty. 내일 빨간 원피스를 입을 거예요.

obléknout se/si

⑥ Nevím, co ____ _____. 무엇을 입을지 모르겠어요. (já)

⑦ _____ _____ stejná trička? 같은 티셔츠를 입을까요? (my)

⑧ To ____ nechci _____. 그것을 입고 싶지 않아요.

⑨ Toto ____ už nikdy _____. 저는 이것을 더 이상 입지 않을 거예요. (já, 부)

⑩ Martin a Katka ____ _____ velmi elegantně.
마르틴과 카트카가 아주 우아하게 (옷을) 입었어요. (과)

stejný 같은

정답 ① si oblékal ② se oblékala ③ se budeš oblékat ④ si oblékáte ⑤ Neoblékaly se ⑥ si obléknu ⑦ Oblékneme si
⑧ si obléknout ⑨ si neobléknu ⑩ se oblékli

연습문제

어휘

1 그림에 맞는 단어를 〈보기〉에서 골라 쓰세요.

보기
čepice   kabát   košile   ponožky   svetr   šála

(1) _____   (4) _____

(2) _____   (5) _____

(3) _____   (6) _____

2 빈칸에 알맞은 단어를 〈보기〉에서 골라 쓰세요.

보기
boty   má na sobě   obléknu se   převlékla si   si svlékl(a)

(1) Přišla jsem domů a _____ _____ oblečení.

(2) Při vstupu do domu si zouváme _____.

(3) Bylo moc horko, tak jsem _____ _____ svetr.

(4) Každý den _____ _____ _____ jiné oblečení.

(5) _____ _____ a půjdu ven.

문법

3 주어진 단어를 여격 형태로 바꿔 문장을 완성하세요.

| 보기 |
Píši dopis své učitelce. (má učitelka)

(1) Jdu naproti _____. (maminka)

(2) Ty rukavice patří _____ _____. (ta paní)

(3) Musíme poděkovat _____ _____. (ten pán)

(4) Naproti _____ _____ je škola. (náš byt)

(5) Poslal jsi pohlednici _____ ____ _____? (Jana a Lucie)

4 빈칸에 재귀대명사 se의 형태를 격에 맞게 쓰세요.

| 보기 |
Koupil si to pro sebe.

(1) Co sis vzal dnes na _____?

(2) Šli naproti _____.

(3) Řeknete mi něco o _____?

(4) Co měly včera na _____?

(5) Všechny věci mám u _____ doma.

연습문제

말하기

5 주어진 어휘를 사용하여 〈보기〉와 같이 대화를 만드세요.

> | 보기 |
> pan učitel, on → A: Řekneš to panu učiteli?
> B: Ano, řeknu mu to.

(1) maminka, ona

(2) já, ty

(3) Ivana a Anna, ony

(4) bratr, on

(5) my, vy

(6) paní Černá, ona

6 주어진 어휘를 사용하여 〈보기〉와 같이 대화를 만드세요.

> | 보기 |
> ta čepice, můj syn → A: Komu patří ta čepice?
> B: Ta čepice patří mému synovi.

(1) ten kabát, ten muž

(2) ta sukně, má sestra

(3) ten klobouk, ten student

(4) ty boty, její kamarádka

(5) ta bunda, paní doktorka

(6) ten svetr, tvůj dědeček

단어 syn *m.* 아들   klobouk *m.* 모자

듣기

7 대화를 듣고, 대화의 내용과 일치하면 ○, 일치하지 않으면 × 표시하세요.   MP3 12-3

(1) 남자는 봄 재킷을 원한다. (   )

(2) 남자는 긴 재킷을 원한다. (   )

(3) 남자는 검은색 재킷을 원한다. (   )

(4) 남자의 옷 사이즈는 48이다. (   )

8 대화를 듣고, 대화의 내용과 일치하면 ○, 일치하지 않으면 × 표시하세요.   MP3 12-4

(1) 남자와 여자는 내일 여행을 갈 것이다. (   )

(2) 내일은 날씨가 따뜻할 것이다. (   )

(3) 여자는 남자에게 긴 바지를 입으라고 조언한다. (   )

(4) 남자와 여자는 내일 옷을 따뜻하게 입을 것이다. (   )

연습문제

읽기

9 다음 민아의 글을 읽고 내용과 일치하면 ○, 일치하지 않으면 × 표시하세요.

> Už začal podzim, v Praze je škaredé počasí a čím dál tím víc chladno. Proto jsem dnes šla do obchodu koupit si nějaké nové oblečení. Chtěla jsem si koupit dlouhou bundu, ale žádná se mi nelíbila. Našla jsem tam však jeden moc pěkný kabát. Byl světle červený, dlouhý a teplý. Navíc i cena byla dobrá. Potom, co jsem si koupila kabát, jsem šla ještě hledat kozačky do obchodu naproti naší škole. Z Koreje jsem si totiž dovezla jen tenisky, které vůbec nejsou dobré na zimu. V obchodě měli slevu na všechnu zimní obuv, tak jsem si jedny koupila a ještě ušetřila.

(1) 민아는 마음에 드는 긴 재킷이 없었다. (   )   (3) 코트가 비싼 편이다. (   )

(2) 민아는 빨간 코트가 마음에 들었다. (   )   (4) 민아는 운동화와 부츠를 샀다. (   )

쓰기

10 다음 문장을 체코어로 쓰세요.

(1) 여름이 시작되고 체코에서는 가끔 비가 오지만 많이 따뜻해요.

_____

(2) 극장 반대편에 있는 가게로 반바지와 짧은 티셔츠를 사러 갔어요.

_____

(3) 결국 주황색 티셔츠를 골랐어요.

_____

단어 čím dál tím víc 점점 더   najít (najdu) 찾다   světle 밝게   teplý 따뜻한   navíc 게다가   cena *f.* 가격   kozačky *f.* (여성용) 겨울 부츠   dovézt si (dovezu si) 가져오다   tenisky *f.* 운동화   zimní 겨울의   obuv *f.* 신발   ušetřit (ušetřím) (돈을) 아끼다

체코의 옷, 신발 치수

해외 인터넷 쇼핑몰에서 의류나 신발을 구매해 본 경험이 있는 사람이라면 나라마다 치수를 표시하는 기준이 다르다는 것을 알 수 있을 것이다. 한국과 체코도 이 기준이 다른데 체코에 가기 전에 자신의 치수를 미리 알아두면 체코의 옷가게에 들어가서 헤매는 일은 없을 것이다.

다음은 체코를 포함한 유럽과 한국의 옷과 신발 치수를 정리한 기준표이다.

★ 옷(여자 상의)

크기 구분	XS	S	M	L	XL	XXL
체코	34	36	38	40	42	44
한국	44	55	66	77	88	110

★ 옷(남자 상의)

크기 구분	XS	S	M	L	XL	XXL
체코	44-46	46	48	50	52	54
한국	85	90	95	100	105	110

★ 신발

체코	31	32	33	34	35	36	37	38	39	40	41
한국	195	200	205	210	215	220	225	230	235	240	245	250	255	260	265

체코	42	43	44	45	46	47	48	49	50	51	52
한국	270	275	280	285	290	295	300	305	310	315	320	325	330	335

다음 질문을 읽으며 학습할 내용을 미리 살펴보세요.

- 체코의 가수나 배우, 영화 또는 유명한 관광지들을 알고 있나요?
- 체코 사람들은 애칭(지소어)을 어떻게 사용할까요?
- '~로써', '~로'와 같이 수단이나 도구를 나타내는 말을 체코어로 어떻게 표현할까요?

13

S kamarády jsme byli na koncertě.

친구들과 콘서트에 갔다 왔어요.

- 체언의 조격   - 인칭대명사의 조격   - 지소어

대화와 이야기

🎵 MP3 13-1

해석

민아   내일 뭐 할 거야? 시간 있어?
라딤   내일은 시간이 없어. 미안해.
       카트카와 콘서트에 가.
민아   아하. 무슨 콘서트에 가?
라딤   카렐 고트의 콘서트에 가.
       그는 체코에서 가장 유명한 가수야.
민아   나도 그를 보고 싶어. 여기서는 아직 아무
       콘서트에도 가 보지 못 했거든.
라딤   우리와 같이 가지 않을래?
       표가 하나 더 있어.
민아   그래도 돼? 괜찮아?
라딤   당연히 가도 되지. 카트카와 여기서 다섯
       시에 만나기로 했어.
민아   좋아. 다섯 시에 올게. 벌써 기대된다.

Min-a	Co budeš dělat zítra? Máš čas?
Radim	Promiň, ale zítra nemám čas. Jdeme s Katkou na koncert.
Min-a	Aha. Na jaký koncert jdete?
Radim	Jdeme na koncert Karla Gotta. Je to nejznámější český zpěvák.
Min-a	Toho bych taky chtěla vidět. Ještě jsem tu na žádném koncertě nebyla.
Radim	Nechceš jít s námi? Máme jeden lístek volný.
Min-a	A můžu? Nevadí to?
Radim	Určitě můžeš. S Katkou jsme se domluvili, že se sejdeme tady v pět hodin.
Min-a	Super. Tak tu budu v pět. Už se moc těším.

새단어

- **nejznámější** 가장 유명한
- **lístek** *m.* 표
- **volný** 이용할 수 있는
- **určitě** 당연히
- **super** 대단한, 굉장히 좋은

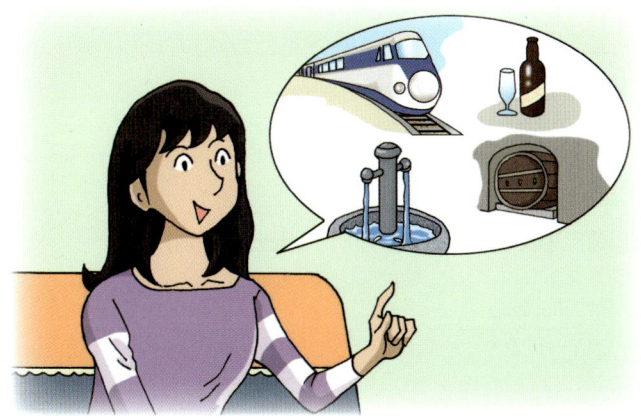

해석

가족 여행

먼저 프라하에서 기차를 타고 체스키 크룸로프와 플젠으로 갈 거예요. 플젠은 맥주로 유명해요.
그 다음에는 카를로비바리로 갈 거예요. 그곳은 온천이 유명해요.
서쪽 보헤미아에서 모라비아로 이동할 거예요. 먼저 예세니키 산맥을 본 후에 올로모우츠를 보여 줄 거예요.
올로모우츠에서 기차를 타고 오스트라바로 갈 거예요. 오스트라바는 특히 광산으로 유명해요.
마지막으로 브르노로 갈 거예요. 브르노 근처에는 포도주 저장실과 아름다운 성이 있어요.

Rodinný výlet

Z Prahy první pojedeme vlakem do Českého Krumlova a Plzně. Plzeň je známá svým pivem.

Potom pojedeme do Karlových Varů. Tam jsou známé lázně.

Ze západních Čech se přesuneme na Moravu. První se tam podíváme na pohoří Jeseníků a ukážu jim Olomouc.

Z Olomouce pak pojedeme vlakem do Ostravy. Ostrava je známá hlavně doly.

A nakonec ještě pojedeme do Brna. V okolí Brna jsou vinné sklípky a krásné zámky.

새단어

- rodinný 가족의 • lázně *f.* 온천 • západní 서쪽의 • Čechy *m.* 보헤미아 • přesunout se 이동하다
- pohoří *n.* 산맥 • Jeseníky *m.* 예세니키 (산맥) • důl *m.* 광산 • vinný sklípek *m.* 포도주 저장실
- krásný 아름다운

문법

01 체언의 조격

조격은 '~로써', '~로' 등의 의미로 격의 질문은 'Kým, čím?'이다.

조격은 다음 경우에 사용한다.
① 수단이나 도구를 나타낼 때(~을/를 통해, ~(으)로)
② 전치사 's(e)(~하고, 와)', 'nad(위에)', 'pod(밑에)', 'před(앞에)', 'za(뒤에)', 'mezi(가운데)' 뒤
③ 정해진 특정 동사나 형용사 뒤

◆ 명사

① 남성(Ma, Mi)

경음(h, ch, k, r, d, t, n)으로 끝나거나 연음(ž, š, č, ř, ď, ť, ň) 또는 -e/ě, -c, -j, -tel 중 하나로 끝날 때는 단어 뒤에 -em이 붙으며, 단어가 -a로 끝날 때는 -a가 -ou로 바뀐다.

  student → studentem 학생 muž → mužem 남자
  předseda → předsedou 장 čaj → čajem 차

② 여성

단어가 -a로 끝날 때는 -a가 -ou로 바뀌고, -e로 끝날 때는 -e가 -í로 바뀐다. 단어가 -ň로 끝날 때는 -ň가 -n로 바뀌고 뒤에 -í가 붙으며, 다른 연음이나 경음으로 끝날 때는 단어 뒤에 -í가 붙는다.

  žena → ženou 여자 židle → židlí 의자 skříň → skříní 옷장
  kost → kostí 뼈 kolej → kolejí 기숙사/궤도

③ 중성

단어가 -o나 -e로 끝날 때는 -o, -e가 각각 -em으로 바뀌며, -í로 끝날 때는 -í가 -ím으로 바뀐다. 단, 단어가 -e로 끝나지만 kuře의 규칙에 따라 활용될 때는 -e가 -etem으로 바뀐다.

  město → městem 도시 moře → mořem 바다
  náměstí → náměstím 광장 rajče → rajčetem 토마토

◆ 형용사

① 남성(Ma, Mi), 중성

ý 형용사는 -ý/-é가 -ým으로 바뀌고, í 형용사는 -í가 -ím으로 바뀐다.

  malý → malým 작은 moderní → moderním 현대적

② 여성

ý 형용사는 -á가 -ou로 바뀌고, í 형용사는 형태가 바뀌지 않는다.

        malá → malou 작은   moderní → moderní 현대적

◆ 대명사

● 소유대명사

	남성(Ma, Mi), 중성	여성
나의	mým	mou/mojí
너의	tvým	tvou/tvojí
그의	jeho	jeho
그녀의	jejím	její
우리의	naším	naší
당신들의	vaším	vaší
그/그녀들의/그것들의	jejich	jejich

※ 소유대명사 svým/svou/svojí도 위와 같은 형식으로 변한다.

● 지시대명사

	남성(Ma, Mi), 중성	여성
그	tím	tou

◆ 수사

	남성(Ma, Mi), 중성	여성
하나	jedním	jednou

※ 수단이나 도구를 나타낼 때

        Píšu tužkou(perem). 연필(펜)로 써요.

        Jezdím autobusem(autem/metrem/vlakem/tramvají).
        버스(자동차/지하철/기차/전차)를 타요.

문법

◆ 조격과 같이 쓰이는 전치사

- **mezi**: 사이에

  Sejdeme se mezi osmou a devátou (hodinou).
  여덟 시와 아홉 시 사이에 만날 거예요.

  Stojím mezi Janem a Jindrou.
  얀과 인드라 사이에 서 있어요

- **nad**: 위에

  Nad pohovkou je obraz.
  소파 위에 그림이 있어요.

- **pod**: 밑에

  Pod stolem leží pes.
  책상 밑에 개가 누워 있어요.

- **před**: 앞에, 전에

  Čekám na vás před domem.
  집 앞에서 기다리고 있어요.

  Přijedu před desátou (hodinou).
  열 시 전에 도착할 거예요.

- **s(e)**: ~하고, 와

  Jdu s kamarádkou na koncert.
  친구와 콘서트에 가요.

- **za**: 뒤에

  Za domem máme bazén.
  집 뒤에 풀이 있어요.

◆ 조격과 같이 쓰이는 동사

- **být + 직업**

  Maminka je učitelkou.
  엄마가 선생님이에요.

- **jít za**: ~을/를 만나러 가다

  Jdu za bratrem.
  남동생을 만나러 가요.

- **setkat se s**: 만나다

  Setkám se se Slávkem zítra dopoledne.
  내일 오전에 슬라벡과 만나요.

- **seznámit se s**: 교제를 맺다

  Seznámil se s Annou.
  안나와 교제를 맺었어요.

- **stát se**: ~이/가 되다

  Chci se stát doktorem.
  의사가 되고 싶어요.

- **zabývat se**: 열중하다

  Zabývají se studiem jazyků.
  언어 공부에 열중하고 있어요.

단어 ležet (ležím) 눕다   bazén *m.* 수영장, 풀

◆ 조격과 같이 쓰이는 형용사

- **být překvapený**: 놀란 **Jsem překvapená jeho chováním.**
  그의 행동으로 인해 놀랐어요.

- **být spokojený**: 만족한 **Není spokojený se svou prací.**
  그는 자신의 직업에 만족하지 않아요.

- **být známý**: 유명한 **Je známý svou hudbou.**
  그는 자신의 음악으로 유명해요.

02 인칭대명사의 조격

인칭대명사의 조격 형태는 하나씩만 있고, 문장 안에서 위치에 상관없이 아무 자리에나 올 수 있다.

인칭(단수)	전치사 없을 때	전치사 있을 때	인칭(복수)	전치사 없을 때	전치사 있을 때
já	mnou	(se) mnou	my	námi	(s) námi
ty	tebou	(s) tebou	vy	vámi	(s) vámi
on, ono	jím	(s) ním	oni, ony, ona	jimi	(s) nimi
ona	jí	(s) ní			

Můžu jít s vámi?   (제가) 당신들과 가도 돼요?

Pojedu s ním domů.   (저는) 그와 집으로 갈 거예요.

Seznámil se se mnou minulý měsíc.   (그는) 지난달에 저와 교제를 맺었어요.

Setká se s tebou za deset minut.   (그가/그녀가) 너와 십 분 뒤에 만날 거야.

Jezdím jím (autem) už dlouho.   (저는) (그 자동차를) 벌써 오랫동안 타고 있어요.

문법

03 지소어

지소어는 작은 것을 나타내거나 대상에 대한 존경심이나 감정적인 관계를 나타내는 말로서, 체코어에는 지소어가 많이 쓰인다. 지소어를 만들 때는 단어 뒤에 성에 따라 다양한 접미사를 붙인다.

◆ 남성(Ma, Mi) 명사 뒤에는 접미사 -ek, -eček, -áček, -íček가 붙는다.

-ek	Adam → Adámek, pes → pejsek 개	dům → domek 집
-eček	děda → dědeček 할아버지	dům → domeček 집
-áček	milý → miláček 애인	kartáč 솔 → (zubní) kartáček 칫솔
-íček	bratr → bratříček 형제	klíč → klíček 열쇠, čaj → čajíček 차

◆ 여성 명사 뒤에는 접미사 -ka, -ička, -uška가 붙는다.

-ka	Ivana → Ivanka	kniha → knížka 책
-uška	Petra → Petruška	Iva → Ivuška
-ička	holka → holčička 소녀	píseň → písnička 노래, káva → kávička 커피

◆ 중성 명사 뒤에는 접미사 -ečko, -átko, -íčko가 붙는다.

-ečko	víno → vínečko 와인	město → městečko 도시
-átko	dítě → děťátko 아이, kotě → koťátko 새끼 고양이	rajče → rajčátko 토마토
-íčko	náměstí → náměstíčko 광장	jablko → jablíčko 사과

Dáte si čajíček nebo kávičku?   차나 커피를 마실래요?
Ten pejsek je moc roztomilý.   그 개가 아주 귀여워요.
Narodilo se nám děťátko.   우리에게 아기가 태어났어요.
Chtěla bych si dát to jedno malé rajčátko.   그 작은 토마토 하나를 먹고 싶어요.

단어   roztomilý 귀여운

어휘

◆ 음악

 MP3 13-2

CD/ cédéčko	*n.* CD	klasická hudba	*f.* 클래식
CD přehrávač	*m.* CD 플레이어	píseň/ písnička	*f.* 노래
deska	*f.* 음반	pop	*m.* 팝 음악
folk	*m.* 포크 음악	popový	팝 음악의
folkový	포크 음악의	rock [rok]	*m.* 록 음악
gramofon	*m.* 축음기	rockový [rokový]	록 음악의
jazz	*m.* 재즈	(hi-fi) věž	*f.* 오디오
jazzový	재즈의	nahrávat (+ 4격)	녹음하다
kazeta	*f.* 카세트	pustit si (+ 4격)	재생하다

◆ 관계

druh	*m.* 동반자	přítel	*m.* 남자친구/친구
družka	*f.* 동반자	přítelkyně	*f.* 여자친구/친구
kolega	*m.* 동료	soused	*m.* 이웃 사람
kolegyně	*f.* 동료	sousedka	*f.* 이웃 사람
manžel	*m.* 남편	spolužák	*m.* 동기
manželka	*f.* 아내	spolužačka	*f.* 동기
milenec	*m.* 애인	zaměstnanec	*m.* 고용인
milenka	*f.* 애인	zaměstnankyně	*f.* 고용인
partner	*m.* 동반자	zaměstnavatel	*m.* 고용자
partnerka	*f.* 동반자	zaměstnavatelka	*f.* 고용자

동사 따라잡기

◆ **ležet** 위치하다/눕다/병상에 눕다

		현재	과거	미래
단수	já	ležím	ležel(a) jsem	budu ležet
	ty	ležíš	ležel(a) jsi	budeš ležet
	on	leží	ležel	bude ležet
	ona		ležela	
	ono		leželo	
복수	my	ležíme	leželi(/y) jsme	budeme ležet
	vy	ležíte	leželi(/y) jste	budete ležet
	oni	leží	leželi	budou ležet
	ony		ležely	
	ona		ležela	

Pejsek leží pod stolem. 개가 책상 밑에 누워 있어요.

① Už _____ v posteli? — 벌써 침대에 누워 있어? (ty)

② Nechal všechno _____. — 모든 것을 놨어요. (아무것도 신경 쓰지 않았어요.) (과)

③ Jan _____ s angínou. — 얀은 편도염으로 누워 있어요.

④ Ještě pořád _____ v nemocnici. — 아직도 병원에 (누워) 있어요. (ona)

⑤ Praha _____ ve Středočeském kraji. — 프라하는 중앙 보헤미아 주에 위치해 있어요.

> **Pejsek neleží pod stolem.** 개가 책상 밑에 누워 있지 않아요.

⑥ Kniha _____ na stole.
책이 책상 위에 눕혀져 있지 않았어요. (과)

⑦ Česko _____ ve východní Evropě.
체코는 동유럽에 위치해 있지 않아요.

⑧ V létě _____ jen _____.
우리는 여름에 누워 있지만 않을 거예요. (my, 미)

⑨ _____ na pohovce?
(그것이) 소파 위에 누워 있지 않아요? (ono)

⑩ Naštěstí už _____ s chřipkou.
(저는) 이제 다행히 감기(에 걸려 병상에) 누워 있지 않아요. (já)

Středočeský kraj *m.* 중앙보헤미아 주 (kraj *m.* 지역)   východní 동쪽의   naštěstí 다행히

정답 ① ležíš ② ležet ③ leží ④ leží ⑤ leží ⑥ neležela ⑦ neleží ⑧ nebudeme ležet ⑨ Neleží ⑩ neležím

연습문제

어휘

1 그림에 알맞은 단어를 〈보기〉에서 골라 남/녀의 형태를 쓰세요.

보기
kolega   manžel   přítel   soused   spolužák   zaměstnanec

(1) 남:_____   여:_____

(2) 남:_____   여:_____

(3) 남:_____   여:_____

(4) 남:_____   여:_____

(5) 남:_____   여:_____

(6) 남:_____   여:_____

2 빈칸에 알맞은 단어를 〈보기〉에서 골라 쓰세요.

보기
přehrávač   gramofon   klasická hudba   písnička   rockový

(1) Nezazpíváme si nějakou _____?

(2) Mám ráda _____ _____, třeba Dvořáka nebo Smetanu.

(3) Pustili si desku na starém _____.

(4) Máte doma CD _____?

(5) Nemá ráda _____ hudbu, protože je moc hlučná.

문법

3 〈보기〉와 같이, 괄호 안의 단어를 조격 형태로 바꾸어 빈칸을 채우세요.

> | 보기 | Sejdeme se odpoledne před domem. (dům)

(1) Chci se stát _____. (učitel)

(2) Půjdeme za _____ a _____. (babička, dědeček)

(3) Jsem překvapená _____ _____. (ten film)

(4) Odjeli před čtvrt _____. (hodina)

(5) Chce se setkat s _____ _____ _____. (jedna známá herečka)

4 다음 밑줄 친 단어를 지소어로 바꾸어 쓰세요.

> | 보기 | Dáte si čaj? → čajíček

(1) Také bych chtěl mít doma psa. → _____

(2) Půjdeme na pivo? → _____

(3) Viděla jsi to kotě? → _____

(4) Ve městě mají malé náměstí. → _____

(5) Stýská se mi po mém bratrovi. → _____

연습문제

말하기

5 주어진 어휘를 사용하여 〈보기〉와 같이 대화를 만드세요.

> | 보기 |
>
> maminka, ona → A: Půjdete k mamince?
>
> B: Ano, půjdu za ní.

(1) lékař, on

(2) máma a táta, oni

(3) já, ty

(4) my, vy

(5) Katka a Anna, ony

(6) paní učitelka, ona

6 주어진 어휘를 사용하여 〈보기〉와 같이 대화를 만드세요.

> | 보기 |
>
> váš dům, za, supermarket → A: Kde je váš dům?
>
> B: Náš dům je za supermarketem.

(1) knihkupectví, za, divadlo

(2) ta nová restaurace, před, kino

(3) Olomouc, mezi, Praha a Ostrava

(4) moje kniha, pod, televize

(5) hotel Praha, nad, lékárna

(6) tvoje škola, před, knihovna

듣기

7 대화를 듣고, 대화의 내용과 일치하면 ○, 일치하지 않으면 × 표시하세요.   MP3 13-3

(1) 남자는 주말에 집에 있을 것이다. (   )

(2) 여자는 주말에 친구들과 영화를 볼 것이다. (   )

(3) 주말에 비가 오면 남자는 영화를 볼 것이다. (   )

(4) 남자와 여자는 일요일에 만날 수도 있다. (   )

8 대화를 듣고, 대화의 내용과 일치하면 ○, 일치하지 않으면 × 표시하세요.   MP3 13-4

(1) 여자는 아빠와 프라하를 구경했다. (   )

(2) 여자의 아빠는 올로모우츠에 가 본 적이 있다. (   )

(3) 여자는 올로모우츠에서 오스트라바로 자동차를 타고 갈 것이다. (   )

(4) 여자의 아빠는 브르노에도 가고 싶어 한다. (   )

연습문제

읽기

9 다음 민아의 글을 읽고 내용과 일치하면 ○, 일치하지 않으면 × 표시하세요.

> O prázdninách jsme s maminkou a sestřičkou cestovaly po České republice, Slovensku a Rakousku. První jsme jely do Jihočeského kraje podívat se do Českých Budějovic a do Českého Krumlova. Tam jsme viděly zámek, pivovar i katedrálu. Poté jsme jely vlakem do Vídně, hlavního města Rakouska. Tam jsme si prohlédly všechny známé památky a přesunuly se autobusem do slovenské Bratislavy. V Bratislavě jsme viděly hrad a další turistické atrakce. Nakonec jsme se přes Brno vrátily zpět do Prahy.
>
> * Jihočeský kraj *m.* 남보헤미아 주　　České Budějovice *f.* 체스케 부데요비체 (체코의 도시)　　Bratislava *f.* 브라티슬라바 (슬로바키아의 수도)

(1) 민아와 가족은 남보헤미아 주에서 맥주공장과 대성당을 봤다. (　　)

(2) 민아와 가족은 슬로바키아에서 남보헤미아 주를 통해 프라하로 돌아갔다. (　　)

쓰기

10 다음 문장을 체코어로 쓰세요.

(1) 주말에 아담, 라딤과 여행을 갔어요.

_____

(2) 남보헤미아 주의 여러 도시를 보러 갔는데 많은 기념물과 관광지를 구경했어요.

_____

(3) 여러 박물관과 야외 박물관에도 가 보고 성당과 교회도 몇 개 봤어요.

_____

단어　cestovat 여행하다　　pivovar *m.* 맥주공장　　Vídeň *f.* 비엔나　　hlavní město *n.* 수도　　slovenský 슬로바키아의　　turistická atrakce *f.* 관광지

체코 문화탐방

◀ 체코의 지역 ▶

| 체코 국장

체코는 크게 세 지역으로 나뉜다. 서부의 보헤미아(Čechy), 동부의 모라비아(Morava), 동북부의 실레지아(Slezsko)가 그것인데, 이는 체코의 국장에 각 지역의 문장이 포함되어 있는 것에서도 나타난다. 체코 공화국의 국장을 살펴보면, 빨간 바탕에 두 개의 꼬리를 가진 흰 사자는 보헤미아를, 파란 바탕에 흰색과 빨간색 체크 무늬의 독수리는 모라비아를, 가슴 중앙에 달을 품고 있는 검은 독수리는 실레지아를 상징한다. 영역의 크기는 보헤미아, 모라비아, 실레지아의 순이다.

체코의 수도 프라하를 비롯하여 한국 사람들에게 잘 알려진 체스키 크룸로프(Český Krumlov), 플젠(Plzeň), 카를로비 바리(Karlovy Vary), 쿠트나 호라(Kutná Hora) 등과 같은 유명한 관광지들은 대부분 보헤미아에 속해 있다. 모라비아는 남쪽은 와인, 위쪽은 전통주로 유명하다. 체코 제 2의 수도인 브르노(Brno), 유네스코로 지정된 역병 기념비로 잘 알려진 올로모우츠(Olomouc)가 모라비아에 속해 있다. 체코의 세 지역 중에서 제일 작은 실레지아에서는 공업 도시인 오스트라바(Ostrava)가 잘 알려져 있는데 이 지역에는 '현대'와 같은 한국 기업의 공장이 자리잡고 있다.

- 체코어의 명령문은 어떤 형태일까요?
- 여러 동물과 식물 이름을 체코어로 어떻게 말할까요?
- 다양한 직업명을 체코어로 어떻게 말할까요?

14

Ostatní zvířata nekrm.

다른 동물에게는 먹이를 주지 마.

- 명령문　• 부정 명령문

대화와 이야기

MP3 14-1

해석

얀	동물원이나 식물원에 가 본 적이 있어?
민아	동물원에는 두 번 가봤는데 식물원에는 아직 못 가봤어.
얀	네가 좋아하는 동물이나 꽃이 있어?
민아	동물은 개하고 코끼리를 좋아하고 꽃은 특히 튤립을 좋아해. 너는 무슨 동물을 좋아해?
얀	나는 기린과 곰이 가장 마음에 들어.
민아	동물원에서 동물에게 먹이를 줄 수 있어?
얀	표지판이 있는 동물만 돼. 다른 동물에게는 먹이를 주지 마.
민아	알았어. 그것을 기억할게.

Jan	Byla jsi už někdy v zoologické nebo botanické zahradě?
Min-a	V zoo jsem byla dvakrát, ale nikdy jsem ještě nebyla v botanické zahradě.
Jan	Jaké je tvé oblíbené zvíře nebo květina?
Min-a	Ze zvířat mám ráda psy a slony, z květin mám ráda hlavně tulipány. A jaká zvířata máš rád ty?
Jan	Mě se nejvíc líbí žirafy a medvědi.
Min-a	A můžou se v zoo krmit zvířata?
Jan	Jen ta, u kterých je značka. Ostatní nekrm.
Min-a	Dobře. Budu si to pamatovat.

새단어

- zoologická zahrada *f.* 동물원 • botanická zahrada *f.* 식물원 • zvíře *n.* 동물
- slon *m.* 코끼리 • tulipán *m.* 튤립 • žirafa *f.* 기린 • medvěd *m.* 곰 • krmit (krmím) 먹이를 주다
- značka *f.* 표지판 • ostatní 다른, 나머지 • pamatovat si (pamatuji si) 기억하다

> **해석**
>
> 우리 반 (친구들)과 동물원에서 많은 동물들을 봤어요. 사육사들이 동물들에게 먹이를 주고 있었는데, 참 신기했어요. 저도 사육사가 되고 싶었어요. 식물원에서는 많은 꽃을 구경했고, 원예사들에게 여러 질문을 했어요. 이번에는 원예사가 되고 싶었어요.
> 그런데, 어느 날 《프라하의 연인》이라는 드라마를 봤어요. 체코가 마음에 들었고 체코어에도 관심이 생겼어요. 체코어는 어렵지만 매우 재미있어서 열심히 공부를 하고 있어요. 언젠가 번역가가 돼서 체코의 책을 한국어로 번역하고 싶어요.

S naší třídou jsme v zoologické zahradě viděli hodně zvířat. Ošetřovatelé je zrovna krmili, bylo to moc zajímavé. Já jsem se také chtěla stát ošetřovatelkou.
V botanické zahradě jsem si prohlédla mnoho květin a ptala jsem se zahradníků na různé otázky. Tentokrát jsem se chtěla stát zahradnicí.
Jednou jsem ale viděla seriál Milenci v Praze. Česko se mi moc zalíbilo a začala jsem se zajímat i o češtinu. I když je těžká, moc mě baví, a proto se ji pilně učím. Jednou bych se chtěla stát překladatelkou a překládat české knihy do korejštiny.

새단어

- třída *f.* 반 • ošetřovatel *m.* 사육사 • zahradník/zahradnice *m./f.* 원예사 • otázka *f.* 질문
- tentokrát 이번에 • seriál *m.* 드라마 • Milenci v Praze 프라하의 연인 • zalíbit (zalíbím) 마음에 들다
- zajímat se (zajímám se) 관심이 있다 • bavit(bavím) 재미있다 • pilně 열심히 • překladatelka *f.* 번역가
- překládat (překládám) 번역하다

문법

01 명령문

체코어의 명령문은 동사의 3인칭 복수형에서 접미사 -í나 -ou를 빼서 만든다. 동사의 명령문을 만들 때는 동사의 완료형과 미완료형을 둘 다 쓸 수 있다.

명령문을 만들 때, 동사는 세 가지 그룹으로 나뉘며 형태는 다음과 같다.

① 마지막에 자음이 하나만 있는 그룹

원형	3인칭 복수	명령 2인칭 단수	명령 1인칭 복수	명령 2인칭 복수
		–	-me	-te
děkovat 감사하다	děkují/děkujou	děkuj!	děkujme!	děkujte!
chodit 가다	chodí	choď!	choďme!	choďte!
mluvit 말하다	mluví	mluv!	mluvme!	mluvte!
platit 돈을 내다	platí	plať!	plaťme!	plaťte!
psát 쓰다	píší/píšou	piš!	pišme!	pište!
ukázat 보여주다	ukážou	ukaž!	ukažme!	ukažte!

② 마지막에 자음이 두 개 있는 그룹

원형	3인칭 복수	명령 2인칭 단수	명령 1인칭 복수	명령 2인칭 복수
		-i	-eme/-ěme	-ete/-ěte
číst 읽다	čtou	čti!	čtěme!	čtěte!
jít 가다	jdou	jdi!	jděme!	jděte!
říct 말하다	řeknou	řekni!	řekněme!	řekněte!
vysvětlit 설명하다	vysvětlí	vysvětli!	vysvětleme!	vysvětlete!
vzít 가지다	vezmou	vezmi!	vezměme!	vezměte!

③ dělat 유형의 그룹: -ají나 -ĕjí가 -ej/ĕj로 바뀐다.

원형	3인칭 복수	명령 2인칭 단수	명령 1인칭 복수	명령 2인칭 복수
		-ej/-ěj	-ejme/-ějme	-ejte/-ějte
čekat 기다리다	čekají	čekej!	čekejme!	čekejte!
dělat 하다	dělají	dělej!	dělejme!	dělejte!
rozumět 이해하다	rozumí/rozumějí	rozuměj!	rozumějme!	rozumějte!

명령문을 쓸 때는 다음 두 가지를 주의해야 한다.

① 1 음절 명령형 동사는 장음이 단음으로 바뀌어, -í → -i, -ou → -u, -á → a로 바뀐다.

(píšou → piš, koupí → kup, ukážou → ukaž)

② 다음과 같은 불규칙 동사가 있다.

být 이다	jsou → buď!	mít 가지다	mají → měj!
jíst 먹다	jedí → jez!	přijít 오다	přijdou → přijď!
jít 가다	půjdou → pojď!	sníst 먹다	snědí → sněz!

Napiš všechno, co si pamatuješ!	기억나는 것을 모두 써!
Pojeďme na dovolenou!	여행을 갑시다.
Vysvětlete mi to!	저에게 그것을 설명하세요!
Poděkuj za dárek!	선물을 (받았으니) 감사하다고 해!
Podívejte se z okna!	창문 밖을 보세요!

prosím을 넣어 말하면 공손한 표현이 된다. prosím은 영어의 please와 같으며, 문장의 앞, 뒤, 중간에 모두 올 수 있다. 대부분 prosím 앞과 뒤에 쉼표를 넣어 나머지 문장과 분리하여 쓴다.

Ukažte mi to místo, prosím.	그 장소를 보여주세요!
Dejte mi to, prosím. (= Prosím, dejte mi to.)	그것을 주세요.
Dejte mi, prosím, dvě jablka.	사과 두 개를 주세요.

문법

02 부정 명령문

부정 명령문은 동사의 명령형 앞에 부정 접두사 ne를 붙인다. 부정 명령문에는 동사의 미완료형만 쓸 수 있다. 부정 명령문을 만들 때, 동사는 불규칙으로 활용되는 것을 주의해야 한다. (jdi!, pojď! 가! → nechoď! 가지 마!)

Čti tu knihu! / Přečti si tu knihu! →	Nečti tu knihu!	그 책을 읽지 마!
Dívej se tam! / Podívej se tam! →	Nedívej se tam!	그곳을 보지 마!
Piš ten dopis! / Napiš ten dopis! →	Nepiš ten dopis!	그 편지를 쓰지 마!
Dělej ten úkol! / Udělej si ten úkol! →	Nedělej ten úkol!	그 숙제를 하지 마!
Rychle vstávej! / Rychle vstaň! →	Nevstávej!	일어서지 마!
Pij ten čaj! / Vypij ten čaj! →	Nepij ten čaj!	그 차를 마시지 마!

◆ ～해야 하는 것을/하지 말아야 하는 것을 기억해/잊지 마

동사 pamatovat (si; 기억하다)나 zapomenout(잊다)의 명령문은 먼저 동사의 명령형을 쓰고 쉼표 뒤에 접속사 že와 동사 muset(아/어야 하다)를 쓴 뒤에 동사의 원형(기억해야 하는 내용)이 온다.

Pamatuj si, že odpoledne musíme jít nakoupit.
오후에 쇼핑하러 가야 되는 것을 기억해.

Nezapomeň, že odpoledne musíme jít nakoupit.
오후에 쇼핑하러 가야 되는 것을 잊지 마.

Pamatuj si, že nesmíš s nikým mluvit.
아무와도 말하지 말아야 하는 것을 기억해.

Nezapomeň, že nesmíš s nikým mluvit.
아무와도 말하지 말아야 하는 것을 잊지 마.

Nezapomeň jít odpoledne nakoupit.
오후에 쇼핑하러 갈 것을 잊지 마.

어휘

◆ 동물, 식물　　　 MP3 14-2

 prase *n.* 돼지　　 pes *m.* 개　　 kočka *f.* 고양이　　 kráva *f.* 소　　 pták *m.* 새

 slepice *f.* 닭　　 ryba *f.* 물고기　　 růže *f.* 장미　　 strom *m.* 나무　　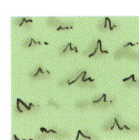 tráva *f.* 풀

◆ 직업

architekt/architektka	*m./f.* 건축가	politik/politička	*m./f.* 정치가
číšník/číšnice	*m./f.* 종업원	poslanec/poslankyně	*m./f.* 국회의원
dělník/dělnice	*m./f.* 노동자	právník/právnička	*m./f.* 변호사
ekonom/ekonomka	*m./f.* 회계사	průvodce/průvodkyně	*m./f.* 가이드
herec/herečka	*m./f.* 배우	průvodčí	*m./f.* (기차) 승무원
holič/holička	*m./f.* 이발사	redaktor/redaktorka	*m./f.* 편집자
kadeřník/kadeřnice	*m./f.* 미용사	řidič/řidička	*m./f.* (운전) 기사
kuchař/kuchařka	*m./f.* 요리사	sekretář/sekretářka	*m./f.* 비서
malíř/malířka	*m./f.* 화가/도장공	tlumočník/tlumočnice	*m./f.* 통역가
manažer/manažerka	*m./f.* 매니저	zdravotní sestra	*f.* 간호사
novinář/novinářka	*m./f.* 기자	zpěvák/zpěvačka	*m./f.* 가수
podnikatel/podnikatelka	*m./f.* 사업가	policista/policistka	*m./f.* 경찰

동사 따라잡기

◆ **stát se – stávat se** ~이/가 되다/일어나다

두 동사의 뜻은 같지만, stát se는 완료형 동사이기 때문에 현재형이 미래를 나타내고, stávat se는 미완료형 동사이기 때문에 미래형을 'být' 동사와 결합해서 만든다.

• **stát se**

		과거	현재, 미래	명령
단수	já	stal(a) jsem se	stanu se	
	ty	stal(a) ses	staneš se	staň se
	on	stal se	stane se	
	ona	stala se		
	ono	stalo se		
복수	my	stali(/y) jsme se	staneme se	staňme se
	vy	stali(/y) jste se	stanete se	staňte se
	oni	stali se	stanou se	
	ony	staly se		
	ona	stala se		

• **stávat se**

		현재	과거	미래	명령
단수	já	stávám se	stával(a) jsem se	budu se stávat	
	ty	stáváš se	stával(a) ses	budeš se stávat	stávej se
	on	stává se	stával se	bude se stávat	
	ona		stávala se		
	ono		stávalo se		
복수	my	stáváme se	stávali(/y) jsme se	budeme se stávat	stávejme se
	vy	stáváte se	stávali(/y) jste se	budete se stávat	stávejte se
	oni	stávají se	stávali se	budou se stávat	
	ony		stávaly se		
	ona		stávala se		

> Chci se stát učitelem. 선생님이 되고 싶어요.

stát se

1. Čím ____ chceš _____? 무엇이 되고 싶어?
2. _____ ____ lékařem. 의사가 되세요. (vy, 명)
3. _____ ____ herečkou. 배우가 됐어요. (ona, 과)
4. _____ ____ zpěvákem. 저는 가수가 되지 않을 거예요. (já, 부)
5. _____ ____ učiteli češtiny? 우리는 체코어 선생님이 되지 않을까요? (my, 부)

stávat se

6. Takové věci ____ _____. 그런 일도 일어나요.
7. Ať už ____ to _____. 그 일이 다시 일어나지 않도록 (해요). (부)
8. To ____ _____ _____ často. 그런 일이 자주 일어날 거예요. (미)
9. Toto ____ dřív _____. 이 일은 예전에 일어나지 않았어요. (부, 과)
10. To ____ _____ pravidlem. 그것은 규칙이 되어 (가)요.

pravidlo *n.* 규칙

정답
① se stát ② Staňte se ③ Stala se ④ Nestanu se ⑤ Nestaneme se ⑥ se stávají ⑦ se nestává ⑧ se bude stávat
⑨ se nestávalo ⑩ se stává

연습문제

어휘

1 그림에 맞는 단어를 〈보기〉에서 골라 쓰세요.

보기
kočka   kráva   pes   prase   pták   slepice

(1) _____

(2) _____

(3) _____

(4) _____

(5) _____

(6) _____

2 그림에 알맞은 단어를 〈보기〉에서 골라 남/녀의 형태를 쓰세요.

보기
malíř   kuchař   doktor   policista   učitel   zpěvák

(1) 남:_____ 여:_____

(2) 남:_____ 여:_____

(3) 남:_____ 여:_____

(4) 남:_____ 여:_____

(5) 남:_____ 여:_____

(6) 남:_____ 여:_____

문법

3 주어진 동사의 명령형을 넣어 빈칸을 채우세요.

| 보기 |
| Jděte rychle. (jít, vy)

(1) _____ _____ vzít tu knížku. (nezapomenout si, ty)

(2) _____ _____ tento zámek. (prohlédnout si, my)

(3) _____ _____ brzy. (vrátit se, vy)

(4) _____ ústa. (otevřít, vy)

(5) _____ si dát kávu. (jít ⓘ, my)

4 다음 명령문을 부정 명령문으로 고치세요.

| 보기 |
| Jděte do školy! → Nechoďte do školy!

(1) Dívej se na film! → _____

(2) Jdi na procházku! → _____

(3) Vstaňte brzy ráno! → _____

(4) Vysvětlete mu to! → _____

(5) Napište ten úkol! → _____

연습문제

말하기

5 주어진 어휘를 사용하여 〈보기〉와 같이 대화를 만드세요.

> | 보기 |
>
> jít do divadla → A: Jdi do divadla!
> B: Ne, nepůjdu do divadla.

(1) prohlédnout si zámek

(2) jet na kolo

(3) podívat se na mého psa

(4) vzít si ten časopis

(5) jet na lyže

(6) seznámit se s mým kamarádem

6 주어진 어휘를 사용하여 〈보기〉와 같이 대화를 만드세요.

> | 보기 |
>
> otevřít to okno → A: Můžu otevřít to okno?
> B: Ano, otevři to okno.

(1) jít ven

(2) dívat se na film

(3) ochutnat ten dort

(4) jít hrát fotbal

(5) zavolat kamarádce

(6) hrát si na počítači

단어 časopis *m.* 잡지   zavolat(zavolám) 전화를 걸다, 부르다

듣기

7 대화를 듣고, 대화의 내용과 일치하면 ○, 일치하지 않으면 × 표시하세요.   MP3 14-3

(1) 남자는 어제 친구와 동물원에 갔다. (   )

(2) 남자의 아이들은 기린과 새가 마음에 들었다. (   )

(3) 남자는 동물원에서 곰을 보지 못 했다. (   )

(4) 여자는 동물원에 가고 싶어 한다. (   )

8 대화를 듣고, 대화의 내용과 일치하면 ○, 일치하지 않으면 × 표시하세요.   MP3 14-4

(1) 남자는 어렸을 때 기차 승무원이 되고 싶었다. (   )

(2) 여자는 요리사가 되고 싶었다. (   )

(3) 남자는 경찰이 되고 싶다. (   )

(4) 여자는 경찰이 되고 싶다. (   )

연습문제

읽기

9 다음 민아의 글을 읽고 내용과 일치하면 ○, 일치하지 않으면 × 표시하세요.

> O víkendu jsem se šla podívat do botanické zahrady.
> Ještě nikdy jsem v botanické zahradě nebyla, a tak jsem byla zvědavá, jak to v ní vypadá. Viděla jsem tam hodně květin z Evropy, z Ameriky a z Asie.
> V botanické zahradě měli místo, kde nebyly jen květiny, ale i pestrobarevní motýli. Když jsem si vše prohlédla, zúčastnila jsem se jedné poznávací soutěže. Protože jsem poznala všechny květiny, dostala jsem červenou růži a malý dárek. Moc se mi tam líbilo a příště s sebou vezmu i své kamarády.

(1) 민아는 식물원에 처음 갔다. (   )

(2) 민아는 꽃 감별 대회에 나가서 상을 탔다. (   )

쓰기

10 다음 문장을 체코어로 쓰세요.

(1) 주말에 동물원에 갔어요.

_____

(2) 동물원에는 유럽에서 온 동물들이 있었어요.

_____

(3) 여러 동물들을 알아봤어요.

_____

단어   zvědavý 궁금한   dokonce 조차   pestrobarevný 여러 가지 색깔의   motýl *m.* 나비   poznávací 감별의   poznat (poznám) 알아보다   s sebou 같이

체코 문화탐방

◀ **체코의 결혼 문화** ▶

한국과 체코는 비슷한 것 같으면서도 작지 않은 문화적 차이가 있다. 결혼도 서로 다른 문화 중 하나이다. 한국에서는 결혼식을 했어도 혼인신고를 하지 않으면 법적으로 부부임을 인정 받지 못하지만 체코에서는 결혼식을 하지 않으면 법적으로 결혼을 인정받을 수 없다. 체코에서는 서류를 구비한 후 각 지역의 행정기관에 신청을 하면 적당한 결혼식장을 대여해 주는데, 성, 성당 등을 결혼식장으로 대여할 수도 있다. 결혼식은 짧게 진행되며 결혼식 직후 친한 친구들과 가족들만 참석하는 파티는 밤새도록 하는 경우가 많다. 결혼식에는 증인 2명이 필수로 참석해야 하고 사회자나 주례는 시청 직원과 같이 공증이 가능한 사람만이 할 수 있다.

한국에서는 결혼식에 축의금을 준비해 가는 경우가 대부분이다. 하지만 체코에서는 축의금 문화는 없고 축하 편지를 써 주거나 실질적으로 신혼 생활에 도움이 될 만한 물건들을 선물한다. 결혼식이 잘 마무리되고 신랑과 신부가 결혼식장에서 퇴장할 때 하객들이 신랑과 신부에게 쌀을 뿌리며 건강과 행복을 기원하는 것도 체코의 결혼 문화 중 하나이다. 또한 식사를 하기 전에 그릇을 깨뜨리는데 이것은 성공과 부부의 협력의 상징이다.

| 결혼식 빵

| 결혼식 쿠키

| 그릇 깨뜨리기

체코의 주택가를 지나가다 보면 가끔 집 앞에 화살표시와 함께 두 사람의 이니셜이 써있는 하트가 길 위에 스프레이나 분필로 그려져 있는 것을 볼 수 있는데, 이는 화살표가 가리키는 집이 신랑과 신부가 살았던 집이라는 표시이다. 이것도 체코의 특별한 결혼 문화 중 하나이다.

연습문제 정답

연습문제 정답

01 Dobrý den.

1
(1) student 남학생, 남성(Ma)
(2) kamarádka 친구, 여성
(3) sešit 공책, 남성(Mi)
(4) pero 펜, 중성
(5) pošta 우체국, 여성
(6) učitel 선생님, 남성(Ma)
(7) židle 의자, 여성
(8) pokoj 방, 남성(Mi)
(9) náměstí 광장, 중성
(10) nádraží 기차역, 정류장, 중성
(11) skříň 옷장, 여성
(12) slunce 해, 중성

2
(1) 체코   Česká republika / Česko
(2) 한국   Korea
(3) 미국   USA, Amerika
(4) 중국   Čína
(5) 영국   Velká Británie / Anglie
(6) 프랑스 Francie

3

보기
A: 이 사람이 누구예요?   A: 이것이 무엇이에요?
B: 그 사람은 제 친구예요.   B: 그것은 책이에요.

(1) A: Kdo je to?
    B: To je student.
(2) A: Co je to?
    B: To je auto.
(3) A: Co je to?
    B: To je slunce.
(4) A: Kdo je to?
    B: To je holka.
(5) A: Co je to?
    B: To je pošta.
(6) A: Kdo je to?
    B: To je kluk.

4
(1) Odkud jsi ty? 너는 어디서 왔어?
(2) On není student. 그는 학생이 아니에요.
(3) My jsme kamarádky. 우리는 친구예요.
(4) Oni jsou kluci. 그들은 소년들이에요.
(5) Oni nejsou učitelé. 그들은 선생님이 아니에요.
(6) Já jsem z Ameriky. 저는 미국에서 왔어요.

5

보기
안녕하세요? 저는 민아예요. 한국에서 왔어요.

(1) Dobrý den. Já jsem Jana. Já jsem z Ruska.
(야나/러시아)
(2) Dobrý den. Já jsem Mio. Já jsem z Japonska.
(미오/일본)
(3) Dobrý den. Já jsem Pavel. Já jsem z Německa.
(파벨/독일)
(4) Dobrý den. Já jsem Ivana. Já jsem z Francie.
(이바나/프랑스)
(5) Dobrý den. Já jsem Slávek. Já jsem z Česka.
(슬라벡/체코)
(6) Dobrý den. Já jsem Lucie. Já jsem z Anglie.
(루치에/영국)

6

보기
저, 학생 → 네, 저는 학생이에요.
아니요, 저는 학생이 아니에요.

(1) (너/선생님)
Ano, ty jsi učitelka. / Ne, ty nejsi učitelka.
(2) (그들/친구)
Ano, oni jsou kamarádi. /
Ne, oni nejsou kamarádi.
(3) (당신/여자)
Ano, vy jste žena. / Ne, vy nejste žena.
(4) (저/소년)
Ano, já jsem kluk. / Ne, já nejsem kluk.
(5) (우리/학생)
Ano, my jsme studenti. /
Ne, my nejsme studenti.
(6) (그/선생님)
Ano, on je učitel. / Ne, on není učitel.

7 MP3 01-3

(1) ②   (2) ①

W: Dobrý den. Já jsem Anna.
M: Dobrý den. Já jsem Adam. Vy jste Němka?
W: Ne, já nejsem Němka. Já jsem Češka. A vy?
M: Já jsem Angličan.

W: 안녕하세요? 저는 안나예요.
M: 안녕하세요? 저는 아담이에요. 당신은 독일 사람이에요?
W: 아니요, 저는 독일 사람이 아니에요. 저는 체코 사람이에요. 당신은요?
M: 저는 영국 사람이에요.

(1) 안나는 독일 사람이에요.
(2) 아담은 영국 사람이에요.

8 MP3 01-4

(1) ②   (2) ①

M: Dobrý den. Já se jmenuji Petr. Já jsem z Francie. Já jsem učitel.
W: Dobrý den. Já se jmenuji Jana. Já jsem z Číny. Já nejsem učitelka. Já jsem studentka.

M: 안녕하세요? 제 이름은 페트르예요. 저는 프랑스에서 왔어요. 저는 선생님이에요.
W: 안녕하세요? 제 이름은 야나예요. 저는 중국에서 왔어요. 저는 선생님이 아니에요. 저는 학생이에요.

(1) 남자는 선생님이에요.
(2) 여자는 학생이에요.

9

(1) Lydie   (2) Anglie 영국   (3) učitelka 선생님

안녕하세요?
제 이름은 리디에예요.
저는 영국 사람이에요.
저는 학생이 아니에요. 저는 선생님이에요.
만나서 반가워요.

10

(1) Já jsem z Koreje.
(2) Já nejsem učitelka.
(3) Já jsem student(ka).

02 Co je to? Čí je to?

1

| 보기 | 예쁜 여자 – 못생긴 여자 |

(1) drahý dům 비싼 집 – levný dům 싼 집
(2) české pivo 체코의 맥주 – cizí pivo 외국의 맥주
(3) mladá žena 젊은 여자 – stará žena 늙은 여자
(4) starý muž 늙은 남자 – mladý muž 젊은 남자
(5) levný obraz 싼 그림 – drahý obraz 비싼 그림
(6) velké okno 큰 창문 – malé okno 작은 창문

2

| 보기 | 그 집이 어때요? 그 집은 비싸요. |

(1) Ta kniha je levná. (책/싸다)
(2) Ta žena je pěkná. (여자/예쁘다)
(3) Ten sešit je malý. (공책/작다)
(4) Ta lampa je velká. (램프/크다)
(5) Ta škola je nová. (학교/새롭다)
(6) Ten slovník je starý. (사전/낡았다)

3

(1) Tahle   (2) Ten   (3) Tamta
(4) Tento, tamten   (5) Tamta

| 보기 | 그 책상이 낡았어요. |

(1) 이 교과서가 마음에 들어요.
(2) 그 노트가 초록색이에요.
(3) 저 텔레비전이 무거워요.
(4) 이 집은 낡았지만 저 (집은) 새 것이에요.
(5) 저 학생이 예뻐요.

연습문제 정답

4

(1) jeho, jeho (2) váš, náš/můj (3) tvoje, moje
(4) jejich, jejich (5) její, její (6) jejich, jejich

| 보기 | 그것이 너의 편지야? 응, 그것은 나의 편지야. |

(1) 그것이 그의 연필이에요? / 네, 그것은 그의 연필이에요.
(2) 그것이 당신들의/당신의 집이에요? / 아니요, 그것은 우리의/저의 집이 아니에요.
(3) 그것이 너의 교과서야? / 응, 그것은 나의 교과서야.
(4) 그것이 그녀들의 자동차예요? / 네, 그것은 그녀들의 자동차예요.
(5) 그것이 그녀의 그림이에요? / 아니요, 그것은 그녀의 그림이 아니에요.
(6) 그녀는 그들의 친구예요? / 네, 그녀는 그들의 친구예요.

5

| 보기 | 나/너 : 이것이 나의 책이야. 그리고 저것은 너의 공책이야. |

(1) (그들/우리) To je jejich kniha.
           A tamto je náš sešit.
(2) (당신들/나) To je vaše kniha.
           A tamto je můj sešit.
(3) (그녀/그)   To je její kniha.
           A tamto je jeho sešit.
(4) (그녀들/너) To je jejich kniha.
           A tamto je tvůj sešit.
(5) (그들/그녀) To je jejich kniha.
           A tamto je její sešit.
(6) (너/당신들) To je tvoje kniha.
           A tamto je váš sešit.

6

| 보기 | 책/작다 : 그 책이 어때요? 그 책은 작아요. |

(1) (자동차/낡다) Jaké je to auto?
             To auto je staré.
(2) (옷장/무겁다) Jaká je ta skříň?
             Ta skříň je těžká.
(3) (남자/못생겼다) Jaký je ten muž?
             Ten muž je ošklivý.
(4) (책/가볍다)   Jaká je ta kniha?
             Ta kniha je lehká.
(5) (책상/새롭다) Jaký je ten stůl?
             Ten stůl je nový.
(6) (펜/파랗다)   Jaké je to pero?
             To pero je modré.

7 MP3 02-3

(1) 그들   (2) 그녀   (3) 이반

Hana Dobrý den. Já jsem Hana.
Ivan Dobrý den. Já jsem Ivan.
Hana To je vaše kniha?
Ivan Ne, to není moje kniha.
      To je jejich kniha.
Hana A tamten sešit je váš?
Ivan Ne, tamten sešit není můj. To je její sešit. Ale tahle učebnice je moje.

하나 안녕하세요? 저는 하나입니다.
이반 안녕하세요? 저는 이반입니다.
하나 그것이 당신의 책이에요?
이반 아니요, 그것은 제 책이 아니에요. 그것은 그들의 책이에요.
하나 그리고 저 공책은 당신의 것이에요?
이반 아니요, 저 공책은 제 것이 아니에요. 저것은 그녀의 공책이에요. 그런데 이 교과서는 제 것이에요.

8 MP3 02-4

(1) ✕   (2) ◯   (3) ✕   (4) ◯

W: To je můj pokoj. Je velký a moderní.
   Jaký je váš pokoj?
M: Můj pokoj není velký. Ale je pěkný.
   A co je tamto?

W: To je můj sešit.
M: Jaký je ten sešit?
W: Ten sešit je malý a lehký.

W: 이것이 제 방이에요. 크고 현대적이에요. 당신의 방은 어때요?
M: 제 방은 크지 않아요. 하지만 예뻐요. 그리고 저것은 뭐예요?
W: 그것은 제 공책이에요.
M: 저 공책은 어때요?
W: 그 공책은 작고 가벼워요.

9

(1) ✗ (2) ✗ (3) ○

안녕하세요?
이것이 제(가 사는) 도시예요.
이것은 우리 학교예요. 우리 학교는 크고 새로 지었어요.
저것은 기차역이에요. 기차역은 낡았어요.
그리고 이것은 제 집이에요. 제 집은 낡았지만 예뻐요.

10

(1) Toto je můj pokoj.
(2) Můj pokoj je malý, ale je moderní a pěkný.
(3) Tady je velká modrá židle a tam je barevná pohlednice.

03 To je můj táta.

1

(1) dědeček 할아버지   babička 할머니
(2) sestřenice 사촌 자매   bratranec 사촌 형제
(3) bratr 형제   sestra 자매
(4) teta 이모   strýc 이모부
(5) rodiče 부모님   prarodiče 조부모님
(6) táta 아빠   máma 엄마

2

| 보기 | 엄마가 요리를 좋아해요.

(1) Bratr má rád basketbal. 오빠가 농구를 좋아해요.
(2) Rodiče rádi cestují. 부모님이 여행하는 것을 좋아해요.
(3) Češi mají rádi hokej. 체코 사람들이 하키를 좋아해요.
(4) Moje babička má ráda hudbu.
제 할머니가 음악을 좋아해요.

3

| 보기 | (저는) 루치에를 알아요.

(1) Jakou čteš knihu? 어떤 책을 읽어?
(2) Pavla píše krátký dopis.
파블라가 짧은 편지를 써요.
(3) Nestudujeme angličtinu, studujeme češtinu.
우리는 영어를 공부하지 않고, 체코어를 공부해요.
(4) Máma i táta hrají na kytaru.
엄마와 아빠가 기타를 쳐요.
(5) Jan má dárek pro babičku.
얀에게는 할머니를 위한 선물이 있어요.

4

(1) Znáš Českou republiku? 체코를 알아? (너)
(2) Umím dobře korejsky. 한국어를 잘해요. (나)
(3) Víte, co to je? 그것이 무엇인지 알아요? (당신)
(4) Min-a neumí dobře plavat.
민아는 수영을 잘 할 줄 몰라요.
(5) Víš, jaký je její bratr? 그녀의 오빠가 어떤지 알아? (너)
(6) Znají Lucii a Pavlu. 그들이 루치에와 파블라를 알아요.

5

| 보기 | 야나는 음악을 좋아해요.

(1) Jana hraje na klavír. 야나는 피아노를 쳐요.
(2) Jana nejezdí na kole. 야나는 자전거를 타지 않아요.
(3) Jana čte knihu. 야나는 책을 읽어요.
(4) Jana píše dopis. 야나는 편지를 써요.
(5) Jana studuje angličtinu. 야나는 영어를 공부해요.
(6) Jana umí vařit. 야나는 요리할 줄 알아요.

연습문제 정답

6

> | 보기 |
> A: 체코어를 공부해요?
> B: 아니요, 체코어를 공부하지 않아요.

(1) A: Potřebujete pomoc? 도움이 필요해요?
　　B: Ne, nepotřebuji pomoc.
　　　아니요, 도움이 필요하지 않아요.

(2) A: Píšete knihu? 책을 써요?
　　B: Ne, nepíši knihu. 아니요, 책을 쓰지 않아요.

(3) A: Máte rád(a) ježdění na kole?
　　　자전거를 타는 것을 좋아해요?
　　B: Ne, nemám rád(a) ježdění na kole.
　　　아니요, 자전거를 타는 것을 좋아하지 않아요.

(4) A: Pijete pivo? 맥주를 마셔요?
　　B: Ne, nepiji pivo. 아니요, 맥주를 마시지 않아요.

(5) A: Hrajete hokej? 하키를 해요?
　　B: Ne, nehraji hokej. 아니요, 하키를 하지 않아요.

(6) A: Vidíte toho muže? 그 남자가 보여요?
　　B: Ne, nevidím toho muže.
　　　아니요, 그 남자가 보이지 않아요.

7　MP3 03-3

(1) ✗　(2) ✗　(3) ✗　(4) ○

Jan　　Ahoj Pavlo.
Pavla　Ahoj Jane.
Jan　　Jaké máš záliby?
Pavla　Mám ráda lyžování a ráda poslouchám hudbu. A jaké máš záliby ty?
Jan　　Já mám rád běhání a rád čtu knihy.
Pavla　Já také ráda čtu knihy.

얀　　　파블라, 안녕.
파블라　얀, 안녕.
얀　　　너의 취미가 뭐야?
파블라　스키 타는 것과 음악 듣는 것을 좋아해. 너의 취미는 뭐야?
얀　　　나는 달리는 것과 책 읽는 것을 좋아해.
파블라　나도 책 읽는 것을 좋아해.

8　MP3 03-4

(1) ○　(2) ✗　(3) ○　(4) ○

W: Dobrý den.
M: Dobrý den.
W: Co to děláte?
M: Studuji korejštinu.
W: Proč studujete korejštinu?
　　Není korejština těžká?
M: Je hodně těžká. Mám korejského kamaráda, ale neumí česky.
W: Já znám trochu korejštinu. Pomůžu vám.

W: 안녕하세요?
M: 안녕하세요?
W: 무엇을 해요?
M: 한국어를 공부해요.
W: 한국어를 왜 공부해요? 한국어는 어렵지 않아요?
M: 많이 어려워요. 한국 친구가 있는데 체코어를 할 줄 몰라서요.
W: 저는 한국어를 조금 할 줄 알아요. 도와줄게요.

9

(1) ○　(2) ✗　(3) ✗　(4) ✗

> 안녕하세요? 저는 아담이라고 하고 여러 가지 취미를 가지고 있어요. 저는 스키와 스케이트 타는 것을 좋아해요. 그리고 여행하는 것도 좋아하고 한국어를 할 줄 모르지만 한국 음악 듣는 것도 좋아해요. 제 엄마와 여동생(누나)은 베이킹을 좋아해요. 저는 베이킹을 좋아하지 않지만 케이크 먹는 것은 좋아해요. 아빠와 저는 피아노 치는 것을 좋아해요. 아빠는 피아노를 잘 칠 줄 알아요.

10

(1) Mám rád(a) běhání a ježdění na kole.
(2) Také rád(a) poslouchám hudbu a mám rád(a) zpívání. / Rád(a) také poslouchám hudbu a mám rád(a) zpívání.
(3) Nemám rád(a) vaření a pečení.

04 Kolik to stojí?

1

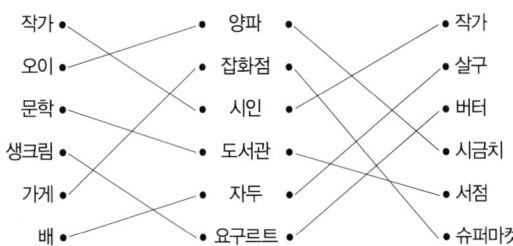

2

(1) dobrodružné (4) knihy
(2) jablka (5) sedm
(3) mrkve (6) pomeranče

3

(1) To je dárek pro mé dva kamarády.
(2) Mí/Moji tři mladí studenti umí dobře česky.
(3) Chtěla bych koupit dva malé slovníky a jednu učebnici češtiny.

4

(1) To jsou moje/mé sestry. Znáš moje/mé sestry? Čekám na své/svoje sestry.
이 사람들은 나의 언니들이야. 나의 언니들을 알아? 나의 언니들을 기다려.

(2) Umíte hrát na klavír? To je můj klavír. Umím dobře hrát na svůj klavír.
피아노를 칠 줄 알아요? 이것은 제 피아노예요. 저는 저의 피아노를 잘 칠 줄 알아요.

(3) Mám rád češtinu. Studuji ji velmi dlouho.
체코어가 좋아요. 오랫동안 그것을 공부해요.

(4) Odkud jsi? Neznám tě.
어디서 왔어요? 너를 몰라.

(5) Rád piju mléko. Piju ho/jej často.
우유 마시는 것이 좋아요. 그것을 자주 마셔요.

5

보기
파블라는 자신의 두 친구를 좋아해요.

(1) Pavla má ráda svého (jednoho) učitele.
파블라는 자신의 선생님 한 명을 좋아해요.

(2) Pavla má ráda své čtyři kočky.
파블라는 자신의 고양이 네 마리를 좋아해요.

(3) Pavla má ráda svou (jednu) sestru a svého (jednoho) bratra.
파블라는 자신의 언니(여동생)와 오빠(남동생)를 좋아해요.

(4) Pavla má ráda své dva obrazy.
파블라는 자신의 그림 두 개를 좋아해요.

(5) Pavla má ráda své tři studenty.
파블라는 자신의 학생 세 명을 좋아해요.

(6) Pavla má ráda své čtyři knihy.
파블라는 자신의 책 네 권을 좋아해요.

6

보기
A: 친구 2 명이 있어. 그녀들을 기다려. 그녀들이 보여?
B: 응, 네 친구 2 명이 보여.

(1) (여자 형제 3명, 그녀들)
A: Mám tři sestry. Čekám na ně. Vidíš je?
B: Ano, vidím tvé tři sestry.

(2) (학생 4명, 그들)
A: Mám čtyři studenty. Čekám na ně. Vidíš je?
B: Ano, vidím tvé čtyři studenty.

(3) (선생님 1명, 그녀)
A: Mám jednu učitelku. Čekám na ni. Vidíš ji?
B: Ano, vidím tvou (jednu) učitelku.

(4) (여자 사촌 2명, 그녀들)
A: Mám dvě sestřenice. Čekám na ně. Vidíš je?
B: Ano, vidím tvé dvě sestřenice.

(5) (남자 형제 1명, 그)
A: Mám jednoho bratra. Čekám na něj. Vidíš ho?
B: Ano, vidím tvého (jednoho) bratra.

연습문제 정답

(6) (이모/고모 1명, 그녀)

A: Mám jednu tetu. Čekám na ni. Vidíš ji?
B: Ano, vidím tvou (jednu) tetu.

7 MP3 04-3

(1) ○   (2) ○   (3) ✗   (4) ✗

Jan   Ahoj Ivano.
Ivana Ahoj Jane. Jak se máš?
Jan   Dobře, díky. Máš ráda ovoce a zeleninu?
Ivana Ovoce mám ráda, ale zeleninu ne.
Jan   Jaké ovoce máš ráda?
Ivana Mám ráda jahody a třešně.
Jan   Já je mám taky rád! Ale rád jím i zeleninu. Často jím mrkve a rajčata.

얀   이바나 안녕.
이바나 얀 안녕. 잘 지내?
얀   응, 잘 지내. 과일이랑 채소를 좋아해?
이바나 과일은 좋아하는데 채소는 좋아하지 않아.
얀   어떤 과일을 좋아해?
이바나 딸기와 체리를 좋아해.
얀   나도 그것을 좋아해! 근데 채소 먹는 것도 좋아해. 당근과 토마토를 자주 먹어.

8 MP3 04-4

(1) ✗   (2) ○   (3) ✗   (4) ○

Prodavač Dobrý den, co si přejete?
Min-a   Chtěla bych čtyři banány.
Prodavač Ještě něco?
Min-a   Máte papriky?
Prodavač Chcete červené nebo zelené papriky?
Min-a   Dvě zelené, prosím. A ještě bych chtěla tři velká rajčata.
Prodavač Je to všechno?
Min-a   Ano, kolik to stojí?
Prodavač 45 korun.

점원 안녕하세요, 어떻게 도와드릴까요?
민아 바나나를 4개 사고 싶어요.
점원 또 뭐 드릴까요?
민아 고추가 있나요?
점원 빨간 고추나 초록색 고추가 있는데 어떤 것을 원하세요?
민아 초록색 고추를 2개 주세요. 그리고 큰 토마토를 3개 주세요.
점원 다인가요?
민아 네, 얼마예요?
점원 45 코루나예요.

9

(1) ○   (2) ○   (3) ✗

> 안녕하세요. 제 이름은 이바나이고 책 읽는 것을 좋아해요. 그래서 도서관에 자주 가요. 저는 소설과 시를 좋아하는데, 특히 심리소설이나 모험소설, 로맨틱한 시를 좋아해요. 그런데 탐정소설이나 공상과학소설은 싫어해요.

10

(1) Rád(a) čtu romány i(/a) básně.
(2) Často chodím do knihkupectví.
(3) Mám rád(a) hlavně sci-fi a dobrodružné romány.

05 Kde je Pražský hrad?

1

(1) tramvaj 전차   (4) zpoždění 지연
(2) jízdenka 표   (5) autobus 버스
(3) letadlo 비행기   (6) jízdní řád 시간표

2

(1) doprava/vpravo   (3) blízko   (5) rovně
(2) daleko   (4) pěšky   (6) mapu/plán

3

(1) A: Máš už nějaké české kamarády?
   벌써 (어떤) 체코 친구들을 사귀었어요?
   B: Ne, ještě nemám žádné české kamarády.
   아니요, 아직 체코 친구가 아무도 없어요.

(2) A: Víte už něco?
벌써 무언가를 알게 됐어요?

B: Ne, ještě nic nevíme.
아니요 아직 아무것도 몰라요.

(3) A: Znají tu někoho?
그들이 여기 있는 누군가를 알아요?

B: Ne, nikoho tu ještě neznají.
아니요, (여기서) 아직 아무도 몰라요.

(4) A: Půjdeme někam na procházku?
어딘가로 산책하러 갈까요?

B: Ne, nikam jít nechci.
아니요, 아무 데도 가고 싶지 않아요.

(5) A: Je tu někde jeho škola?
그의 학교가 여기 어딘가에 있어요?

B: Ne, tady nikde není jeho škola.
아니요, 그의 학교는 여기 (아무 데도) 없어요.

(6) A: Posloucháš někdy hudbu?
언제 음악을 들어요?

B: Ne, nikdy neposlouchám hudbu.
아니요, 음악은 절대로 듣지 않아요.

A: Posloucháš nějakou hudbu?
어떤 음악을 들어요?

B: Ne, neposlouchám žádnou hudbu.
아니요, 아무 음악도 듣지 않아요.

4

(1) Kupuju knihu pro kamaráda za 200 korun.
친구를 위해 200 코루나짜리 책을 사요.

(2) Teď žiji v České republice, ale původně jsem z Koreje.
지금은 체코에서 살지만 원래 한국에서 왔어요.

(3) U obchodu hrají kamarádi fotbal.
가게 근처에서 친구들이 축구를 해요.

(4) Studuji na univerzitě v Olomouci.
올로모우츠에 있는 대학교에서 공부해요.

(5) Jdeme do divadla na představení o Hamletovi.
극장으로 햄릿에 대한 공연을 보러 가요.

(6) Dnes jsem jen – doma. 오늘 집에만 있어요.

5

| 보기 |
A: 프라하성으로 어떻게 가요?
B: 왼쪽으로 돌아서 가고 그 다음에 계속 곧바로 가세요.

(1) A: Jak se dostanu na Karlovu univerzitu?
카렐 대학교로 어떻게 가요?

B: Zahněte vpravo a potom (jděte/jeďte) pořád rovně.
오른쪽으로 돌아서 가고 그 다음에 계속 곧바로 가세요.

(2) A: Jak se dostanu do divadla?
극장으로 어떻게 가요?

B: Jeďte doprava a potom pořád rovně.
오른쪽으로 가고 그 다음에 계속 곧바로 가세요.

(3) A: Jak se dostanu na Vyšehrad?
비셰흐라드로 어떻게 가요?

B: Projděte kolem stanice metra a potom (jděte) pořád rovně.
지하철역을 지나가고 그 다음에 계속 곧바로 가세요.

(4) A: Jak se dostanu na nádraží?
기차역으로 어떻게 가요?

B: Jděte doleva a potom pořád rovně.
왼쪽으로 가고 그 다음에 계속 곧바로 가세요.

(5) A: Jak se dostanu do Olomouce?
올로모우츠로 어떻게 가요?

B: Zahněte doleva a potom (jděte/jeďte) pořád rovně.
왼쪽으로 돌아서 가고 그 다음에 계속 곧바로 가세요.

(6) A: Jak se dostanu na poštu?
우체국으로 어떻게 가요?

B: Jeďte kolem náměstí a potom pořád rovně.
광장을 지나가고 그 다음에 계속 곧바로 가세요.

6

| 보기 |
A: 마르틴은 피아노를 쳐요.
B: 저는 아무것도 치지 않아요.

연습문제 정답

(1) A: Martin se těší na kamarády.
　　　마르틴은 친구들을 (만나길) 기대해요.
　　B: Já se na nikoho netěším.
　　　저는 아무도 (만나는 것을) 기대하지 않아요.
(2) A: Martin čeká na své rodiče.
　　　마르틴은 자신의 부모님을 기다려요.
　　B: Já na nikoho nečekám.
　　　저는 아무도 기다리지 않아요.
(3) A: Martin umývá auto. 마르틴은 자동차를 씻어요.
　　B: Já nic neumývám. 저는 아무것도 씻지 않아요.
(4) A: Martin si zpívá písničku.
　　　마르틴은 (자신에게) 노래를 불러요.
　　B: Já si nic nezpívám.
　　　저는 (저에게) 아무것도 부르지 않아요.
(5) A: Martin píše dopis. 마르틴은 (자신에게) 편지를 써요.
　　B: Já nic nepíši. 저는 (저에게) 아무것도 쓰지 않아요.
(6) A: Martin zná Kateřinu. 마르틴은 카테지나를 알아요.
　　B: Já nikoho neznám. 저는 아무도 몰라요.

7   MP3 05-3

(1) ○　　(2) ✗　　(3) ✗　　(4) ✗

W: Dobrý den. Jak se dostanu na Václavské náměstí, prosím?
M: Chcete jít pěšky, nebo metrem?
W: Chci jet metrem, mám jeho plánek.
M: První pojedete metrem C na stanici Florenc. Tam přestoupíte na metro B. Potom pojedete na stanici Můstek.
W: Děkuji za pomoc.
M: Není zač.

W: 안녕하세요? 바츨라브스케 광장으로 어떻게 가요?
M: 걸어서 가고 싶어요? 아니면 지하철을 타고 가고 싶어요?
W: 지하철을 타고 가고 싶어요. 지하철 지도가 있어요.
M: 먼저 지하철 C를 타고 플로렌스역까지 가세요. 거기서 지하철 B로 갈아타세요. 그 다음에 무스테크역으로 가세요.
W: 도와주셔서 감사합니다.
M: 천만에요.

8   MP3 05-4

(1) ✗　　(2) ○　　(3) ✗　　(4) ✗

Katka　Ahoj, Martine.
Martin　Ahoj, Katko.
Katka　Víš, jak se jde na náměstí?
Martin　První jeď autobusem k radnici. Víš, kde je radnice?
Katka　Ano, vím.
Martin　Odtud půjdeš rovně a potom u pošty zahneš doleva.
Katka　Aha. Moc děkuji.
Martin　Počkej. Já taky potřebuji jet k náměstí. Můžeme jet autem.
Katka　Tak dobře!

카트카　마르틴 안녕.
마르틴　카트카 안녕.
카트카　광장으로 어떻게 가는지 알아?
마르틴　먼저 버스를 타고 시청으로 가. 시청이 어디에 있는지 알아?
카트카　응, 알아.
마르틴　거기서 곧바로 가고 그 다음에 우체국 앞에서 왼쪽으로 돌아서 가.
카트카　아하. 고마워.
마르틴　잠깐만. 나도 광장 쪽으로 갈 일이 있어. 우리는 자동차를 타고 갈 수 있어.
카트카　그래!

9

(1) ○　　(2) ✗　　(3) ✗

오늘은 옛 성을 구경하러 가고 싶어요.
먼저 3번 버스를 타고 기차역 앞에서 내려요. 그 다음에 학교를 지나고 극장을 지나면서 계속 곧바로 가요. 박물관 앞에서 왼쪽으로 돌아서 가고 계속 위로 올라가요. 다 왔어요! 그런데 표를 사야 해요. 표는 150 코루나인데 학생은 100 코루나예요. 표를 사고 드디어 성을 구경하러 가요!

10

(1) Dnes se jedu podívat na orloj v Olomouci.
(2) Vím, jak se tam jede.
(3) První pojedu vlakem z hlavního nádraží v Praze do Olomouce.

06 Chci ochutnat české jídlo.

1
(1) palačinky(palačinku)
(2) řízek a brambor(y)
(3) koláč(e)
(4) rohlík(y) a sýr
(5) těstoviny
(6) ryby(rybu)

2
(1) zmrzlina 아이스크림
(2) řízek 슈니첼
(3) víno 와인
(4) jídelní lístek 음식 메뉴판
(5) zákusek 디저트
(6) restaurace 레스토랑

3

보기
(당신들은) 무엇을 해요? (원하다) → 무엇을 하고 싶어요?

(1) (~하면 안 된다)
Nesmíte pít víno. (당신들은) 와인을 마시면 안 돼요.
(2) (~ㄹ 수 있다)
Kdy můžeme obědvat? (우리는) 점심을 언제 먹을 수 있어요?
(3) (~해야 한다)
Musím jít do školy. (저는) 학교로 가야 해요.
(4) (원하지 않다)
Nechtějí jíst zeleninu a maso. (그들은) 채소와 고기를 먹고 싶어하지 않아요.
(5) (~ㄹ 수 없다)
Je nemocný, tak nemůže jet na výlet. (그는) 아파서 답사를 갈 수 없어요.

4

보기
노박 씨, 무엇을 하고 있어요?

(1) Paní učitelko, kdy začne hodina?
선생님, 수업이 언제 시작해요?
(2) Adame, už se na tebe těšíme.
아담, 우리는 너를 벌써 고대해.
(3) Slečno Lucie, kam jdete?
루치에 씨, 어디로 가요?
(4) Tatínku, máš rád čokoládu?
아빠, 초콜릿 좋아해요?
(5) Pane prodavači, máte jablka?
사장님, 사과가 있어요?

5

보기
A: 무엇이 마음에 들어요? B: 체코가 마음에 들어요.

(1) A: Co vám chutná? 어떤 것이 맛있어요?
B: Chutnají mi špagety. 스파게티가 맛있어요.
(2) A: Co máte rád? 무엇이 좋아요?
B: Mám rád české jídlo. 체코 음식이 좋아요.
(3) A: Co se vám líbí? 무엇이 마음에 들어요?
B: Líbí se mi hrady. 성들이 마음에 들어요.
(4) A: Co rád děláte? 무엇을 하기 좋아요?
B: Rád chodím na výlety. 여행을 가기 좋아요.
(5) A: Co vám nechutná? 무엇이 맛없어요?
B: Nechutná mi čokoláda. 초콜릿이 맛없어요.
(6) A: Co nemáte rád? 무엇이 싫어요?
B: Nemám rád pivo. 맥주가 싫어요.

6

보기
A: 극장으로 갈 수 있어? B: 응, 극장으로 갈 수 있어. / 아니, 극장으로 갈 수 없어.

(1) A: Musím jíst mrkev? 당근을 먹어야 해?
B: Ne, nemusíš jíst mrkev. 아니, 당근을 안 먹어도 돼.

연습문제 정답

(2) A: Nemohu/nemůžu už jít domů?
집에 아직 갈 수 없어?

B: Ano, už můžeš jít domů.
아니, 집에 이제 갈 수 있어. ('긍정' 대답은 Ano)

(3) A: Smím si hrát s kamarády?
친구들과 놀아도 돼?

B: Ano, smíš si hrát s kamarády.
응, 친구들과 놀아도 돼.

(4) A: Nemusím jít dnes nakupovat?
오늘 쇼핑하러 가지 않아도 돼?

B: Ne, dnes nemusíš jít nakupovat.
응, 오늘 쇼핑하러 가지 않아도 돼. ('부정' 대답은 Ne)

(5) A: Nemůžu jít hrát tenis?
테니스를 치러 갈 수 없어?

B: Ano, můžeš jít hrát tenis.
아니, 테니스를 치러 갈 수 있어. ('긍정' 대답은 Ano)

(6) A: Musím číst tu knihu?
그 책을 읽어야 해?

B: Ne, nemusíš číst tu knihu.
아니, 그 책을 안 읽어도 돼.

7 MP3 06-3

(1) ✗   (2) ✗   (3) ○   (4) ○

W: Co si dáme na oběd?
M: Máš ráda česká jídla nebo třeba těstoviny?
W: Ráda jím těstoviny, hlavně špagety. A co máš rád ty?
M: Já mám rád hlavně svíčkovou a bramboráky, ale chutnají mi i špagety. Znám tu jednu italskou restauraci. Chceš jít tam?
W: To je dobré. Já tu znám restauraci, kde mají česká jídla i špagety. Můžeme jít tam.
M: Dobře, to bych rád.

W: 점심으로 무엇을 먹을까?
M: 체코 음식을 좋아해? 아니면 파스타를 좋아해?
W: 파스타를 좋아해, 특히 스파게티(를 좋아해). 너는 무엇을 좋아해?
M: 나는 특히 스비츠코바와 감자전을 좋아하는데 스파게티도 맛있어. 여기서 한 이탈리아 레스토랑을 아는데 거기로 갈래?
W: 괜찮아. 나는 여기서 체코 음식도, 스파게티도 있는 레스토랑을 알아. 거기로 가도 돼.
M: 그래, 그렇게 하자.

8 MP3 06-4

(1) ○   (2) ✗   (3) ✗   (4) ✗

Číšník   Dobrý den, přejete si večeřet?
Min-a   Ano, máte jídelní lístek?
Číšník   Tady, prosím.
Min-a   Chtěla bych řízek a hranolky.
Číšník   A co si dáte k pití?
Min-a   Máte limonádu?
Číšník   Nemáme, ale máme džus nebo minerálku.
Min-a   Dala bych si tedy džus.
Číšník   Přejete si ještě něco?
Min-a   Ne, děkuji. To je všechno.

웨이터 안녕하세요? 저녁 식사를 하실 건가요?
민아   네, 음식 메뉴판이 있어요?
웨이터 네, 여기 있어요.
민아   슈니첼과 감자 튀김을 주세요.
웨이터 음료는 무엇으로 하실 건가요?
민아   레모네이드가 있어요?
웨이터 아니요. 그런데 주스나 미네랄 워터는 있어요.
민아   그러면 주스를 주세요.
웨이터 더 필요한 것이 있으세요?
민아   아니요, 감사합니다. 없어요.

9

(1) ○   (2) ✕   (3) ○

> 저는 한국 음식도, 체코 음식도 좋아해요. 한국 음식은 많이 매워요. 그 중에 가장 맛있는 것은 김치찌개와 불고기예요. 반면에 체코 음식은 오히려 많이 짜요. 굴라쉬와 웨프조 크뇌들로 젤로를 좋아해요. 감자전도 좋아해요. 왜냐하면 한국의 감자전과 비슷한 맛이 나기 때문이에요.

10

(1) Mám rád(a) korejská, česká i francouzská jídla.
(2) Nejvíce mi chutnají korejská jídla, protože mám rád(a) pálivá jídla.
(3) Mám rád(a) hlavně kimčchi a pibimbap.

07 O víkendu jsem šla do divadla.

1

> | 보기 |
> 월요일 – 화요일 – 수요일

(1) prosinec – leden – únor 12월, 1월, 2월
(2) červen – červenec – srpen 6월, 7월, 8월
(3) čtvrtek – pátek – sobota 목요일, 금요일, 토요일
(4) sobota – neděle – pondělí 토요일, 일요일, 월요일
(5) březen – duben – květen 3월, 4월, 5월
(6) září – říjen – listopad 9월, 10월, 11월

2

(1) kino 영화관   (3) balet 발레
(2) ples 무도회   (4) koncert 콘서트

3

> | 보기 |
> 어제 (저는) 극장으로 갔어요.

(1) Jan a Pavla četli knihu.
얀과 파블라는 책을 읽었어요.
(2) Dnes vstávaly brzy ráno.
(그녀들은) 오늘 일찍 일어났어요.
(3) Chtěli(y) jsme jet do Prahy.
(우리는) 프라하로 가고 싶었어요.
(4) Učil ses večer češtinu?
(너는) 저녁에 체코어를 배웠어요?
(5) Šli(y) jste ráno na procházku?
(당신들은) 아침에 산책하러 갔어요?

4

> | 보기 |
> 저는 체코에서 왔어요.

(1) Chodíme do divadla i do kina.
(우리는) 극장과 영화관으로 가요.
(2) Moc se mi líbila hudba od Bedřicha Smetany.
(저는) 베드르지흐 스메타나의 음악이 아주 마음에 들어요.
(3) Ptala se své maminky.
(그녀는) 자신의 엄마에게 물었어요.
(4) Bojíš se toho starého hotelu?
(너는) 그 옛날 호텔이 무서워?
(5) Minulý týden jsme jeli na výlet do Českého Krumlova.
(우리는) 지난주에 체스키 크룸로프로 여행을 갔어요.

5

> | 보기 |
> A: 크리스마스는 며칠이에요?
> B: 크리스마스는 12월 25일이에요.

(1) A: Kolikátého jsou Velikonoce?
부활절이 며칠이에요?
B: Velikonoce jsou šestnáctého dubna.
부활절은 4월 16일이에요.
(2) A: Kolikátého má narozeniny?
(그는) 생일이 며칠이에요?
B: Narozeniny má osmého října.
(그는) 생일이 10월 8일이에요.
(3) A: Kolikátého začnou prázdniny?
방학은 며칠에 시작해요?
B: Prázdniny začnou prvního července.
방학은 7월 1일에 시작해요.

연습문제 정답

(4) A: Kolikátého jedete na výlet?
여행을 며칠에 가요?

B: Na výlet jedeme patnáctého března.
여행을 3월 15일에 가요.

(5) A: Kolikátého začneš pracovat?
며칠에 일하기 시작해?

B: Začnu pracovat pátého září.
9월 5일에 일하기 시작해.

(6) A: Kolikátého se vrátí z Česka?
며칠에 체코에서 돌아와요?

B: Z Česka se vrátí druhého února.
체코에서 2월 2일에 돌아와요.

6

| 보기 |
| A: 어제 음악을 들었어?
| B: 응, 어제 음악을 들었어.

(1) A: Psal jsi včera dopis?
어제 편지를 썼어?

B: Ano, včera jsem psal dopis.
응, 어제 편지를 썼어.

(2) A: Hrál jsi včera na flétnu?
어제 바이올린을 연주했어?

B: Ano, včera jsem hrál na flétnu.
응, 어제 바이올린을 연주했어.

(3) A: Jedl jsi včera ovoce?
어제 과일을 먹었어?

B: Ano, včera jsem jedl ovoce.
응, 어제 과일을 먹었어.

(4) A: Četl jsi včera román?
어제 소설을 읽었어?

B: Ano, včera jsem četl román.
응, 어제 소설을 읽었어.

(5) A: Koupil sis včera zmrzlinu?
어제 아이스크림을 (자신에게) 샀어?

B: Ano, včera jsem si koupil zmrzlinu.
응, 어제 아이스크림을 샀어.

(6) A: Těšil ses včera na kamarády?
어제 친구들을 고대했어?

B: Ano, včera jsem se těšil na kamarády.
응, 어제 친구들을 고대했어.

7 MP3 07-3

(1) ✗   (2) ○   (3) ✗   (4) ✗

W: Ahoj Adame, co jsi dělal minulý týden?
M: Byl jsem na koncertě. Hráli hudbu od Bedřicha Smetany.
W: Jaké to bylo? Líbilo se ti to?
M: Ano, moc se mi to líbilo. Jeho hudbu mám totiž velmi rád. A co jsi dělala minulý týden ty?
W: Jela jsem na kole na výlet tady do okolí a potom jsem doma pracovala.
M: Co jsi tam viděla?
W: Viděla jsem tam starý hrad.

W: 아담 안녕? 지난주에 무엇을 했어?
M: 콘서트에 갔어. 베드르지흐 스메타나의 음악을 했어.
W: 어땠어? 마음에 들었어?
M: 응, 마음에 들었어. 그의 음악을 아주 좋아하거든. 너는 지난주에 무엇을 했어?
W: 자전거를 타고 근처로 여행을 갔다 와서 집에서 일을 했어.
M: 거기서 무엇을 봤어?
W: 그곳에서 옛날 성을 봤어.

8 MP3 07-4

(1) ✗   (2) ✗   (3) ○   (4) ○

W: Dobrý den, Martine. Kdy jste se vrátil z Anglie?
M: Z Anglie jsem se vrátil už minulý měsíc. Ale pak jsem jel ještě na dva týdny do Francie.
W: Pracoval jste tam nebo jste jel i na výlet?

M: Hodně jsem tam pracoval, ale prohlédl jsem si i hrady a zámky a další historické budovy.
W: Co se vám nejvíce líbilo?
M: Nejvíce se mi líbily francouzské zámky.
W: Francouzské zámky bych také jednou chtěla vidět.

W: 마르틴 안녕하세요? 영국에서 언제 돌아왔어요?
M: 영국에서는 벌써 지난달에 돌아왔어요. 그런데 그 다음에 프랑스에 2주 동안 있었어요.
W: 거기서 일만 했어요? 아니면 여행도 했어요?
M: 일을 많이 하기는 했는데 성과 다른 옛 건물들도 구경했어요.
W: 어떤 것이 제일 마음에 들었어요?
M: 프랑스 성이 제일 마음에 들었어요.
W: 저도 프랑스 성 한 번 보고 싶어요.

9
(1) ×   (2) ×   (3) ○   (4) ○

아침에 일어나 아침 식사로 차와 빵을 먹었어요. 오전에는 학교로 가서 체코어를 공부했어요. 저와 친구들은 가까운 레스토랑에 점심(을 먹으러) 가서 체코 전통 음식을 먹었어요. 오후에는 산책을 하고 테니스도 치고 영화관에 가서 새 영화를 봤어요. 저녁에 집에 돌아와서 텔레비전도 보고 제가 좋아하는 책도 읽었어요. 그 다음에 자러 갔어요.

10
(1) Ráno jsem vstal(a) a umyl(a) se.
(2) Na oběd jsem šel(/šla) do blízké restaurace.
(3) Večer jsem se setkal(a) s kamarády a šli jsme do kina.

08 Zítra je svátek.

1

보기
leden – únor – březen   1월 – 2월 – 3월

(1) předtím – teď – potom   전 – 지금 – 다음
(2) předminulý rok – loni – letos – příští rok – přespříští rok   재작년 – 작년 – 올해 – 내년 – 내후년
(3) předevčírem – včera – dnes – zítra – pozítří
그저께 – 어제 – 오늘 – 내일 – 모레

2
(1) Omlouvám se. – To je v pořádku.
미안해요. – 괜찮아요.
(2) Kolik je hodin? – Je půl šesté.
몇 시예요? – 다섯 시 반이에요.
(3) Půjdeme na zmrzlinu? – To je dobrý nápad.
아이스크림을 먹으러 갈까? – 그거 좋은 생각이야.
(4) Kolikátého je dnes? – Dnes je desátého října. 오늘 며칠이에요? – 오늘은 10월 10일이에요.
(5) Který je dnes den? – Dnes je třetí den listopadu. 오늘 무슨 날이에요? – 오늘은 11월의 셋째 날이에요.

3

보기
Mám hodně kamarádů. 저는 친구가 많아요.

(1) Máme tady hodně cizích studentů.
여기는 외국인 학생들이 많아요.
(2) Chodí často do obchodů. (그는 여러) 가게로 자주 가요.
(3) Dostala jsem dárek od svých dobrých kamarádek. (저는) 저의 좋은 친구들에게 선물을 받았어요.
(4) Zeptáš se jejich učitelek?
그녀들의 선생님들에게 물어볼래?
(5) Doma máme sedm nových koček.
집에 새 고양이 일곱 마리가 있어요.

4

보기
Ten dárek jsem dostala od tebe. 그 선물을 너에게 받았어.

(1) Půjdeme bez vás. (우리는) 당신들 없이 가요.
(2) Tu kytici mám od něho/něj.
그 꽃다발을 그에게 받았어요.
(3) Chci se jí na něco zeptat.
(저는) 그녀에게 무언가를 물어보고 싶어요.

연습문제 정답

(4) Teď stojíme vedle nich.
(우리는) 지금 그들 옆에 서 있어요.

(5) Sejdeme se u mě/mne. (우리는) 나의 집에서 만나.

5

(1) (10:30) Je půl jedenácté (deset hodin a třicet minut).
(2) (1:45) Je tři čtvrtě na dvě (jedna hodina a čtyřicet pět minut).
(3) (16:10) Je šestnáct hodin a deset minut.
(4) (6:15) Je čtvrt na sedm (šest hodin a patnáct minut).
(5) (12:25) Je za pět minut půl jedné. = Je deset minut po čtvrt na jednu (dvanáct hodin a dvacet pět minut).

6

| 보기 |
| A: 누가/무엇이 그렇게 무서워?
| B: 그 개들이 무서워. |

(1) A: Čeho se tak bojíš?
    무엇이 그렇게 무서워?
    B: Bojím se starých hradů.
    옛 성들이 무서워.
(2) A: Čeho se tak bojíš?
    무엇이 그렇게 무서워?
    B: Bojím se těch čtyř koček.
    그 고양이 네 마리가 무서워.
(3) A: Čeho se tak bojíš?
    무엇이 그렇게 무서워?
    B: Bojím se malých letadel.
    작은 비행기들이 무서워.
(4) A: Koho se tak bojíš?
    누가 그렇게 무서워?
    B: Bojím se vysokých mužů.
    키가 큰 남자들이 무서워.
(5) A: Koho se tak bojíš?
    누가 그렇게 무서워?
    B: Bojím se tvých učitelů.
    너의 선생님들이 무서워.
(6) A: Koho se tak bojíš?
    누가 그렇게 무서워?
    B: Bojím se jejich rodičů.
    그녀의 부모님이 무서워.

7 MP3 08-3

(1) ○   (2) ○   (3) ○   (4) ✕

W: Ahoj, Jindro. Co to neseš?
M: To je dárek pro mou sestru. Koupil jsem jí knihu.
W: Aha, a co je tamto?
M: To je tričko a čokoláda. Dostal jsem je od kamarádů k svátku.
W: Ty jsi měl svátek?
M: Ano, předevčírem.
W: To jsem nevěděla, promiň.
M: To je v pořádku.

W: 인드라, 안녕? 들고 있는 것이 뭐야?
M: 이것은 나의 여동생을 위한 선물이야. 책을 샀어.
W: 아하, 그리고 그것은 뭐야?
M: 이것은 티셔츠하고 초콜릿이야. 그것들을 명명일 때 친구들에게 받았어.
W: 너의 명명일이었어?
M: 응, 그저께.
W: 그것을 몰랐네. 미안해.
M: 괜찮아.

8 MP3 08-4

(1) ✗   (2) ○   (3) ○   (4) ○

W: Ptal ses už maminky, co by chtěla dostat k narozeninám?
M: Řekla, že ode mě chce dostat knihu a od tebe malou kytici.
W: Kdy jí je půjdeme koupit?
M: Já můžu jít v sobotu. Co ty?
W: Já taky. V kolik se sejdeme?
M: Můžes v půl druhé?
W: To už něco mám. Co třeba ve tři čtvrtě na čtyři?
M: Tak dobře.

W: 엄마에게 생일 선물로 무엇을 받고 싶어하는지 물어봤어?
M: 나에게는 책을 받고 싶고 너에게는 꽃다발을 받고 싶다고 했어.
W: 그것을 언제 사러 갈까?
M: 나는 토요일에 시간이 돼. 너는?
W: 나도. 몇 시에 만날까?
M: 1시 반 괜찮아?
W: 그때는 벌써 약속이 있어. 3시 45분은 어때?
M: 그래.

9

(1) ✗   (2) ○   (3) ✗   (4) ✗

어제 저의 집에서 파티를 했어요.
제 많은 친구들과 선생님 몇 분이 오셨고 선물도 많이 받았어요. 저의 체코어 선생님 두 분에게 사전과 예쁜 공책을 받았어요. 여자 친구들에게는 꽃다발을 받고 남자 친구들에게는 케이크를 받았어요. 저의 부모님도 한국에서 전화해 줬어요. 저에게 편지와 작은 선물을 보냈다고 하셨어요. 기분이 아주 좋았어요.

10

(1) Včera odpoledne jsem dělal(a) oslavu svých narozenin.
(2) Přišli moji rodiče, má sestra a několik mých kamarádů.
(3) Od rodičů jsem dostal(a) knihu, od sestry jsem dostal(a) drahé pero a od kamarádů malé rádio.

09 Na výlet pojedeme do Brna a Olomouce.

1

(1) sníh 눈   (3) horko 더위
(2) déšť 비   (4) mlha 안개

2

(1) papírna 제지공장   (4) skanzen 야외 박물관
(2) památka 기념물   (5) kostel 교회, 성당
(3) katedrála 대성당

3

| 보기 | (너는) 주말에 무엇을 할 거야?

(1) Odpoledne budu psát domácí úkol.
(저는) 오후에 숙제를 할 거예요.
(2) Budete příští sobotu doma?
(당신들은) 다음 주 토요일에 집에 있을 거예요?
(3) V autobuse budeme poslouchat hudbu.
(우리는) 버스에서 음악을 들을 거예요.
(4) Hodina bude končit ve 4 hodiny.
수업은 4시에 끝날 거예요.
(5) Večer si nebudu číst knihu.
(저는) 저녁에 책을 읽지 않을 거예요.

4

| 보기 | (저는) 지금은 학교로 가고 있고 오후에는 집으로 갈 거예요.

(1) Teď kupuji jídlo, potom koupím nějaké oblečení.
(저는) 지금은 음식을 사고 있고 이따가 옷을 살 거예요.
(2) Ráno čtu noviny a večer si přečtu knihu.
(저는) 아침에는 신문을 읽고 저녁에는 책을 읽을 거예요.
(3) Teď pijeme čaj. Až ho vypijeme, půjdeme ven.
(우리는) 지금 차를 마시고 있어요. (차를) 다 마시면 밖으로 나갈 거예요.

연습문제 정답

(4) Učím se nová slova, potom se naučím gramatiku.
(저는) 새 어휘를 배우고 있고 그 다음에 문법을 배울 거예요.

(5) My už odjíždíme, oni ale odjedou až pozítří.
우리는 지금 가는데 그들은 모레 갈 거예요.

5

| 보기 |
A: 오후에 무엇을 할 거야?
B: 책을 읽으면 밖으로 나갈 거야.

(1) Až napíšu domácí úkoly, půjdu ven.
(나는) 숙제를 하면 밖으로 나갈 거야.

(2) Až vypiji kávu, půjdu ven.
(나는) 커피를 마시면 밖으로 나갈 거야.

(3) Až připravím oběd, půjdu ven.
(나는) 점심을 준비하면 밖으로 나갈 거야.

(4) Až přijedu z Brna, půjdu ven.
(나는) 브르노에서 오면 밖으로 나갈 거야.

(5) Až přijde maminka, půjdu ven.
엄마가 (걸어서) 오면 (내가) 밖으로 나갈 거야.

(6) Až skončí hodina, půjdu ven.
(나는) 수업이 끝나면 밖으로 나갈 거야.

6

| 보기 |
A: 날씨가 좋지 않으면 무엇을 할 거야?
B: 날씨가 좋지 않으면 집에 있을 거야.

(1) A: Co budeš dělat, když bude hezké počasí?
날씨가 좋으면 무엇을 할 거야?
B: Když bude hezké počasí, půjdu ven.
날씨가 좋으면 밖으로 나갈 거야.

(2) A: Co budeš dělat, když bude pršet?
비가 오면 무엇을 할 거야?
B: Když bude pršet, půjdu do muzea.
비가 오면 박물관으로 갈 거야.

(3) A: Co budeš dělat, když bude sněžit?
눈이 오면 무엇을 할 거야?
B: Když bude sněžit, půjdu lyžovat.
눈이 오면 스키를 타러 갈 거야.

(4) A: Co budeš dělat, když bude bouřka?
폭풍우가 (오)면 무엇을 할 거야?
B: Když bude bouřka, podívám se na film.
폭풍우가 (오)면 영화를 볼 거야.

(5) A: Co budeš dělat, když bude svítit slunce?
햇빛이 내리쬐면 무엇을 할 거야?
B: Když bude svítit slunce, pojedu na výlet.
햇빛이 내리쬐면 여행하러 갈 거야.

(6) A: Co budeš dělat, když bude horko?
더우면 무엇을 할 거야?
B: Když bude horko, dám si zmrzlinu.
더우면 아이스크림을 먹을 거야.

7 MP3 09-3

(1) ✕ (2) ○ (3) ○ (4) ✕

W: Slávku, nepojedeme někam na dovolenou?
M: Kam se chceš podívat?
W: Ráda bych se jela podívat do Českého Krumlova na zámek.
M: Tam se chci také podívat. Říkají, že je to tam moc pěkné.
W: Když bude pěkné počasí, můžeme jet i na kolo.
M: A když bude pršet?
W: Když bude pršet, tak můžeme jít do muzea nebo do divadla.
M: To zní dobře. Už se těším.

W: 슬라벡, 어디로 여행 가지 않을래?
M: 어디로 가고 싶은데?
W: 체스키 크룸로프에서 성을 보러 가고 싶어.
M: 나도 그곳을 보고 싶어. (사람들은) 그곳이 아주 예쁘다고 해.
W: 날씨가 좋으면 자전거를 타러 갈 수도 있어.
M: 비가 오면?
W: 비가 오면 박물관이나 극장으로 갈 수 있어.
M: 그게 좋겠네. 벌써 기대돼.

8 MP3 09-4

(1) ○ (2) ✗ (3) ○ (4) ✗

W: Co budeš dělat příští týden?
M: Ještě nevím. Co budeš dělat ty?
W: Hodně sněžilo, tak pojedu lyžovat.
M: Jak tam pojedeš?
W: Pojedu vlakem z hlavního nádraží a za půl hodiny budu tam.
M: Můžu jet taky?
W: Určitě. Sejdeme se v neděli v 9 hodin?
M: V 9 hodin budu na hlavním nádraží.

W: 다음 주에 무엇을 할 거야?
M: 아직 모르겠어. 너는 무엇을 할 거야?
W: 눈이 많이 와서 스키를 타러 갈 거야.
M: 그곳으로 어떻게 갈 거야?
W: 중앙역에서 기차를 탈 거야. 그리고 30분 안에 그곳으로 도착할 거야.
M: 나도 가도 돼?
W: 당연하지. 일요일 9시에 만날까?
M: 9시에 중앙역에 가 있을게.

9

(1) ○ (2) ✗ (3) ✗

지난주에 브르노를 구경하러 갔어요. 슈필베르크 성과 성 페트르와 파벨 대성당을 봤어요. 그 다음에 파블라와 커피를 (마시러) 가고 옛 시청을 봤어요. 다음 주에 이틀 동안 휴일이 있는데 또 어디를 보러 갈 건지에 대해 생각하고 있어요. 많이 춥지 않으면 쿠트나 호라로 갈 거예요. 그곳에는 제가 사진으로만 아는(봤던) 유명한 납골당이 있어요. 춥고 날씨가 좋지 않으면 카를슈테인 성을 보러 갈 거예요. 프라하에서 30분밖에 걸리지 않고 안에는 그리 춥지도 않아요.

10

(1) Minulý týden jsem se jel(/jela) podívat do Olomouce.
(2) Potkal(a) jsem svého kamaráda Jana, tak jsme si šli dát oběd a pivo.
(3) Když bude pršet nebo (bude) sněžit, půjdu se podívat do kina na film.

10 Dostala jsem rýmu.

1

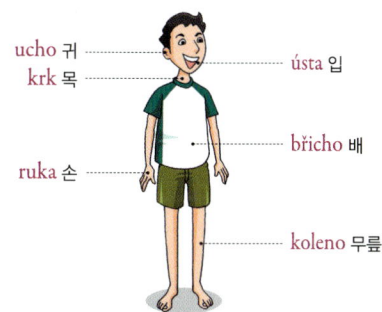

2

(1) Jsem nemocný, budu muset jít do nemocnice.
(저는) 아파서 병원에 가 봐야겠어요.
(2) Musíme udělat rentgen, možná máte zlomenou nohu.
다리가 부러졌을 수도 있으니까 엑스레이를 찍어야 해요.
(3) Máte angínu, předepíši vám antibiotika.
편도염에 걸렸으니까 항생제를 처방해 줄게요.
(4) Musím si jít koupit prášky do lékárny.
약국으로 약을 사러 가야 돼요.
(5) Nemáš teplotu? Úplně hoříš.
너는 열이 나지 않아? 너무 뜨거워.

3

보기
민아는 어디에 있어요? 민아는 도시에 있어요.

(1) Kde bydlíš? (너는) 어디에서 살아?
Bydlím v Olomouci. 올로모우츠에서 살아.
(2) Kdy jste se vrátil domů?
(당신은) 집에 언제 돌아왔어요?
Vrátil jsem se domů v březnu.
집에 3월에 돌아왔어요.
(3) O čem to mluví?
(그들은) 무엇에 대해 이야기하고 있어요?
Mluví o té nové knize.
새 책에 대해 이야기하고 있어요.

연습문제 정답

(4) Kde pracujete? (당신은) 어디에서 일해요?
Pracuji/Pracujeme v jedné malé firmě.
작은 회사에서 일해요.

(5) Kdy půjdete na procházku?
(당신들은) 산책하러 언제 갈 거예요?
Na procházku půjdeme po obědě. /Půjdeme na procházku po obědě.
점심 후에 산책하러 갈 거예요.

4

| 보기 | (너는) 어제 어디로 갔어?

(1) Často chodím na procházky.
(저는) 산책하러 자주 가요.

(2) Až bude hezké počasí, půjdeme hrát fotbal.
날씨가 좋으면 축구를 하러 갈 거예요.

(3) V zimě jezdí lyžovat.
(그들은) 겨울에 스키를 타러 가요

(4) Když bude pršet, pojedou vlakem.
(그들은) 비가 오면 기차를 타고 갈 거예요.

(5) Chodíš běhat každý den?
(너는) 매일 달려?

5

| 보기 | A: 어제 어디에 있었어?
B: 어제 영화관에 있었어.

(1) (월요일, 박물관)
A: Kde jsi v pondělí byla?
B: V pondělí jsem byla v muzeu.

(2) (오전, 산책)
A: Kde jsi dopoledne byla?
B: Dopoledne jsem byla na procházce.

(3) (목요일, 브르노)
A: Kde jsi ve čtvrtek byla?
B: V pondělí jsem byla v Brně.

(4) (지난주, 프랑스)
A: Kde jsi minulý týden byla?
B: Minulý týden jsem byla ve Francii.

(5) (어제 저녁, 콘서트)
A: Kde jsi včera večer byla?
B: Včera večer jsem byla na koncertě.

(6) (오후, 스타로몌스트스케 광장)
A: Kde jsi odpoledne byla?
B: Odpoledne jsem byla na Staroměstském náměstí.

6

| 보기 | A: 프라하에 대해 읽었어?
B: 응, 그곳에 대해 읽었어.

(1) A: Mluvil jsi o Janovi a Pavle?
얀과 파블라에 대해 이야기했어?
B: Ano, mluvil jsem o nich.
응, 그들에 대해 이야기했어.

(2) A: Přemýšlel jsi o nás?
우리에 대해 생각했어?
B: Ano, přemýšlel jsem o vás.
응, 너희들에 대해 생각했어.

(3) A: Byl jsi v katedrále sv. Víta?
성비투스 대성당에 있었어?
B: Ano, byl jsem v ní.
응, 그곳에 있었어.

(4) A: Záleží to na mně?
그것이 나에게 달려 있어?
B: Ano, záleží to na tobě.
응, 그것이 너에게 달려 있어.

(5) A: Slyšel jsi o kamarádovi?
친구에 대해 들었어?
B: Ano, slyšel jsem o něm.
응, 그에 대해 들었어.

(6) A: Napsal jsi to v dopisu.
그것을 편지에 썼어?
B: Ano, napsal jsem to v něm.
응, 그것을 그것(편지)에 썼어.

7 MP3 10-3

(1) ○　　(2) ○　　(3) ○　　(4) ✗

W: Ahoj Jane, co je ti? Nevypadáš moc dobře.
M: Minulý týden jsem byl lyžovat a dostal jsem chřipku.
W: Už jsi byl u doktora?
M: Ano, byl.
W: A co ti řekl?
M: Řekl mi, že musím týden odpočívat a předepsal mi nějaké léky.
W: A proč máš na noze sádru?
M: Zranil jsem si totiž nohu, když jsem lyžoval.

W: 안 안녕? 무슨 일이야? 안색이 좋지 않아.
M: 지난주에 스키를 타러 갔는데 독감에 걸렸어.
W: 병원에 가 봤어?
M: 응, 가 봤어.
W: 의사가 뭐라고 했어?
M: 일주일 동안 쉬어야 한다고 하고 약을 처방해 줬어.
W: 다리에 왜 깁스가 있어?
M: 스키를 타다가 다리를 다쳤거든.

8 MP3 10-4

(1) ✗　　(2) ○　　(3) ✗　　(4) ○

W: Dobrý den, jak se cítíte?
M: Dobrý den, pořád mě bolí hlava i oči.
W: Máte i rýmu nebo kašel?
M: Ano a občas mám i teplotu.
W: Prohlédnu si vás. Otevřete ústa.
M: A~
W: Vypadá to, že máte alergii. Napíší vám na to recept. A alespoň dnes a zítra musíte odpočívat.
M: Dobře, děkuji paní doktorko.

W: 안녕하세요? 몸이 어때요?
M: 안녕하세요? 머리와 눈이 계속 아파요.
W: 콧물이나 기침도 나요?
M: 네, 그리고 가끔 열도 나요.
W: 봐 줄게요. 입을 좀 벌려 보세요.
M: 아~
W: 알레르기인 것 같아요. 약을 처방해 줄게요. 그리고 적어도 오늘과 내일은 쉬어야 해요.
M: 알겠습니다. 감사합니다 선생님.

9

(1) ○　　(2) ✗　　(3) ✗　　(4) ○

방학 때 저와 저의 친구들은 크로아티아(에 있는) 바다에 갔어요. 수영을 많이 하고 관광도 많이 다녔어요.
어느 날 산책을 하러 나갔는데 안나가 미끄러져서 다쳤어요. 안나를 많이 걱정하고 서둘러 병원으로 데리고 갔어요. 병원에서 의사 선생님이 검사를 하고 치료를 해 주셨어요. 다리에 붕대를 감아 주시고 많이 걸으면 안 된다고 하셨어요. 그러고 나서 우리는 바닷가에서 쉬기만 했어요.

10

(1) Minul týden jsem měl(a) dva dny volno, a tak jsem jel(a) do Brna.
(2) V Brně bydlí můj kamarád Martin.
(3) Chodili jsme po městě a Martin mi ukázal mnoho památek.

11　Chtěla bych si pronajmout byt.

1

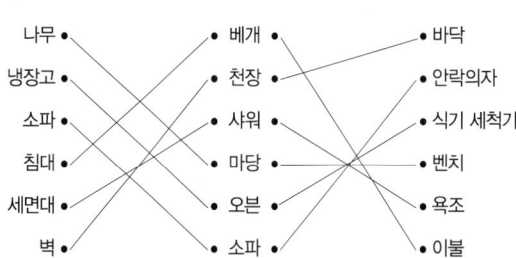

연습문제 정답

2

(1) V obývacím pokoji je televize.
거실에는 텔레비전이 있어요.

(2) V ložnici je postel.
침실에는 침대가 있어요.

(3) V dětském pokoji je psací stůl.
아이 방에는 책상이 있어요.

(4) V koupelně je vana.
욕실에는 욕조가 있어요.

(5) V předsíni je botník.
현관에는 신발장이 있어요

3

| 보기 | 기차가 빨리 달려요.

(1) Umí někdo z vás anglicky?
당신들 중에 영어를 할 줄 아는 사람이 있어요?

(2) Tu zkoušku udělá snadně/snadno.
그 시험을 쉽게 해 낼 거예요.

(3) Jan jezdí na kole pomalu.
얀은 자전거를 천천히 타요.

(4) Vypadáš hodně unaveně.
많이 피곤해 보여.

(5) Udělala to chytře.
똑똑하게 해냈어요.

4

| 보기 | 모두가 실수를 할 수 있어요.

(1) Četl jsem všechny knihy od Karla Čapka.
카렐 차페크의 모든 책을 읽었어요.

(2) Neznám tu žádné lidi. 여기서는 아무도 몰라요.

(3) Každý den piji kávu. 매일 커피를 마셔요.

(4) Ještě jsme neviděli žádný český film.
아직 체코 영화를 아무것도 보지 못 했어요.

(5) Každé dítě má rádo hračky.
모든 아이가 장난감을 좋아해요.

5

| 보기 | A: 어떤 아파트를 원해요?
B: 욕실과 욕조가 있는 아파트를 원해요.

(1) (큰 냉장고, 식기 세척기)
Přeji si byt, ve kterém je velká lednička a myčka nádobí.

(2) (거실, 텔레비전)
Přeji si byt, ve kterém je obývací pokoj a televize.

(3) (현관, 옷장)
Přeji si byt, ve kterém je předsíň a skříň.

(4) (침대, 책상)
Přeji si byt, ve kterém je postel a psací stůl.

(5) (소파, 안락의자)
Přeji si byt, ve kterém je pohovka a křeslo.

(6) (책꽂이, 컴퓨터)
Přeji si byt, ve kterém je knihovna a počítač.

6

| 보기 | A: 언제 올 거예요?
B: 내일 올 거예요.

(1) (타고) 가다, 점심 후
A: Kdy jedete?
B: Jedeme po obědě.

(2) (걸어서) 떠나다, 어제 저녁
A: Kdy jste odešli(/y)?
B: Odešli(/y) jsme včera večer.

(3) (걸어서) 오다, 지난주
A: Kdy jste přišli(/y)?
B: Přišli(/y) jsme minulý týden.

(4) (걸어서) 가다, 아침에 바로
A: Kdy jdete?
B: Jdeme hned ráno.

(5) (타고) 오다, 한 달 뒤에

   A: Kdy přijedete?

   B: Přijedeme za měsíc.

(6) (타고) 떠나다, 월요일에

   A: Kdy odjedete?

   B: Odjedeme v pondělí.

7 MP3 11-3

(1) ✗   (2) ✗   (3) ✗   (4) ✗

W: Ahoj, pořád bydlíš na kolejích?
M: Ahoj, ještě ano, ale už si hledám nový byt.
W: O jaký byt máš zájem?
M: Jsem sám, tak chci jen jednopokojový byt.
W: O jednom bytě vím. Je tam zařízená kuchyně i koupelna. A v pokoji je i postel a skříň. Jen tam chybí psací stůl a židle.
M: To zní dobře. A psací stůl a židli mám. Kolik je nájemné?
W: 5000 korun za měsíc.
M: Můžeme se tam jít podívat?

W: 안녕? 아직도 기숙사에서 살아?
M: 안녕? 응, 아직. 그런데, 새 아파트를 찾고 있어.
W: 어떤 아파트를 원해?
M: 나는 혼자니까 그냥 방 하나의 아파트를 원해.
W: 그런 아파트에 대해 알고 있는데 주방하고 욕실(의 가구는) 다 마련되어 있고 방에는 침대와 옷장이 있어. 그런데 책상하고 의자가 없어.
M: 그것 좋네. 그리고 나한테 책상하고 의자는 있어. 임대료가 얼마야?
W: 한 달에 5000 코루나야.
M: 그곳을 구경하러 가도 될까?

8 MP3 11-4

(1) ✗   (2) ○   (3) ○   (4) ✗

W: Dobrý den, chtěla bych si prohlédnout ten třípokojový byt v druhém patře.
M: Samozřejmě. Můžeme jít hned.
W: Jaké je zde nájemné?
M: Nájemné je 10000 korun za měsíc.
W: To je dost drahé.
M: Ano, ale byt není daleko od stanice metra a je blízko i centru města. Navíc celý byt je zrekonstruovaný a všechny pokoje jsou zařízené.
W: A je tu i zahrada nebo park?
M: Malá zahrada je tady u domu a park také není daleko.
W: To by se mi líbilo. Jen to nájemné. Ještě o tom budu muset přemýšlet.

W: 안녕하세요? 그 2층에 있는 방 3개짜리 아파트를 구경하고 싶은데요.
M: 물론이지요. 지금 바로 갈 수 있어요.
W: 여기 임대료는 얼마예요?
M: 임대료는 한 달에 10000 코루나예요.
W: 많이 비싸네요.
M: 네, 그런데 아파트가 지하철역에서 멀지도 않고 도시 중앙까지도 가까워요. 게다가 아파트 전체가 리모델링 되어 있고 모든 방(에 필요한 가구가) 마련되어 있어요.
W: 마당이나 공원도 있어요?
M: 아파트 옆에 작은 마당이 있고 공원도 멀지 않아요.
W: 그것은 마음에 드네요. 임대료만 (비싸서) 조금 더 생각해 볼게요.

9

(1) ✗   (2) ○   (3) ○   (4) ○

저는 학교에서 멀고 아주 작은 방 하나짜리 아파트에서 살고 있어요. 그래서 지금 (가구가) 예쁘게 마련되어 있는 (학교에) 가깝고 더 큰 아파트를 찾고 있어요. 어제 아파트 하나를 구경하러 갔어요. 오래됐지만 예뻤고 욕실에는 샤워기와 욕조가 있었으며 주방에는 식기 세척기

연습문제 정답

와 주전자가 있었어요. 임대료도 별로 비싸지 않았고 집 가까이 큰 공원, 슈퍼마켓과 영화관도 있었어요. 매우 마음에 들어서 (그 아파트를) 빌리기로 했어요.

10

(1) Bydlím v malém bytě, který je moc daleko od zastávky autobusu i metra.
(2) Včera jsem se na jeden byt byl(a) podívat.
(3) Nájemné nebylo moc(/příliš) drahé.

12 Co si zítra obléčete?

1

(1) svetr 스웨터
(2) ponožky 양말
(3) čepice 모자
(4) kabát 코트
(5) košile 셔츠
(6) šála 목도리

2

(1) Přišla jsem domů a převlékla si oblečení.
집에 와서 옷을 갈아입었어요.
(2) Při vstupu do domu si zouváme boty.
집에 들어올 때 신발을 벗어요.
(3) Bylo moc horko, tak jsem si svlékl(a) svetr.
너무 더워서 스웨터를 벗었어요.
(4) Každý den má na sobě jiné oblečení.
매일 다른 옷을 입고 있어요.
(5) Obléknu se a půjdu ven.
옷을 입고 밖에 나갈 거예요.

3

| 보기 | 저의 선생님에게 편지를 써요.

(1) Jdu naproti mamince. 엄마를 마중 나가요.
(2) Ty rukavice patří té paní.
그 장갑은 저 아주머니의 것이에요.
(3) Musíme poděkovat tomu pánovi.
그 아저씨에게 고맙다고 해야 돼요.
(4) Naproti našemu bytu je škola.
우리 아파트의 반대편에 학교가 있어요.

(5) Poslal jsi pohlednici Janě a Lucii?
야나와 루치에에게 엽서를 보냈어요?

4

| 보기 | 자신을 위해 그것을 샀어요.

(1) Co sis vzal dnes na sebe? 무엇을 입었어?
(2) Šli naproti sobě. 서로 마주치고 갔어요.
(3) Řeknete mi něco o sobě? 자신에 대해 말해줄래요?
(4) Co měly včera na sobě? 그녀들은 어제 무엇을 입었어요?
(5) Všechny věci mám u sebe doma.
모든 것들은 제 집에 있어요.

5

| 보기 |
A: 선생님에게 말할 거야?
B: 응, 그에게 말할 거야.

(1) (엄마, 그녀)
　A: Řekneš to mamince?
　B: Ano, řeknu jí to.
(2) (나, 너)
　A: Řekneš to mně(/řekneš mi to)?
　B: Ano, řeknu ti to.
(3) (이바나와 안나, 그녀들)
　A: Řekneš to Ivaně a Anně?
　B: Ano, řeknu jim to.
(4) (형, 그)
　A: Řekneš to bratrovi(/bratru)?
　B: Ano, řeknu mu to.
(5) (우리, 당신들)
　A: Řekneš to nám(/řekneš nám to)?
　B: Ano, řeknu vám to.
(6) (체르나 아줌마, 그녀)
　A: Řekneš to paní Černé?
　B: Ano, řeknu jí to.

6

> | 보기 |
> A: 그 모자가 누구의 것이에요?
> B: 그 모자는 제 아들의 것이에요.

(1) (그 코트, 그 남자)

A: Komu patří ten kabát?
B: Ten kabát patří tomu muži(/mužovi).

(2) (그 치마, 제 여동생)

A: Komu patří ta sukně?
B: Ta sukně patří mé sestře.

(3) (그 모자, 그 학생)

A: Komu patří ten klobouk?
B: Ten klobouk patří tomu studentovi (/studentu).

(4) (그 신발, 그녀의 친구)

A: Komu patří ty boty?
B: Ty boty patří její kamarádce.

(5) (그 재킷, 의사 선생님)

A: Komu patří ta bunda?
B: Ta bunda patří paní doktorce.

(6) (그 스웨터, 너의 할아버지)

A: Komu patří ten svetr?
B: Ten svetr patří tvému dědečkovi (/dědečku).

7 MP3 12-3

(1) ○ (2) ✕ (3) ✕ (4) ○

W: Dobrý den. Co si přejete?
M: Dobrý den. Chtěl bych bundu na jaro.
W: Máme krátké nebo dlouhé bundy a různé barvy.
M: Chtěl bych spíš nějakou krátkou bundu. Máte ji v hnědé barvě?
W: Ano. Jakou máte velikost?
M: Mám velikost 48.
W: Prosím.
M: Děkuji. Je moc hezká, ale vypadá, že bude malá. Máte tu stejnou bundu ve větší velikosti?
W: Omlouvám se, ale nemáme.

W: 안녕하세요? 어떻게 도와드릴까요?
M: 안녕하세요? 봄 재킷을 원해요.
W: 짧은 재킷과 긴 재킷이 있고 색깔도 다양하게 있어요.
M: 짧은 재킷을 원해요. 갈색이 있어요?
W: 네. 사이즈가 어떻게 되세요?
M: 사이즈는 48이에요.
W: 여기 있어요.
M: 감사합니다. 아주 예쁜데 작아 보여요. 더 큰 크기의 같은 재킷이 있어요?
W: 죄송하지만 없어요.

8 MP3 12-4

(1) ○ (2) ✕ (3) ○ (4) ○

W: Ahoj, co si vezmeš na výlet na sebe?
M: Ahoj. Chci si vzít něco pohodlného. Třeba šortky a tričko.
W: Nebude ti zima? Říkali, že zítra má pršet a být zima.
M: Opravdu?
W: Ano. Doporučuji ti si vzít na sebe nějaké dlouhé kalhoty a svetr nebo bundu.
M: Tak dobře. Tak si na sebe vezmu tmavé kalhoty a tu novou bundu. A co si oblékneš ty?
W: Já si taky obléknu kalhoty a svetr. Často mi je totiž zima.
M: Tak se uvidíme zítra. Už se těším.
W: Já taky.

W: 안녕? 내일 여행을 갈 때 무엇을 입을 거야?
M: 안녕? 무언가 편한 것을 입고 싶어. 반바지나 티셔츠 같은 것.
W: 춥지 않겠어? 내일 비가 오고 추울 거라고 했어.

M: 진짜로?
W: 응. 긴 바지와 스웨터나 재킷을 입는 것을 추천해.
M: 알았어. 그러면 어두운 (색깔의) 바지와 그 새 재킷을 입을 거야. 너는 무엇을 입을 건데?
W: 나도 바지와 스웨터를 입을 거야. 나는 추위를 잘 타거든.
M: 그럼 내일 보자. 벌써부터 기대돼.
W: 나도.

9

(1) ○ (2) ○ (3) ✗ (4) ✗

가을이 시작됐어요. 프라하 날씨는 좋지 않고 점점 더 추워지고 있어요. 그래서 가게에 새 옷을 사러 갔어요. 긴 재킷을 사고 싶었는데 마음에 드는 것이 없었어요. 그런데 아주 예쁜 코트를 찾았어요. 밝은 빨간색이고 길고 따뜻했어요. 게다가 가격도 괜찮았어요.
코트를 산 다음에 우리 학교 반대편에 있는 가게로 부츠를 보러 갔어요. 한국에서 겨울에 (신기) 좋지 않은 운동화만 가져왔기 때문이에요. 가게에서 모든 겨울 신발을 할인하고 있어서 한 켤레를 사고 돈도 아낄 수 있었어요.

10

(1) Začalo léto a i když v Česku občas prší, je už velmi teplo.
(2) Šel(/šla) jsem do obchodu naproti divadlu koupit si na sebe šortky a krátké tričko.
(3) Nakonec jsem si vybral(a) oranžové tričko.

13 S kamarády jsme byli na koncertě.

1

(1) soused – sousedka 이웃 사람
(2) kolega – kolegyně 동료
(3) přítel – přítelkyně 친구
(4) manžel – manželka 남편, 아내
(5) spolužák – spolužačka 동기
(6) zaměstnanec – zaměstnankyně 고용인

2

(1) Nezazpíváme si nějakou písničku?
    노래를 부르지 않을래?
(2) Mám ráda klasickou hudbu, třeba Dvořáka nebo Smetanu.
    드보르작이나 스메타나와 같은 클래식을 좋아해요.
(3) Pustili si desku na starém gramofonu.
    옛날 축음기로 음반을 감상했어요.
(4) Máte doma CD přehrávač?
    집에 씨디 플레이어가 있어요?
(5) Nemá ráda rockovou hudbu, protože je moc hlučná. 너무 시끄러워서 록 음악이 싫어요.

3

| 보기 | 오후에 집 앞에서 만나요. |

(1) Chci se stát učitelem.
    선생님이 되고 싶어요.
(2) Půjdeme za babičkou a dědečkem.
    할머니와 할아버지를 만나러 가요.
(3) Jsem překvapená tím filmem.
    그 영화로 인해 놀랐어요.
(4) Odjeli před čtvrt hodinou.
    그들은 15분 전에 갔어요.
(5) Chce se setkat s jednou známou herečkou.
    한 유명한 여배우와 만나고 싶어요.

4

| 보기 | 차를 마실래요? |

(1) pejska   저도 집에 개(를 키우고) 싶어요.
(2) pivečko 맥주를 (마시러) 갈까요?
(3) koťátko 그 새끼 고양이를 봤어?
(4) náměstíčko 도시에 작은 광장이 있어요.
(5) bratříčkovi 제 남동생이 그리워요.

5

보기
A: 어머니에게 갈 거예요?
B: 그녀에게 갈 거예요.

(1) (의사 선생님, 그)

  A: Půjdete k lékaři?
  B: Ano, půjdu za ním.

(2) (엄마와 아빠, 그들)

  A: Půjdete k mámě a tátovi?
  B: Ano, půjdu za nimi.

(3) (나, 너)

  A: Půjdeš ke mně?
  B: Ano, půjdu za tebou.

(4) (우리, 당신들)

  A: Půjdete k nám?
  B: Ano, půjdu za vámi.

(5) (카트카와 안나, 그녀들)

  A: Půjdete ke Katce a Anně?
  B: Ano, půjdu za nimi.

(6) (선생님, 그녀)

  A: Půjdete k paní učitelce?
  B: Ano, půjdu za ní.

6

보기
A: 당신들의 집이 어디에 있어요?
B: 우리 집은 슈퍼마켓 뒤에 있어요.

(1) (서점, 뒤, 극장)

  A: Kde je knihkupectví?
  B: Knihkupectví je za divadlem.

(2) (그 새 레스토랑, 앞, 영화관)

  A: Kde je ta nová restaurace?
  B: Ta nová restaurace je před kinem.

(3) (올로모우츠, 사이, 프라하와 오스트라바)

  A: Kde je Olomouc?
  B: Olomouc je mezi Prahou a Ostravou.

(4) (제 책, 밑, 텔레비전)

  A: Kde je moje kniha?
  B: Tvoje kniha je pod televizí.

(5) (호텔 프라하, 위, 약국)

  A: Kde je hotel Praha?
  B: Hotel Praha je nad lékárnou.

(6) (너의 학교, 앞, 도서관)

  A: Kde je tvoje škola?
  B: Moje škola je před knihovnou.

7 MP3 13-3

(1) ×　(2) ○　(3) ○　(4) ○

W: Ahoj, co budeš dělat o víkendu?
M: Ahoj, ještě nevím. Možná se půjdu podívat někam ven.
W: Já půjdu s Katkou a Pavlou do kina na jeden nový film.
M: A kdy na něj půjdete?
W: V neděli večer.
M: Když bude pršet, mohl bych jít s vámi?
W: Samozřejmě, že můžeš.
M: Tak super. V kolik a kde se sejdeme?
W: Dohodli jsme se, že se sejdeme před kinem v šest hodin.

W: 안녕? 주말에 무엇을 할 거야?
M: 안녕? 아직 모르겠어. 아마 어디 밖으로 나가서 구경할 거야.
W: 나는 카트카, 파블라와 새로운 영화를 보러 갈 거야.
M: 언제 그것을 보러 갈 거야?
W: 일요일 저녁에.
M: 비가 오면 같이 가도 돼?
W: 당연히 가도 되지.
M: 좋아. 언제 어디서 만날 거야?
W: 영화관 앞에서 여섯 시에 만나기로 했어.

연습문제 정답

8 MP3 13-4

(1) ○   (2) ✗   (3) ✗   (4) ○

W: Tatínku, kam se chceš jet podívat?
M: Moc to tady neznám. Chtěl bych vidět nějaké památky.
W: Prahu už jsme celou viděli, tak se můžeme jet podívat do jiných měst.
M: Slyšel jsem, že Olomouc je moc pěkná.
W: Ano, jsou tam různé památky a mají tam i dobré jídlo.
M: Tam bych se rád jel podívat.
W: Tak dobře. A z Olomouce můžeme jet autobusem i do Ostravy. Tam bydlí moje kamarádka Lucie.
M: Tak to už se budu moc těšit. Můžeme se pak jet podívat i do Brna?
W: Když ještě budeme mít čas, tak určitě.

W: 아빠, 어디를 보러 갈래?
M: 이곳은 잘 모르겠어. 여러 기념물을 보고 싶어.
W: 프라하는 다 봤으니까 다른 도시에 가 볼 수 있어.
M: 올로모우츠가 아주 예쁘다고 들었어.
W: 응, 그곳에는 여러 기념물과 맛있는 음식도 있어.
M: 그곳을 보러 가고 싶어.
W: 그래. 그리고 올로모우츠에서 버스를 타고 오스트라바로 갈 수 있어. 그곳에는 내 친구 루치에가 살고 있어.
M: 벌써부터 기대돼. 그리고 그 다음에 브르노도 보러 가도 돼?
W: 시간이 있으면 당연히 (가도 되지).

9

(1) ○   (2) ✗

> 방학 때 엄마, 여동생과 체코 공화국, 슬로바키아 그리고 오스트리아를 여행했어요. 먼저 남보헤미아 주에 가서 체스케 부데요비체와 체스키 크룸로프를 구경했어요. 그곳에서는 성, 맥주공장, 대성당을 봤어요. 그 다음에 기차를 타고 오스트리아의 수도인 비엔나에 갔어요. 그곳에서는 유명한 모든 기념물을 보고 버스를 타고 슬로바키아의 브라티슬라바로 이동했어요. 브라티슬라바에서는 성과 다른 관광지를 봤어요. 마지막으로 브르노를 통해서 프라하로 돌아왔어요.

10

(1) O víkendu jsme jeli(/y)/jsem jel(a) s Adámkem(/Adamem) a Radimkem (/Radimem) na výlet.
(2) Jeli(/y) jsme se podívat do různých měst Jihočeského kraje, prohlédli(/y) jsme si hodně památek a turistických atrakcí.
(3) Šli(/y) jsme do několika muzeí, do skanzenu a viděli(/y) jsme i několik chrámů(katedrál) a kostelů.

14 Ostatní zvířata nekrm.

1

(1) pes 개
(2) pták 새
(3) slepice 닭
(4) prase 돼지
(5) kráva 소
(6) kočka 고양이

2

(1) doktor – doktorka 의사
(2) kuchař – kuchařka 요리사
(3) malíř – malířka 화가
(4) učitel – učitelka 선생님
(5) policista – policistka 경찰
(6) zpěvák – zpěvačka 가수

3

보기
빨리 가세요.

(1) **Nezapomeň** si **vzít** tu knížku.
그 책을 가져갈 것을 잊지 마.
(2) **Prohlédněme** si tento zámek.
이 성을 구경합시다.
(3) **Vraťte se** brzy. 빨리 돌아오세요.
(4) **Otevřete** ústa. 입을 벌리세요.
(5) **Pojďme** si dát kávu. 커피를 마시러 갑시다.

4

보기
학교로 가세요. → 학교로 가지 마세요.

(1) **Nedívej se na film!** 영화를 보지 마.
(2) **Nejdi na procházku!** 산책하러 가지 마.
(3) **Nevstávejte brzy ráno!** 아침 일찍 일어나지 마세요.
(4) **Nevysvětlujte mu to!** 그에게 설명하지 마세요.
(5) **Nepište ten úkol!** 그 숙제를 하지(쓰지) 마세요.

5

보기
A: 극장에 가!   B: 아니, 극장에 가지 않을래.

(1) (성을 구경하다)
  A: Prohlédni si zámek!
  B: Ne, neprohlédnu si zámek.
(2) (자전거를 타러 가다)
  A: Jeď na kolo!
  B: Ne, nepojedu na kolo.
(3) (내 개를 보다)
  A: Podívej se na mého psa!
  B: Ne, nepodívám se na tvého psa.
(4) (그 잡지를 가져가다)
  A: Vezmi si ten časopis!
  B: Ne, nevezmu si ten časopis.
(5) (스키를 타러 가다)
  A: Jeď na lyže!
  B: Ne, nepojedu na lyže.
(6) (내 친구와 교제를 맺다)
  A: Seznam se s mým kamarádem!
  B: Ne, neseznámím se s tvým kamarádem.

6

보기
A: 그 창문을 열어도 돼?   B: 응, 그 창문을 열어.

(1) (밖에 나가다)
  A: Můžu jít ven?
  B: Ano, jdi ven.
(2) (영화를 보다)
  A: Můžu se dívat na film?
  B: Ano, dívej se na film.
(3) (그 케이크를 먹어보다)
  A: Můžu ochutnat ten dort?
  B: Ano, ochutnej ten dort.
(4) (축구를 하러 가다)
  A: Můžu jít hrát fotbal?
  B: Ano, jdi hrát fotbal.
(5) (친구에게 전화하다)
  A: Můžu zavolat kamarádce?
  B: Ano, zavolej kamarádce.
(6) (컴퓨터 (게임을) 하다)
  A: Můžu si hrát na počítači?
  B: Ano, hrej si na počítači.

7 MP3 14-3

(1) × (2) × (3) × (4) ○

W: Ahoj Martine, kde jsi včera byl?
M: Včera jsem šel s rodinou do zoologické zahrady.
W: Líbilo se vám tam?
M: Ano, velmi. Mým synům se líbili hlavně sloni a ptáci.
W: Viděli jste tam i medvědy?
M: Viděli jsme jen jednoho malého. Ostatní jsme nikde nenašli.

연습문제 정답

W: Až zase půjdete, zavolej mi. Taky se tam chci podívat.
M: Dobře, určitě ti zavolám.

W: 마르틴 안녕? 어제 어디에 있었어?
M: 어제 가족들과 동물원에 갔어.
W: 그곳이 좋았어?
M: 응 많이. 내 아들들은 특히 코끼리와 새를 마음에 들어 했어.
W: 곰도 그곳에서 봤어?
M: 작은 곰 한 마리만 봤어. 다른 (곰들을) 아무 데서도 찾지 못했어.
W: 다시 갈 때는 나에게 전화해 줘. 나도 그곳에 가 보고 싶어.
M: 그래, 꼭 전화할게.

8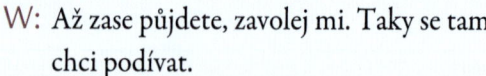

(1) ○ (2) ○ (3) ✗ (4) ○

W: Když jsi byl malý, čím ses chtěl stát?
M: Když jsem byl malý, chtěl jsem se stát průvodčím.
W: Proč průvodčím?
M: Protože průvodčí jezdí celý den ve vlaku a to se mi líbilo. Čím ses chtěla stát ty?
W: Já jsem chtěla být kuchařkou.
M: A čím se chceš stát teď?
W: Chci se stát policistkou. Chci totiž pomáhat lidem. A ty?
M: Já chci být architektem, proto tak pilně studuji.
W: To zní moc zajímavě.

W: 어렸을 때 무엇이 되고 싶었어?
M: 어렸을 때 기차 승무원이 되고 싶었어.
W: 기차 승무원이 왜?
M: 왜냐하면 기차 승무원이 하루 종일 기차를 타는 것이 마음에 들었기 때문이야. 너는 무엇이 되고 싶었어?
W: 나는 요리사가 되고 싶었어.
M: 너는 지금 무엇이 되고 싶어?
W: 경찰이 되고 싶어. 사람들을 도와주고 싶거든. 너는?
M: 나는 건축가가 되고 싶어. 그래서 이렇게 열심히 공부하고 있어.
W: 그것 재미있겠다.

9

(1) ○ (2) ○

주말에 식물원에 가서 구경했어요. 식물원에 가 본 적이 없었어요. 그래서 그곳이 어떻게 생겼는지 궁금했어요. 그곳에서 유럽, 아메리카, 아시아에서 온 많은 꽃들을 봤어요. 식물원에는 꽃뿐만 아니라 여러 색깔의 나비가 있는 장소도 있었어요. 그것을 다 구경하고 나서 한 감별 대회에 참석했어요. 모든 꽃을 맞혀서 빨간 장미와 작은 선물을 받았어요. 그곳이 아주 마음에 들었고 다음에는 제 친구들도 데리고 갈 거예요.

10

(1) O víkendu jsem šel(/šla) do zoologické zahrady.
(2) V zoologické zahradě měli zvířata z Evropy.
(3) Poznal(a) jsem různá zvířata.

부록

- 어휘 정리   - 격 정리

어휘 정리

Afrika *f.* 아프리카
akce *f.* 이벤트, 할인
ale 그러나
alergie (na ...) *f.* 알레르기
Amerika *f.* 아메리카, 미국
angína *f.* 편도염
archeložka *f.* 고고학자
architekt *m.* 건축가
architektka *f.* 건축가
Asie *f.* 아시아
aspoň 적어도
Austrálie *f.* 호주
auto *n.* 자동차
autobus *m.* 버스
autor *m.* 작가
autorka *f.* 작가

babička *f.* 할머니
balet *m.* 발레
banán *m.* 바나나
barevná 색깔의
barva *f.* 색깔
báseň *f.* 시
basketbal *m.* 농구
básník *m.* 시인
básnířka *f.* 시인
bát se 무섭다
bavit 놀다, 즐기다
bazén *m.* 풀, 수영장
běhání *n.* 달리기
běhat 달리다
bez 없이
bílá *f.* 하얀색
blesk *m.* 번개
blízko 가까이
blízký 가까운
blíž 더 가까이
bojler *m.* 보일러
bolet 아프다
botanická zahrada *f.* 식물원
botník *m.* 신발장
bota *f.* 신발
boty na podpatku *f.* 구두
bouřka *f.* 폭풍우
brambor *m.* 감자
bratr *m.* 남동생, 오빠, 형
bratranec *m.* 사촌 남동생, 오빠, 형
broskev *f.* 복숭아

bruslení *n.* 스케이팅
brzy 곧
březen *m.* 3월
břicho *n.* 배
bunda *f.* 재킷
bydlet 살다, 거주하다
byt *m.* 아파트
být 이다, 있다

CD přehrávač *m.* 씨디 플레이어
CD/ cédéčko *n.* 씨디
celý 온
cena *f.* 가격
centrum *n.* 중앙
cestovat 여행하다
cibule *f.* 양파
cítit se 느끼다
citron *m.* 레몬
cizí 외국의
cizinec *m.* 외국인
cukr *m.* 설탕

Čapek *m.* 차페크
časopis *m.* 잡지
část *f.* 부분
často 자주
Čechy *m.* 보헤미아
čekárna *f.* 대기실
čepice *f.* 모자
černá *f.* 검은색
červen *m.* 6월
červená *f.* 빨간색
červenec *m.* 7월
český 체코의
čí 누구의
čím dál tím víc 점점 더
číst 읽다
číšnice *f.* 웨이터
číšník *m.* 웨이터
čokoláda *f.* 초콜릿
čtvrť *f.* 동네
čtvrtek *m.* 목요일

daleko 멀리
dárek *m.* 선물
dát 주다
datum *n.* 날짜

dát přednost 우선하다
dědeček *m.* 할아버지
deka *f.* 담요
děkovat 감사하다
dělat 하다
dělat si starost 걱정하다
dělnice *f.* 노동자
dělník *m.* 노동자
den *m.* 날
deska *f.* 음반
déšť *m.* 비
detektivka *f.* 탐정소설
dětský pokoj *m.* 아이방
divadlo *n.* 극장, 연극
dlouhý 긴
dnes 오늘
do ~로
dobrodružný 모험적인
dobrý 좋은
dobře 좋게
dokonce 드디어
doktor *m.* 의사
doleva/vlevo 왼쪽에, 왼쪽으로
doma 집에
domácí úkol *m.* 숙제
domluvit se ~하기로 하다, 동의하다
dopis *m.* 편지
doporučit 추천하다
doporučovat 추천하다
doprava *f.* 교통
doprava/vpravo 오른쪽에, 오른쪽으로
dort *m.* 케이크
dostat 받다
doufat 바라다
dovést 데리고 오다
dovolená *f.* 휴가
drahý 비싼
drama *n.* 연극
drogerie *f.* 잡화점
druh *m.* 동반자
družka *f.* 동반자
dřez *m.* 싱크대
dřív, dříve 전에
duben *m.* 4월
důl *m.* 광산
dům *m.* 집
dusno *n.* 습함, 습하게(부사)
dveře *f.* 문
dvoupokojový 방 두 개가 있는
džus *m.* 쥬스

E

- Egypt *m.* 이집트
- ekonom *m.* 회계사
- ekonomka *f.* 회계사
- elektřina *f.* 전기
- Evropa *f.* 유럽

F

- fialová *f.* 보라색
- film *m.* 영화
- firma *f.* 회사
- flétna *f.* 리코더
- folk *m.* 포크 음악
- folkový 포크 음악의
- fotbal *m.* 축구
- foukat 불다

G

- fotka *f.* 사진
- gauč *m.* 소파
- gramatika *f.* 문법
- gramofon *m.* 축음기

H

- herec *m.* 배우
- herečka *f.* 배우
- hezký 예쁜
- hi-fi věž *f.* 오디오
- historický 역사적
- historie *f.* 역사
- hlava *f.* 머리
- hlavně 특히
- hlavní město *n.* 수도
- hlavní nádraží *n.* 중앙역
- hledat 찾다
- hmyz *m.* 곤충
- hned 바로
- hnědá 갈색
- hobby *n.* 취미
- hodina *f.* 시간, 수업
- hodinky *f.* 손목 시계
- hodiny *f.* 시계
- hodit se 어울리다
- hodně 많이
- hodněkrát 자주, 많은 번
- hokej *m.* 하키
- holič *m.* 이발사
- holička *f.* 이발사
- horečka *f.* 열
- horko *n.* 더위, 덥게(부사)
- hořčice *f.* 머스터드
- hořet (불이) 타다
- hotel *m.* 호텔
- housle *f.* 바이올린
- hovězí maso *n.* 소고기
- hra *f.* 게임
- hračka *f.* 장난감
- hrad *m.* 성
- hrách *m.* 콩
- hraní *n.* 놀기
- hranolky *f.* 감자 튀김
- hrom *m.* 천둥
- hroznové víno *n.* 포도
- hruška *f.* 배
- hudba *f.* 음악

Ch

- chladno *n.* 쌀쌀함, 쌀쌀하게(부사)
- chléb *m.* 빵
- chodba *f.* 복도
- chodit 걸어가다
- Chorvatsko *n.* 크로아티아
- chování *n.* 행동
- chrám *m.* 신전
- chřipka *f.* 독감
- chtít 원하다
- chuť *f.* 맛
- chutnat, ochutnat 먹어보다
- chutný 맛있는
- chybět 빠지다, 그립다

I

- informace *f.* 정보, 안내소
- internet *m.* 인터넷

J

- jablko *n.* 사과
- jahoda *f.* 딸기
- jak 어떻게
- jako 처럼
- jaký 어떠한
- jasno *n.* 맑음, 맑게(부사)
- jazyk *m.* 언어, 혀
- jazz *m.* 재즈 음악
- jazzový 재즈 음악의
- jednopokojový 방 하나가 있는
- jen 그냥, 오직
- Jeseníky *m.* 예세니키 (산맥)
- ještě 더, 또
- jet (타고) 가다
- ježdění na kole *n.* 자전거를 타기
- jídelní lístek *m.* 메뉴판
- jídlo *n.* 음식
- jih *m.* 남쪽
- Jihočeský kraj *m.* 남보헤미아 주
- jíst 먹다
- jít (걸어서) 가다
- jít naproti 마중 나가다
- jít pěšky 걸어서 가다
- jízdenka *f.* 표
- jízdní řád *m.* 시간표
- jižní 남쪽의
- jogurt *m.* 요구르트

K

- k ~로
- kabát *m.* 코트
- kabelka *f.* 핸드백
- kabina *f.* 탈의실
- kadeřnice *f.* 미용사
- kadeřník *m.* 미용사
- kalhoty *f.* 바지
- kamarád *m.* 친구
- kamarádka *f.* 친구
- karafiát *m.* 카네이션
- Karlovarský kraj *m.* 카를로비바리 주
- kartáč *m.* 솔
- kartáček *m.* 칫솔
- kašel *m.* 기침
- kašlat 기침이 나다
- katedrála *f.* 대성당
- káva *f.* 커피
- kavárna *f.* 카페
- kazeta *f.* 카세트
- když ~면
- kečup *m.* 케첩
- kino *n.* 영화관
- klasická hudba *f.* 클래식
- klavír *m.* 피아노
- klíč *m.* 열쇠
- klíček *m.* 열쇠
- klidný 조용한
- klobouk *m.* 모자
- knedlík *m.* 크뇌들
- kniha *f.* 책
- knihkupectví *n.* 서점
- knihovna *f.* 도서관
- koberec *m.* 카펫
- kočka *f.* 고양이
- koláč *m.* 파이

어휘 정리

kolega *m.* 동료
kolegyně *f.* 동료
kolem 근처에, 쯤
koleno *n.* 무릎
kolik 얼마
komedie *f.* 희극, 코미디
koncert *m.* 콘서트
končit(skončit) 끝나다
koníček *m.* 취미
kontrola *f.* 감사
Korea *f.* 한국
kost *f.* 뼈
kostel *m.* 성당, 교회
kostnice *f.* 납골당
kostým *m.* 복장, 의상
košile *f.* 셔츠
kotě *n.* 새끼 고양이
kotník *m.* 발목
koupelna *f.* 욕실
koupit 사다
kozačky *f.* 여성용 겨울 부츠
kraj *m.* 지역, 주
krásný 아름다운
krátký 짧은
kráva *f.* 소
kravata *f.* 넥타이
krk *m.* 목
krmit 먹이를 주다
křeček *m.* 햄스터
křeslo *n.* 안락 의자
kuchař *m.* 요리사
kuchařka *f.* 요리사
kuchyně *f.* 주방, 부엌
kupovat 사다
květen *m.* 5월
květina *f.* 꽃
květinářství *n.* 꽃가게
kytara *f.* 기타
kytice *f.* 꽃다발

L

lampa *f.* 램프
lavička *f.* 벤치
leden *m.* 1월
lednička *f.* 냉장고
lehký 가벼운
lék *m.* 약
lékárna *f.* 약국
lékař 의사
lékařka *f.* 의사
let *m.* 비행
létat 날다, (비행기를) 타다
letadlo *n.* 비행기
letenka *f.* 비행기표
letět 날다, (비행기를) 타다
letiště *n.* 공항
levný 싼
lež *f.* 거짓말
ležet 눕다
líbit se 마음에 들다
limonáda *f.* 레모네이드
lístek *m.* 표
listopad *m.* 11월
literatura *f.* 문학
loď *f.* 배
loket *m.* 팔목
ložnice *f.* 침실
lyžování *n.* 스키를 타기
lyžovat 스키를 타다

M

malíř *m.* 화가, 도장공
malířka *f.* 화가, 도장공
malý 작은
máma *f.* 엄마
manažer *m.* 매니저
manažerka *f.* 매니저
mandarinka *f.* 귤
manžel *m.* 남편
manželka *f.* 아내
mapa *f.* 지도
máslo *n.* 버터
maso *n.* 고기
matka *f.* 어머니
med *m.* 꿀
medvěd *m.* 곰
meruňka *f.* 살구
měsíc *m.* 달, 월
město *n.* 도시
metro *n.* 지하철
mezi 사이에
mezinárodní 국제적
miláček *m.* 애인
milenec *m.* 애인
milenka *f.* 애인
milý 착한
minerálka *f.* 미네랄 워터
minulý 지난
minuta *f.* 분
místnost *f.* 방, 실

mít 가지다
mladý 젊은
mlékárna *f.* 우유 판매점
mléko *n.* 우유
mlha *f.* 안개
mluvit 말하다
moc 아주, 매우
model *m.* 디자인
moderní 현대적
modrá *f.* 파란색
Morava *f.* 모라비아
morče *n.* 기니피그
morový sloup *m.* 역병 기념비
moře *n.* 바다
most *m.* 다리
motýl *m.* 나비
možná 아마
mrak *m.* 구름
mráz *m.* 성에
mrkev *f.* 당근
mrznout 얼다
muzeum *n.* 박물관
muzikál *m.* 뮤지컬
muž *m.* 남자
myčka *f.* 식기 세척기
myslet 생각하다
mýt 씻다

N

nabízet 제안하다
nábytek *m.* 가구
nad 위
nahrávat 녹음하다
nachystaný 준비된
nájemné *n.* 임대료
najít 찾다
nakonec 결국
nakupovat 쇼핑하다
náměstí *n.* 광장
nápad *m.* 생각
náplast *f.* 반창고
nápoj *m.* 음료수
nápojový lístek *m.* 음료 메뉴판
Národní divadlo *n.* 국립 극장
navíc 더욱더
návštěva *f.* 방문
nebo 또는
něco 무엇인가
neděle *f.* 일요일
nejvíce 가장 많이

nejznámější 가장 유명한
některá 어떠한
nemocnice f. 병원
nemocný 병에 걸린
nést 들다
nikdo 아무도
noční stolek m. 협탁
noha f. 다리
nos m. 코
nový 새로운
novinář m. 기자
novinářka f. 기자
noviny f. 신문
Nový rok m. 새해

O

oběd m. 점심
obědvat 점심 식사를 하다
obchod m. 가게
obchodní dům m. 백화점
objednat 주문하다
obléct si 입다
oblečení n. 옷
oblek m. 양복
oblékat se 입다
obléknout si 입다
oblíbený 선호하는
obraz m. 그림
obrovský 엄청난
obuv f. 신발
obvaz m. 붕대
obývací pokoj m. 거실
oční lékař m. 안과 의사
od ~에서, ~부터
odjet 떠나다
odkud 어디에서
odpočívat 쉬다
odpoledne n. 오후
odsud 여기서
odtud 여기서
okno n. 창문
oko(oči) n. 눈
okolí n. 근처
okolní 근처의
okurka f. 오이
Olomoucký kraj m. 올로모우츠 주
omáčka f. 소스
opera f. 오페라
opereta f. 오페레타
opravdu 정말로

oranžová f. 주황색
ordinace f. 진료실
orloj m. 천문시계
ořech m. 호두
oslava f. 파티
ostatní 다른
ošetření n. 진료
ošetřit 진료하다
ošetřovatel m. 간호원
ošklivo 안 좋게(날씨에 대해 말할 때)
ošklivý 못생긴
otázka f. 질문
otec m. 아버지
otevřít 열다
ovoce n. 과일
ovocný 과일의

P

pacient m. 환자
pacientka f. 환자
palačinka f. 팬케이크
pálivý 매운, 뜨거운
památka f. 기념물
pamatovat si 기억하다
papírna f. 제지공장
paprika f. 파프리카
párek m. 소시지
park m. 공원
partner m. 동반자
partnerka f. 동반자
pas m. 여권
pátek m. 금요일
patro n. 층
patřit 속하다
pavilón m. 전시관
pečení n. 베이킹
pekařství n. 베이커리
pěkný 예쁜
peněženka f. 지갑
peníze m. 돈
pepř m. 후추
pero n. 펜
peřina f. 이불
pes m. 개
pěstování n. 키우기
pestrobarevný 여러 색깔의
pilně 열심히
píseň f. 노래
písnička f. 노래
pivo n. 맥주

pivovar m. 맥주 공장
plán m. 지도
platit (돈을) 내다
plavání n. 수영
plavat 수영하다
plavba f. 항해
plavky f. 수영복
pláž f. 바닷가
ples m. 볼
plíce f. 폐
po 뒤
počasí n. 날씨
počítač m. 컴퓨터
pod 밑
podívat se 보다
podlaha f. 바닥
podnikatel m. 산업가
podnikatelka f. 산업가
podobně 비슷하게
podobný 비슷한
pohlednice f. 엽서
pohodlný 편한
pohoří n. 산맥
pohotovost f. 응급실
pohovka f. 소파
pokladna f. 매표소
pokračovat 계속하다
poledne n. 정오
polévka f. 국, 수프
police f. 선반
policista m. 경찰
policistka f. 경찰
poliklinika f. 종합 의료소
politička f. 정치가
politik m. 정치가
polštář m. 베개
pomáhat 돕다
pomeranč m. 오렌지
pomoc f. 도움
pomoci/pomoct 돕다
pondělí n. 월요일
ponožky f. 양말
pop m. 팝 음악
popový 팝 음악의
poradit 조언하다
pořád 계속
poschodí n. 층
posílat 보내다
poslanec m. 국회의원
poslankyně f. 국회의원

어휘 정리

poslouchat 듣다
postel f. 침대
pošta f. 우체국
potkat 만나다
potom, pak 뒤, 다음
potraviny f. 식품, 마켓
potřebovat 필요하다
pozdě 늦게
později 이따가
pozítří 모레
poznat 알아보다
poznávací 감별
pracovat 일하다
pračka f. 세탁기
Praha f. 프라하
prarodiče m. 조부모
prase n. 돼지
prášek m. 약
Prašná brána f. 화약탑
právnička f. 변호사
právník m. 변호사
prázdniny f. 방학
pro ~를 위해
proč 왜
prodavač m. 점원
prodavačka f. 점원
prohlídka f. 구경, 검진
prohlížet 구경하다, 검사하다
procházka f. 산책
projít 지나가다
pronajmout 빌리다
prosinec m. 12월
prosit 부탁하다
proto 그래서
protože 왜냐하면
prsa n. 가슴
prst m. 손/발가락
pršet 비가 오다
průvodce m. 가이드
průvodkyně f. 가이드
průvodčí m./f. 승무원
první 첫째
přát si 빌다, 바라다
před 전, 앞
předepsat 처방하다
předevčírem 그저께
předminulý 지지난
předpověď počasí f. 일기예보
předseda m. 장
předsíň f. 현관

představa f. 상상
představení n. 소개, 공연
představovat 소개하다
předtím 그 전에
přeháňka f. 소나기
překládat 번역하다
překladatelka f. 번역가
překvapit 놀라다
přemýšlet 생각하다
přespříští 다다음
přestoupit 갈아타다
přesunout se 이동하다
příběh m. 이야기
příbuzný m. 친척
přijet (타고) 오다
přijít (걸어서) 오다
přiletět (비행기를 타고) 오다
přinášet 들고 오다
příští 다음
přítel m. 친구, 남자친구
přítelkyně f. 친구, 여자친구
přitom 그러면서
přízemí n. 1층, 지층
psací stůl m. 책상
psát 쓰다
psychiatr m. 정신과의
psychiatrička f. 정신과의
psycholog m. 심리학의
psycholožka f. 심리학의
psychologický 심리학적
pták m. 새
ptát se(zeptat se) 묻다
půda f. 땅
půjčit si 빌리다
půl 반
pustit se 재생하다
původně 원래

R

rádio n. 라디오
radit 조언하다
radnice f. 시청
rajče n. 토마토
rameno n. 어깨
rána f. 상처
ráno n. 아침
realitní kancelář f. 부동산
recept m. 처방전
redaktor m. 편집자
redaktorka f. 편집자

rentgen m. 엑스레이
restaurace f. 레스토랑
rock [rok] m. 록 음악
rockový [rokový] 록 음악의
rodiče m. 부모
rodina f. 가족
rodinný dům m. 단독주택
rohlík m. 빵
román m. 소설
romantický 로맨틱한
rovně 곧바로
rozhodnout 정하다
rozlehlý 광범한
roztomilý 귀여운
rozumět 이해하다, 알아듣다
ruka f. 손
rukavice f. 장갑
různý 다양한
růže f. 장미
růžová f. 분홍색
ryba f. 물고기, 생선
rychlovarná konvice f. 주전자
rýma f. 코감기
rýže f. 쌀, 밥

Ř

ředitel m. 교장, 수장
ředitelka f. 교장, 수장
řeka f. 강
řidič m. (운전) 기사
řidička f. (운전) 기사
říjen m. 10월
řízek m. 슈니첼

S

s ~하고, ~와/과
s sebou ~와/과 같이
sádra f. 깁스
sahat 만지다
sako n. 상의
salát m. 샐러드
samoobsluha f. 슈퍼마켓
samozřejmě 당연히
sanitka f. 구급차
savec m. 포유류
sbírání n. 모으기
sci-fi n. 과학 소설, 에스에프
sedět 앉다
sejít se 만나다
sekretář m. 비서

sekretářka *f.*	비서
seriál *m.*	드라마
sestra *f.*	여동생, 언니, 누나
sestřenice *f.*	사촌 여동생, 언니, 누나
sešit *m.*	공책
setkat se (s)	만나다
seznámit se	교제를 맺다
schody *m.*	계단
Silvestr *m.*	섣달 그믐날
skanzen *m.*	야외 박물관
sklenice *f.*	창
sklep *m.*	지하실
skoro	거의
skříň *f.*	옷장
slaný	짠
slečna *f.*	아가씨
slepice *f.*	닭
Slezsko *n.*	실레지아
slon *m.*	코끼리
slovenský	슬로바키아의
slovník *m.*	사전
slovo *n.*	단어
slunce *n.*	해, 태양
slyšet	듣다
směr *m.*	방향
sněžit	눈이 오다
snídaně *f.*	아침 식사
snídat	아침 식사를 하다
sníh *m.*	눈
sobota *f.*	토요일
soudce *m.*	판사
soused *m.*	이웃 사람
sousedka *f.*	이웃 사람
soutěž *f.*	대회, 경기
spát	자다
spisovatel *m.*	작가
spisovatelka *f.*	작가
spíše	오히려
spodní prádlo *n.*	속옷
spokojený	만족한, 행복한
spolu	함께
spolužačka *f.*	동기
spolužák *m.*	동기
sport *m.*	스포츠
sportovat	운동하다
sprcha *f.*	샤워(실)
srdce *n.*	심장
srpen *m.*	8월
stanice *f.*	기차역
starý	옛날, 오래된
stát	서다
stát se	~이/가 되다
stejný	같은
stěna(zeď) *f.*	벽
století *n.*	세기
strávit	소화하다, (시간을) 보내다
strom *m.*	나무
strop *m.*	천장
strýc *m.*	삼촌
středa *f.*	수요일
střední škola *f.*	고등학교
Středočeský kraj *m.*	중앙보헤미아 주
student *m.*	학생
studentka *f.*	학생
studovat	공부하다
stůl *m.*	책상
stýskat se	그립다
sucho *n.*	가뭄, 가물게(부사)
sukně *f.*	치마
sůl *f.*	소금
super	좋다
supermarket *m.*	슈퍼마켓
svačina *f.*	간식
svačit	간식을 먹다
svátek *m.*	명명일
světle	밝게
světlo *n.*	불빛
svetr *m.*	스웨터
syn *m.*	아들
sýr *m.*	치즈

š

šála *f.*	목도리
šaty *m.*	원피스
škola *f.*	학교
šlehačka *f.*	생크림
šortky *f.*	반바지
špagety *f.*	스파게티
špatně	나쁘게
špatný	나쁜
špenát *m.*	시금치
Štědrý den *m.*	크리스마스 이브
šunka *f.*	햄
švestka *f.*	자두

t

tady	여기
tak	그리
také	~도
takový	그러한
taky	~도
talíř *m.*	그릇
tam	거기, 저기
tanec *m.*	춤
taška *f.*	가방
táta *m.*	아빠
tatarská omáčka *f.*	타타르 소스
taxi/taxík *m.*	택시
teď	지금
telefonát *m.*	전화
telefonovat	전화하다
televize *f.*	텔레비전
tělo *n.*	몸
tenis *m.*	테니스
tenisky *f.*	운동화
tenisová raketa *f.*	테니스 라켓
teplo	따뜻하게
teplota *f.*	도, 열
teplý	따뜻한
těstoviny *f.*	파스타
těšit se	기대하다, 고대하다
teta *f.*	이모, 고모, …
těžký	무거운, 어려운
thriller *m.*	스릴러
tlumočnice *f.*	통역가
tlumočník *m.*	통역가
tmavě	어둡게
toaleta *f.*	화장실
topení *n.*	난로
totiž	그래서
tradiční	전통적
tragédie *f.*	비극
trajekt *m.*	연락선
tramvaj *f.*	절차
tráva *f.*	풀
trh *m.*	시장
tričko *n.*	티셔츠
trolejbus *m.*	트롤리버스
trouba *f.*	오븐
trvat	걸리다
tržnice *f.*	시장
třeba	아마도
třešeň *f.*	체리
třída *f.*	반, 강의실
třípokojový	방 세 개가 있는
tulipán *m.*	튤립
turistická atrakce *f.*	관광지
tužka *f.*	연필
týden *m.*	주

어휘 정리

účastnit se(zúčastnit se) 참석하다
učebnice f. 교과서
učit se 배우다
učitel m. 선생님
učitelka f. 선생님
ucho(uši) n. 귀
ukázat 보여주다
uklouznout 미끄러지다
ulice f. 길(거리)
umět ~ㄹ 줄 알다
umýt 씻다
umývadlo n. 세면대
únor m. 2월
určitě 당연히
úředník m. 공무원
ústa f. 입
ušetřit (돈을) 아끼다
úterý n. 화요일
uvnitř 안에
úzký 좁은
užít si 즐기다

vadit 신경쓰이다, 싫다
vagón m. (기차의) 칸
vana f. 욕조
vaření n. 요리
vařit 요리하다
včera 어제
večer m. 저녁
večerní šaty m. 드레스
večeře f. 저녁 식사
večeřet 저녁 식사를 하다
vědět 알다
vejce n. 계란
Velikonoce f. 부활절
velikost f. 사이즈, 크기
velký 큰
věřit 믿다
větší 더 큰
vidět 보다
víkend m. 주말
vinný sklípek m. 포도주 저장실
víno n. 와인
vítr m. 바람
vlak m. 기차
vlasy m. 머리카락
vlhko n. 습기, 습기가 있게(부사)
voda f. 물

volat 부르다
volejbal m. 배구
volno n. 휴가
volný 자유로운, 이용할 수 있는
vonět 향기가 나다
vrátit 돌려주다, 반납하다
vrátit se 돌아오다
vstát 일어나다
vstupenka f. 표
všímat si 신경 쓰다, 관심을 갖다
všimnout si 신경 쓰다, 관심을 갖다
vteřina f. 초
vůbec 아예, 절대
výběr m. 선택
vybrat 선택하다, 고르다
výlet m. 여행, 답사
vypadat 생기다
vyřešit 해결하다
vysoký 높은
vysvětlit 설명하다
výtah m. 엘리베이터
vzadu 뒤에
vzít si 가져가다
vzpomenout si 기억이 나다

z ~에서
za 뒤, 로
zabalit 싸다
zábavný 재미있는
začít 시작하다
záda n. 등
zahnout 돌려서 가다
zahrada f. 마당
zahradník m. 원예사
zahraničí n. 외국
záchod m. 화장실
zajímat se 관심을 갖다
zajímavý 신기한
zákusek m. 디저트
záliba f. 취미
zalíbit 마음에 들다
zaměstnanec m. 고용인
zaměstnankyně f. 고용인
zaměstnavatel m. 고용주
zaměstnavatelka f. 고용주
západní 서쪽의
září n. 9월
zařízený 마련된
zase 다시

zastávka f. 정류장, 역
zásuvka f. 서랍, 콘센트
zataženo 흐리게
zavolat 부르다
zdravotní pojištění n. 건강 보험
zdravotní sestra f. 간호사
zdravý 건강한
zelená f. 초록색
zelenina f. 채소
zelí n. 쌍추
zima f. 겨울, 추위
zimní 겨울의
zítra 내일
zkouška f. 시험
zkusit 해보다
zlomit si 부러지다
zmrzlina f. 아이스크림
značka f. 표지판
znát 알다
znít 들리다
zoologická zahrada f. 동물원
zpěvačka f. 가수
zpěvák m. 가수
zpívání n. 노래를 부르기
zpívat 노래를 부르다
zpoždění n. 지연
zranění n. 상처
zranit se 다치다
zrcadlo n. 거울
zrekonstruovat 재건하다
zub m. 이
zubař m. 치과 의사
zubařka f. 치과 의사
zůstat 남다
zvědavý 궁금한
zvíře n. 동물
zvlášť 따로, 특히

žaludek m. 위장
žehlička f. 다리미
žena f. 여자
židle f. 의자
žirafa f. 기린
žít 살다
žlutá f. 노란색

격 정리

◆ 남성 명사(Ma)의 격 정리

		pán 아저씨	muž 남자	předseda 장	soudce 판사
단수형	주격(1격)	pán	muž	předseda	soudce
	소유격(2격)	pána	muže	předsedy	soudce
	여격(3격)	pánovi, -u	muži, -ovi	předsedovi	soudci, -ovi
	목적격(4격)	pána	muže	předsedu	soudce
	호격(5격)	pane, -u	muži, -e	předsedo	soudce
	처소격(6격)	pánovi, -u	muži, -ovi	předsedovi	soudci, -ovi
	조격(7격)	pánem	mužem	předsedou	soudcem
복수형	주격(1격)	páni, -ové, -é	muži, -ové, -é	předsedi, -ové	soudci, -ové
	소유격(2격)	pánů	mužů	předsedů	soudců
	여격(3격)	pánům	mužům	předsedům	soudcům
	목적격(4격)	pány	muže	předsedy	soudce
	호격(5격)	páni, -ové, -é	muži, -ové, -é	předsedi, -ové	soudci, -ové
	처소격(6격)	pánech, -ích	mužích	předsedech, -ích	soudcích
	조격(7격)	pány	muži	předsedy	soudci

◆ 남성 명사(Mi)의 격 정리

	hrad 성		stroj 기계	
	단수	복수	단수	복수
주격(1격)	hrad	hrady	stroj	stroje
소유격(2격)	hradu, -a	hradů	stroje	strojů
여격(3격)	hradu	hradům	stroji	strojům
목적격(4격)	hrad	hrady	stroj	stroje
호격(5격)	hrade, -u	hrady	stroji	stroje
처소격(6격)	hradu, -ě/e	hradech, -ích, -ách	stroji	strojích
조격(7격)	hradem	hrady	strojem	stroji

격 정리

◆ 여성 명사의 격 정리

		žena 여자	růže 장미	píseň 노래	kost 뼈
단수형	주격(1격)	žena	růže	píseň	kost
	소유격(2격)	ženy	růže	písně/-e	kosti
	여격(3격)	ženě/-e	růži	písni	kosti
	목적격(4격)	ženu	růži	píseň	kost
	호격(5격)	ženo	růže	písni	kosti
	처소격(6격)	ženě/-e	růži	písni	kosti
	조격(7격)	ženou	růží	písní	kostí
복수형	주격(1격)	ženy	růže	písně/-e	kosti
	소유격(2격)	žen	růží	písní	kostí
	여격(3격)	ženám	růžím	písním	kostem
	목적격(4격)	ženy	růže	písně/-e	kosti
	호격(5격)	ženy	růže	písně/-e	kosti
	처소격(6격)	ženách	růžích	písních	kostech
	조격(7격)	ženami	růžemi	písněmi/-emi	kostmi

◆ 중성 명사의 격 정리

		město 도시	moře 바다	kuře 닭	stavení 건축물
단수형	주격(1격)	město	moře	kuře	stavení
	소유격(2격)	města	moře	kuřete	stavení
	여격(3격)	městu	moři	kuřeti	stavení
	목적격(4격)	město	moře	kuře	stavení
	호격(5격)	město	moře	kuře	stavení
	처소격(6격)	městě, -u	moři	kuřeti	stavení
	조격(7격)	městem	mořem	kuřetem	stavením
복수형	주격(1격)	města	moře	kuřata	stavení
	소유격(2격)	měst	moří	kuřat	stavení
	여격(3격)	městům	mořím	kuřatům	stavením
	목적격(4격)	města	moře	kuřata	stavení
	호격(5격)	města	moře	kuřata	stavení
	처소격(6격)	městech, -ích, -ách	mořích	kuřatech	staveních
	조격(7격)	městy	moři	kuřaty	staveními

◆ 형용사의 격 정리

		남성 (Ma, Mi)		여성		중성	
단수형	주격(1격)	český	moderní	česká	moderní	české	moderní
	소유격(2격)	českého	moderního	české	moderní	českého	moderního
	여격(3격)	českému	modernímu	české	moderní	českému	modernímu
	목적격(4격)	českého(Ma)/ český(Mi)	moderního(Ma)/ moderní(Mi)	českou	moderní	české	moderní
	호격(5격)	český	moderní	česká	moderní	české	moderní
	처소격(6격)	českém	moderním	české	moderní	českém	moderním
	조격(7격)	českým	moderním	českou	moderní	českým	moderním
복수형	주격(1격)	čeští(Ma)/ české(Mi)	moderní	české	moderní	česká	moderní
	소유격(2격)	českých	moderních	českých	moderních	českých	moderních
	여격(3격)	českým	moderním	českým	moderním	českým	moderním
	목적격(4격)	české	moderní	české	moderní	česká	moderní
	호격(5격)	čeští(Ma)/ české(Mi)	moderní	české	moderní	česká	moderní
	처소격(6격)	českých	moderních	českých	moderních	českých	moderních
	조격(7격)	českými	moderními	českými	moderními	českými	moderními

◆ 지시대명사의 격 정리

	단수			복수		
	남성 (Ma, Mi)	여성	중성	남성(Ma)	남성(Mi), 여성	중성
주격(1격)	ten	ta	to	ti	ty	ta
소유격(2격)	toho	té	toho	těch		
여격(3격)	tomu	té	tomu	těm		
목적격(4격)	toho(Ma)/ ten(Mi)	tu	to	ty	ty	ta
처소격(6격)	tom	té	tom	těch		
조격(7격)	tím	tou	tím	těmi		

격 정리

◆ 소유대명사의 격 정리

① 1인칭 단수

		남성	여성	중성
단수형	주격(1격)	můj	má/moje	mé/moje
	소유격(2격)	mého	mé/mojí	mého
	여격(3격)	mému	mé/mojí	mému
	목적격(4격)	můj(Mi)/mého(Ma)	mou/moji	mé/moje
	호격(5격)	můj	má/moje	mé/moje
	처소격(6격)	mém	mé/mojí	mém
	조격(7격)	mým	mou/mojí	mým
복수형	주격(1격)	mí/moji(Ma), mé/moje(Mi)	mé/moje	má/moje
	소유격(2격)	mých	mých	mých
	여격(3격)	mým	mým	mým
	목적격(4격)	mé/moje	mé/moje	má/moje
	호격(5격)	mí/moji(Ma), mé/moje(Mi)	mé/moje	má/moje
	처소격(6격)	mých	mých	mých
	조격(7격)	mými	mými	mými

② 2인칭 단수

		남성	여성	중성
단수형	주격(1격)	tvůj	tvá/tvoje	tvé/tvoje
	소유격(2격)	tvého	tvé/tvojí	tvého
	여격(3격)	tvému	tvé/tvojí	tvému
	목적격(4격)	tvůj(Mi)/tvého(Ma)	tvou/tvoji	tvé/tvoje
	호격(5격)	tvůj	tvá/tvoje	tvé/tvoje
	처소격(6격)	tvém	tvé/tvojí	tvém
	조격(7격)	tvým	tvou/tvojí	tvým
복수형	주격(1격)	tví/tvoji(Ma), tvé/tvoje(Mi)	tvé/tvoje	tvá/tvoje
	소유격(2격)	tvých	tvých	tvých
	여격(3격)	tvým	tvým	tvým
	목적격(4격)	tvé/tvoje	tvé/tvoje	tvá/tvoje
	호격(5격)	tví/tvoji(Ma), tvé/tvoje(Mi)	tvé/tvoje	tvá/tvoje
	처소격(6격)	tvých	tvých	tvých
	조격(7격)	tvými	tvými	tvými

③ 3인칭 여성 단수

	단수		복수
	남성, 중성	여성	남성, 여성, 중성
주격(1격)	její	její	její
소유격(2격)	jejího	její	jejích
여격(3격)	jejímu	její	jejím
목적격(4격)	její(Mi, 중성)/jejího(Ma)	její	její
호격(5격)	její	její	její
처소격(6격)	jejím	její	jejích
조격(7격)	jejím	její	jejími

※ jeho(3인칭 남성·중성), jejich(3인칭 복수)은 모든 격에 같은 형태

④ 1인칭 복수

		남성	여성	중성
단수형	주격(1격)	náš	naše	naše
	소유격(2격)	našeho	naší	našeho
	여격(3격)	našemu	naší	našemu
	목적격(4격)	náš(Mi)/našeho(Ma)	naši	naše
	호격(5격)	náš	naše	naše
	처소격(6격)	našem	naší	našem
	조격(7격)	naším	naší	naším
복수형	주격(1격)	naši(Ma)/naše(Mi)	naše	naše
	소유격(2격)	našich	našich	našich
	여격(3격)	našim	našim	našim
	목적격(4격)	naše	naše	naše
	호격(5격)	naši(Ma)/naše(Mi)	naše	naše
	처소격(6격)	našich	našich	našich
	조격(7격)	našimi	našimi	našimi

격 정리

⑤ 2인칭 복수

		남성	여성	중성
단수형	주격(1격)	váš	vaše	vaše
	소유격(2격)	vašeho	vaší	vašeho
	여격(3격)	vašemu	vaší	vašemu
	목적격(4격)	váš(Mi)/vašeho(Ma)	vaši	vaše
	호격(5격)	váš	vaše	vaše
	처소격(6격)	vašem	vaší	vašem
	조격(7격)	vaším	vaší	vaším
복수형	주격(1격)	vaši(Ma)/vaše(Mi)	vaše	vaše
	소유격(2격)	vašich	vašich	vašich
	여격(3격)	vašim	vašim	vašim
	목적격(4격)	vaše	vaše	vaše
	호격(5격)	vaši(Ma)/vaše(Mi)	vaše	vaše
	처소격(6격)	vašich	vašich	vašich
	조격(7격)	vašimi	vašimi	vašimi

◆ 인칭대명사의 격 정리

단수형	주격(1격)	já	ty	on	ona	ono
	소유격(2격)	mě/mne	tě/tebe	jeho/ho/jej něho/něj	jí/ní	jeho/ho/jej něho/něj
	여격(3격)	mi/mně	ti/tobě	mu/jemu němu	jí/ní	mu/jemu němu
	목적격(4격)	mě/mne	tě/tebe	jeho(Ma)/ho/jej něho(Ma)/něj	ji/ni	ho/je/jej ně/něj
	처소격(6격)	mně	tobě	něm	ní	něm
	조격(7격)	mnou	tebou	jím/ním	jí/ní	jím/ním
복수형	주격(1격)	my	vy	oni	ony	ona
	소유격(2격)	nás	vás	jich/nich		
	여격(3격)	nám	vám	jim/nim		
	목적격(4격)	nás	vás	je/ně		
	처소격(6격)	nás	vás	jich(남성, 중성)/nich		
	조격(7격)	námi	vámi	jimi/nimi		

◆ 의문대명사 kdo(누구), co(무엇)의 격 정리

주격(1격)	kdo	co
소유격(2격)	koho	čeho
여격(3격)	komu	čemu
목적격(4격)	koho	co
호격(5격)	kdo	-
처소격(6격)	(o) kom	(o) čem
조격(7격)	kým	čím

◆ 수사의 격 정리

	2	3	4	5
주격(1격)	dva(M), dvě(F, N)	tři	čtyři	pět
소유격(2격)	dvou	tří	čtyř	pěti
여격(3격)	dvěma	třem	čtyřem	pěti
목적격(4격)	dva(M), dvě(F, N)	tři	čtyři	pět
호격(5격)	dva(M), dvě(F, N)	tři	čtyři	pět
처소격(6격)	dvou	třech	čtyřech	pěti
조격(7격)	dvěma	třemi	čtyřmi	pěti

※ jeden, jedna, jedno는 ten, ta, to처럼 활용된다.
※ šest, sedm, osm 등은 숫자 5와 같이 활용된다.
※ sto, tisíc, milion는 명사와 같이 활용된다.